月溪法師開示錄

月溪法師文集 第二冊

月溪法師——著
法禪法師——總校定

古人賢哲感覺得死生輪迴的痛苦，
所以用種種的方法來解決，而超出死生的問題。
老子解決死生的問題是說：「天下萬物生於有，有生於無。」
天下萬物皆由於我們的妄念生來的，
我們的妄念斷了，即是還歸清淨無為的。

目錄

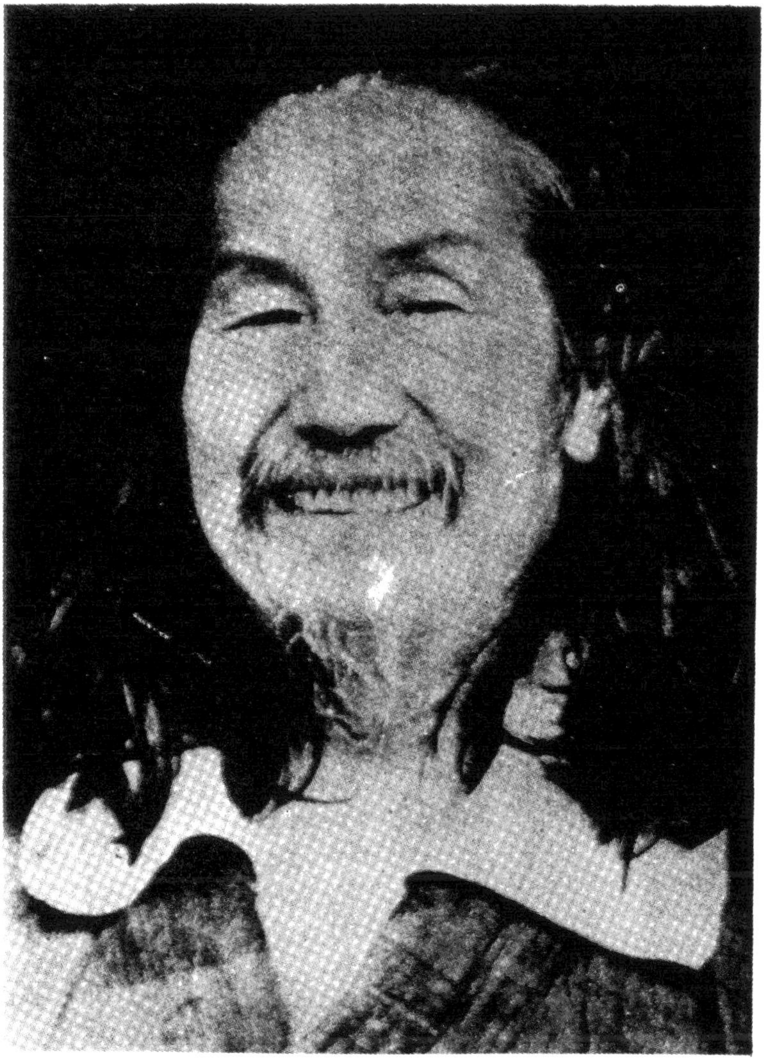

月溪法師法相

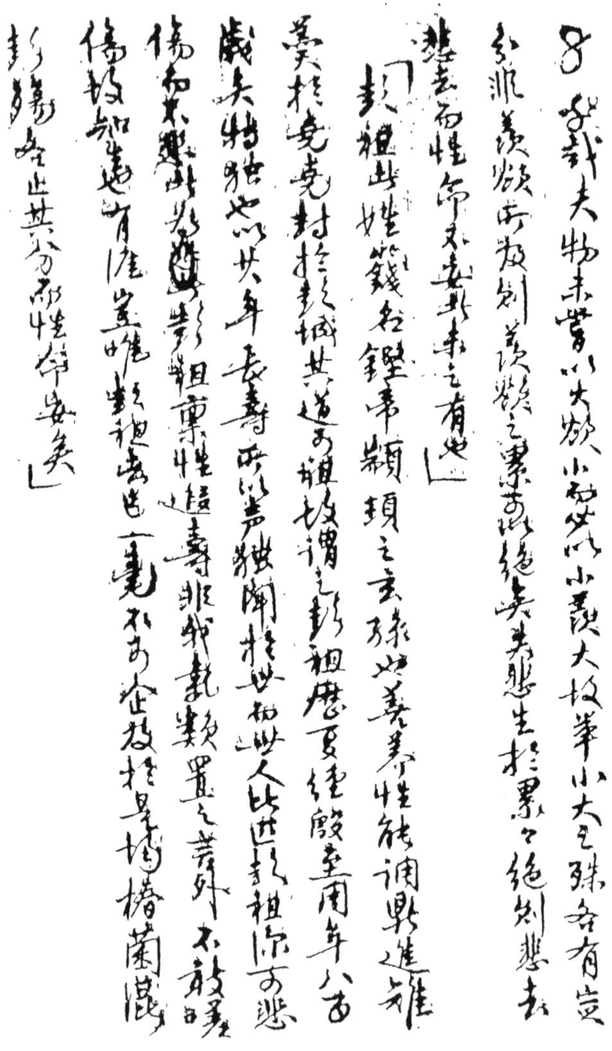

月溪法師手跡

新編月溪法師文集緣起

法禪法師

在我國，禪宗的黃金時代是在唐、宋時期，六祖以後高僧輩出，悟道祖師不計其數，然而在唐、宋以後禪門就逐漸式微了。禪的行者一旦墮入思惟、名相及文字語言的窠臼，那麼便與直指的本懷相差十萬八千里了。祇一味地在法上論說，終究離不開「口頭禪」；一味地枯坐，那就是典型的「枯木禪」；祇會念話頭或者將古人公案拿來剖析並且說出一番大道理的，那就是「話頭禪」或「公案禪」；有用止觀雙運來參禪的，那就是「止觀禪」。不說上述的方法對不對，若想以此明心見性，恐怕是相當的困難。爲甚麼會如此呢？因爲上面這些都離不開在妄念上做功夫呀！而近代的禪門行者不在妄念上做功夫的簡直鳳毛麟角。

在近代，能夠看出禪門種種弊端的，首推月溪法師。他是箇真正徹見本源的過來人，凡所說法都是從自性中流露，絕不墮入前人的思想陷阱中。在註解經典時都是從體性（佛性）上發揮，而不在文字語言的表面上作文章。在後人整理的文集當中，最能夠表現月溪法師思想精髓者，首推《大乘絕對論》。這是一本相當殊勝的文集。「絕對」者是佛性的代名詞，簡言之，《大乘絕對論》是從佛性上發揮以說明古今中外思想界的種種不究竟處。這一點，吾人以爲相當重要，假如沒有月溪法師的明說，一般人很難瞭解古今中外思想界的毛病究竟出在何處。佛性本體雖然不可說、不可思議，但《大乘絕對論》已然道出整箇佛性的架構，這對很少深入經藏的現代人而言，可以在極短的時間中明瞭整箇佛陀說法的旨要，這在繁忙的工商社會中，顯得相當重要。因爲要現代人窮年累月埋首於浩瀚的經典中，實在不太可能，而大乘典籍的艱深，苟非徹見本地風光的過來人，很難瞭解箇中三昧。當然，對一位未徹見本地風光的人而言，對《大乘絕對論》的瞭解也一定僅止於表相，也就是說祇認得一點皮毛罷了！但不管怎麼說，這是一本相當白話且說理也很能深入淺出的文集。

至於月溪法師所著的其他文集，包括對經典方面所做的註疏，也都是從佛性上發揮。而對於「無明」，月溪法師有一套獨特的看法，他將無明分爲「無始無明」及「一念無明」兩種。表面看來，這也許好像沒有甚麼，然而吾人以爲這在修行上却是相當的重要，很多修行人窮其一生都無法證果，問題就是出在他分不清甚麼是無始無明，甚麼是一念無明，而祇會在一念無明上下功夫，這是捨本逐末的做法。

翻開歷代祖師的著述，吾人很少發現有祖師將「無明」這麼清楚地宣說出來的，這也難怪很多修行人的目標都祇是在做斷妄念（一念無明）的功夫。問題出在這一念無明根本斷不了，斷了前念，後念馬上跟著生起，斷了又生，生了又斷，簡直無有了時，所謂「止觀雙運」、「一心三觀」、「眼觀鼻，鼻觀心」等的修法都離不開斷妄念。其實，本性是被無始無明所遮障，而一念無明祇是無始無明的產物，吾人若想親見本性，那麼所要打破的就是無始無明，而一念無明剛好是用來作爲打破無始無明的工具。在修行的階位上，吾人實在不應該斷一念無明，反而應該好好利用它纔對！其實，在見性的當下，無始無明就被打破了，而在沒有無始無明作爲前提之下，那麼一念無明也就轉爲本性的妙用了！就人而言，無始無明是可破的，而一念無明不可破，祇在見性的當下轉爲本性的妙用。在修行之初，如果沒有上面的這種認知，那麼想明心見性，無異緣木求魚。

無疑的，月溪法師是「末代禪」的中流砥柱，有他出來爲文，掃除種種似是而非且不究竟的末代禪法，讓吾輩於修行之初，就可以很明白地看清方向而避免誤入歧途。很顯然的，月溪法師的文集，是禪海中的燈塔。欣聞臺北圓明出版社計劃蒐羅、整理，出版《月溪法師文集》，誠令人頓感禪悅瀰溢，對於那些找不到門路或迷失在歧途的衆多修行者而言，這套文集的面世，諒必是一大「福音」！而這套文集的整理、校勘及次序的編排幾乎都由臺灣大學的郭哲志及林淑娟兩位大德一手包辦，其發心之誠及熱心的參與，吾人也應給讚賞。

唯文字語言終究離不開「方便道」，這套文集當然也不例外。吾人應該透過文字語言的底蘊去瞭解說法的本義，以便紮紮實實的實修實證。

香港沙田萬佛寺開山祖師第一代主持
月溪上人肉身法體鋪金圓滿陞座碑

佛法自漢明帝時傳入中國，摩騰、竺法蘭自西域以白馬馱經而來，因於洛陽建白馬寺，佛法即盛傳中土。迨六朝梁武帝時，達摩初祖一葦東來，以衣鉢相傳。至唐朝，惠能六祖弘法南來，肉身成佛於廣東南華寺，衣鉢之傳廢。而禪宗大乘佛法在中國繼續發揚，儒家學者每多精研深究，以故高僧輩出，宗門鼎盛，代有傳人，尤對中國學術界影響甚大，宋明理學即其顯著者也。歷代祖師見性成佛者甚多，惟具有金剛不壞之身，成爲肉身菩薩，金相莊嚴者，殊不多見。今月溪上人，俗姓吳，昆明人也。原籍浙江錢塘，後遷滇，考諱文鏡，積學隱德；妣陸氏聖德，茹素念佛，有子五人，上人其幼也。上人幼聰慧，好讀書，受儒業於汪維寅先生。年十二讀〈蘭亭集序〉，至「死生亦大矣，豈不痛哉」一句，慨然有解悟，問先生如何方能不生不死？先生告曰：「儒言：『未知生，焉知死？』」自是兼攻佛學，尤專心老、莊、濂、洛、關、閩之學，博綜六經。隨肄業於滬，徧參江浙名山梵刹，叩問諸大德。年十九在震旦大學卒業，決志出家弘揚大法。父母幼爲訂婚，堅不娶，即於是歲禮本境靜安老和尚剃染受具。甫出家，精進勇猛，於佛前燃無名、小二指，並剪胸肉掌大，炷四十八燈供佛。並發三大願：一、不貪美衣食，樂修苦行，永無退悔。二、徧閱三藏一切經典，苦心參究。三、以所得悉講演示導，廣利衆生。後隨悟參法師，學天臺、賢首、慈恩諸宗教義。年二十二，遂徧涖衆會說法講經，聽者如市。膺金陵之請，講楞伽法會，得參牛首山獻花巖鐵巖大德。上人往參問巖曰：「我今將妄念斷盡，不住有無，是明心見性否？」巖曰：「否！是無始無明境界。」上人問曰：「臨濟祖師說是『無明湛湛黑闇深坑，實可怖畏』，是否？」巖曰：「是！汝不可斷妄念，用眼根向不住有無黑闇深坑那裏返看，行住坐臥不要間斷，因緣時至，無明湛湛黑闇深坑囫的一破，就可以明心見性。」上人聽此言，如飲甘露，由此用功，日夜苦參，形容憔悴，瘦骨如柴。至八月某中夜，聞窗外風吹梧桐葉聲，豁然證悟，時通身大汗，曰：「哦！原來原來，不青不白，亦不參禪，亦不念佛，亦無死生事大，亦無無常迅速。」信口說偈曰：「本來無佛無衆生，世界未曾見一人；究竟瞭解是這箇，自性還是自己生。」向窗外望，正是萬里青無雲，四更月在天，時上人年二十四歲。數日後再往見巖，將所悟稟呈，巖曰：「汝證悟也，今代汝印證，汝可再將《傳燈錄》印證，汝大事畢矣，有緣講經說法度衆生。」上人今後講經，依照《華嚴經》：佛性恆守本性，無有改變，始終不改；佛性無染、無亂、無礙、無厭，不受薰染；佛性不起妄念，妄念從無始無明起；除卻止、作、任、滅四病，不斷妄念，用一念破無始無明爲主要。上人講經說法，皆從自性中流露出來，不看他人註解。後應川、湘、鄂、贛、皖、閩、粵、陝、甘、青、滬、平、津、魯、豫、熱、晉、京、浙、香港、澳門各處邀請講經，數十年無虛度日，講經數百會。性好遊，歷終南、太白、香山、華山、峨嵋、九華、普陀、五臺、泰山、嵩山、黃山、武當、匡廬、茅山、莫干、嶼山、恆山、羅浮山等說法。每遊雲霞深處，數月忘歸。所到名山，必有詩對。善七絃琴，遊必攜琴隨身。遊華山時曾自書有《華山待月室記》。生平著作甚多，計有《大乘絕對論》、《大乘佛法用功概論》、《大乘八宗修法》、《大乘佛法簡易解》、《四乘法門》、《禪宗修法》、《禪宗史略》、《佛法大綱》、《月溪法師開示錄》、《用周易老莊解釋佛法之錯誤》、《佛教人生觀》、《佛法問答錄》、《月溪法師講無始無明》、《月溪法師講念佛法門》、《月溪法師詞附詩》、《證道歌顯宗記註解》、《楞伽經疏》、《圓覺經疏》、《金剛經疏》、《心經疏》、《維摩詰經疏》等九十八種，凡千萬言，其功德之偉大，誠足稱矣。上人節操高邈，度量出羣，不應酬世法，性度弘偉，風鑑朗拔，雖宿儒英達，莫不服其深致。與海內宿儒江寧魏梅蓀家驊、醴泉宋芝田伯魯、閩海黃石蓀曾源、仁和葉任皋爾愷、番禺張漢三學華、吳玉臣道鎔、汪憬吾兆鏞、南海桂南屏坫、雙城翟羲人文選、如臯冒鶴亭廣生、長安宋菊塢聯奎、餘姚章太炎炳麟、臨川李梅菴瑞清、吳興王一亭震、山陰朱子橋慶瀾、臨海屈文六映光、番禺金滋軒湛霖時有唱酬。上人所著書，皆能匯各家之旨趣，振百代宗風，本明心見性之真傳，要在破無始無明，以弘揚大法，使天下古今中外之理哲，皆能分別異同，有所指歸。若江漢之朝宗於海，發前人之所未發，言前人之所未言，使後之學者有所依歸，闡明義理，炳耀千秋。上人前在廣州重修大佛寺，備極莊嚴壯麗，和平後來香港，在沙田萬佛山建蓋萬佛殿、彌陀殿、天王殿、觀音殿、準提殿、韋馱殿、萬佛塔、羅漢欄等。自辛卯年興功，至丁酉年圓成，歷時七載，均親身參與擔鐵運石，造塑佛像，事必躬親。曾豎一指説法曰：「來本不來，菩提非樹，明鏡非臺；去本不去，上無片瓦，下無寸地。古今諸佛，皆在老僧指頭上放光現瑞，轉大法輪。」上人有剃染徒二：長妙相法師，丁亥年病逝昆明；次任內地某大學歷史系教授。徒孫六人，均在內地。悟道弟子八人：五臺寂真尊宿、明淨尊宿、北平李廣權居士、上海周運法居士，餘四人均先逝，皈依弟子伍十餘萬衆。上人自去年乙巳歲三月二十三日晚圓寂，趺坐入龕，嘗語其左右及弟子衆，其法體封龕入土，八箇月內便可將肉身請出，加漆鋪金，供奉寺內。同年十一月十七日，弟子衆撥土移墓開龕視察，即見五官俱全，鬚髮仍留，整體無缺，呈黃金色，燦然可觀，其生平苦修行持，戒律精嚴，於此可見。在此科學昌明時代、生活物質化之社會，與亞熱帶天氣之香港，而能有此奇蹟出現，真是六祖而後千餘年罕有之事，香港開埠以來今始獲睹，誠佛教界之光榮，亦吾港人之幸福也。今將於丙午年農曆四月初八日在萬佛寺彌陀殿陞座供奉，敬希海內及港九諸山大德，暨各界善信四衆弟子等居時蒞臨，以觀厥成此一佛教界劃時代之盛舉，而創永恆之聖蹟也。

萬佛寺第二代主持胞侄　吳星達　謹撰

監察院專門委員總編纂　林德璽　敬書

中華民國六十二年歲次癸丑十一月

序

師講經說法數十年，足迹徧海內，所有語句皆各法會各大德居士隨時錄存，向未編纂，日久多已散失，玆爲利益學者起見，用爲蒐集編輯。分爲開示、說法、示衆、請益、捉機緣、勘驗印證六類，俾學者一覽便知參禪學佛之正當途徑。儻能照師所示參究修習，必能獲大利益，證無上菩提。師曾云：「我把釋迦佛傳下來的藥方開給你，喫不喫在自己。」這本《開示錄》譬如是一卷祖傳的良方，靈驗無比，但恐諸仁者信不及耳。師尚有語句講錄多種，因兵燹散失，候將來收集完備再行補編，以供養大衆。

開示

本來無佛無衆生
世界未曾見一人
究竟瞭解是這箇
自性還是自己生

文學家前輩王羲之說：「死生亦大矣，豈不痛哉！」詩人陳子昂說：「前不見古人，後不見來者，念天地之悠悠，獨愴然而涕下！」詩仙李白說：「夫天地者，萬物之逆旅；光陰者，百代之過客。而浮生若夢，爲歡幾何？」儒教的先師孔子說：「未知生，焉知死？」孔子告顏回曰：「吾與爾皆夢也。」哲學家的祖宗老子說：「吾所以有大患者，爲吾有身。」他們各位的聰明、人品、學問、道德，祇要是讀書人認得他們的，皆是最崇拜的。他們都感覺到要怎麼樣子，纔能解決死生的問題。一般的庸夫俗子，祇知道父母生來，由少而壯，而老而死，死了就算了，假使死了就算了，那生死的問題就不必研究了。可是生了又死，死了又生，生死是有輪迴的。這生了又死，如梁啓超《飲冰室文集》中所說，「死」字很有道理，茲摘錄之以供衆覽。案「死」字之爲物最能困人。

記曰：「天地之大也，人猶有所憾，人既生而必不能無死，是尋常人所最引爲缺憾者也，故古來宗教家、哲學家莫不汲汲焉研究『死』之一問題。嘗綜論之，約有八說。儒家之教以爲死而有不死者存，不死者何？曰『名』。故曰：『君子疾歿世而名不稱焉。』或曰：『或重於泰山，或輕於鴻毛。』若何而與日月爭光？若何而與草木同腐？』此儒家之所最稱也。其爲教也，激厲（勵）志氣，導人向上，然祇能引進中人以上，而不範圍中人以下，美猶有憾焉，此其一。道家之教厥有三派，一曰『莊列派』，以生爲死齊一，無所容心，故曰：『物方生方死，方死方生。』又曰：『算壽於殤子，而彭祖爲夭。』其爲教也，使人心志開拓，然放任太過，委心任運，亦使人彷徨無所歸宿，此其二。次爲『老楊派』，以爲死則已矣，毋寧樂生，故曰：『生則堯舜，死則腐骨；生則桀紂，死則腐骨。腐骨一耳，熟（孰）知其極。』其爲教也，使人厭世，使人肆志，傷風敗俗，卒天下而禽獸，罪莫大焉，此其三。又次爲『神仙派』，以爲人固有術可以不死，於是煉養焉、服食焉，其愚不可及矣，此其四。此皆中國之言也。墨氏以爲死後更無他事，故所言者爲人世間之事，蓋墨教不以死爲立腳也，短喪命葬之說，其一端矣。其在域外，則埃及古教，雖死之後，猶欲保其遺骸，於是有所謂『木乃伊』術者，其思想何在，雖不能確指，要之出於畏死，而欲不死之心而已，此其五。印度婆羅門外道，以生爲苦，以死爲樂，於是有不食以求死者，有倭蛇以求死者，有臥轍下以求死者。厭世觀極盛，而人道或幾乎息矣，此其六。景教竊佛教之緒餘，冥構天國，趨重靈魂，其法門有可取者，然其言末日審判，死者復生，是猶模稜於靈魂、軀殼之間者也，其解釋此問題，蓋猶未確未盡，此其七。佛說其至矣，謂一切衆生本不生不滅，由妄生分別故有我相，我相若留，則墮生死海；我相若去，則法身常存。死固非可畏，亦非可樂，無所窒礙，無所恐怖，無所貪戀，舉一切宗教上最難解決之疑問，一喝破之，佛說其至矣。雖然衆生根器既未成熟，能受益者蓋寡焉，此其八。」

啓超之說將「死」字分爲八種。如儒家所說「人死名留，流芳百世」，可是名固可流芳百世，然對其本身之死生問題絲毫沒有關係，他的靈魂仍然是輪迴生死，死了又生，生了又死；莊列派主張的「方生方死，方死方生」，這樣說，永久是生死輪迴，對於生死問題根本不能解決；楊子所說，以爲「死則已矣，生則不同，死則同」，這種說法以爲人死就算了事，可是人死你的靈魂不死，仍然輪迴，對於生死問題依然不能解決；神仙派的煉養服食求長壽，就是讓你活一萬年依然要死，仍然要受輪迴；墨子說的死後更無他事，你心中雖然如此思想，可是事實不是如此，肉體雖死，靈魂依然存在，仍然輪迴，生死問題仍未能解決；埃及古教所謂「木乃伊」，肉體是地、水、火、風三十六種所成之一種物體，有成必有壞，這更談不上生死問題；印度婆羅門外道以生爲苦，以死爲樂，這種思想是沒有志氣的人，更談不上解決生死問題；景教死後升天國，死生是相對的，死後升天國，由天國又生人間，仍然是死生來去永久輪迴；佛說一切衆生本不生滅，法身常存。我們現在就來研究這法身常存，用甚麼方法去修纔能見法身？因為法身無死亦無生，生死問題根本就可解決。

死了又生是為輪迴，是有證據的。佛經裏邊說，父親的精、母親的血和靈性三種和合，纔會成為人的（靈性者，人活時能覺知萬物，靈性一失去即成死人），欲心重者受婦女身。若果說一箇人全由父母的精血而來的，沒有第三者的參與而成功的，那就有以下的反說了：一、譬如有甲、乙、丙三對夫婦同時結婚，年紀、健康、職業、環境等，大家都是一樣，過了十年之後，甲夫婦有六箇子女，乙不過兩箇，丙一箇也沒有。假使一箇人祇由父的精、母的血結合成功的，那這三對各條件都相同的夫妻，都應當有一樣的子女，何以一則多、一則少，一則全無呢？二、譬如另一人有五箇兒子，第一箇是很聰明的，第二箇是很蠢笨的，第三箇是很凶惡的，第四箇是很良善的，第五箇是平常的，沒有特別的品質，這五箇兒子都是同一父母所生，他們的面孔也都相似，為甚麼品性就大家完全不相同呢？以上二則可以證明有靈性了。對第一則的解說：甲對夫妻多子女，就是多靈性和他們有緣份；乙對夫妻祇有兩箇子女，就是祇有兩箇靈性和他們有緣份；丙對夫妻沒有子女，就是沒有靈性和他們有緣份。所謂緣份者，前世因也，非親愛則怨憎。對第二則的解釋：五箇兒子性情各別，就是有五箇靈性不同的緣故，而相貌都差不多一樣，乃是由於同樣的父精、母血所生之故。現在科學家也有說一箇人的來歷，除了父精、母血兩種東西以外，必定還有第三種條件參與所造成的，不過所用的名稱不同罷了。由同一父母的精血，同生五箇兒子的相貌相同，但五箇兒子的性情各自不同，就可以證明有五箇不同的靈性來參與精血所生的了。

古人賢哲感覺到死生輪迴的痛苦，所以用種種的方法來解決此輪迴的痛苦，而超出死生的問題。老子解決死生的問題是說：「天下萬物生於有，有生於無。」天下萬物皆由於我們的妄念生來的，我們的妄念斷了，即是還歸清淨無爲的。六朝的佛學家表面是說佛學，內在其實是用老子的哲學來解釋佛學。他們說：「妄念起有生死，妄念斷生死即無。」這與老子的「有生於無，無能生有」是一樣的，人非木石，念如何能斷？如果說有生於無，無能生有，那仍然是輪迴的。老子又說：「道生一，一生二，二生三，三生萬物，萬物負陰而抱陽，更由陰陽反歸萬物，萬物復歸三二一。」所以六朝的佛學家用此道理，改了名詞說：「如一明鏡生塵，明鏡譬如本性，灰塵譬如妄念，灰塵去盡明鏡發光，灰塵一生明鏡滯闇。」那是「一生萬物，萬物歸一，塵生鏡闇，塵去鏡明」，這還是不離生滅輪迴的。老子又說：「道之爲物，惟恍惟惚，惚兮恍兮，其中有象；恍兮惚兮，其中有物；窈兮冥兮，其中有精。」此與《尚書》「人心惟危，道心惟微，惟精惟一，允執厥中」的理相合。印度婆羅門的四句「不執有、無、非有非無、亦有亦無」，一般佛學家解釋：「靜坐時心不執著有、無、非有非無、亦有亦無。」這仍是老子的「恍兮惚兮，其中有精」的道理。以上的道理「惚兮恍兮，似有非有」的學說，看來已等於下等動物一樣，我們人類是高尚思想的，要此境地作何用？上等智識的人，反不如下等的動物嗎？六朝的佛學家又變化老子的哲學說：「一念染即是衆生，一念淨即是佛。」這即是「萬物生於有，有生於無」的道理。莊子解釋死生的問題是「坐忘」，那也與木石之比一樣，但人那裏能夠不起思想呢？他們以上的學說都是相對生滅的，不能超出輪迴，如「無能生有，有復歸無」、「真性起妄念，妄念復真性」、「染歸淨，淨復染」。歷代的理學家如周濂溪、程明道、程伊川、張橫渠、朱晦庵、陸象山、陳白沙、王陽明、李二曲等的學說，統統都脫不了二乘佛學家所說的範圍。

老子及婆羅門所說的境界是真是妄，我們應該做一番揀別。照他們的見解，思想斷滅便爲真心，思想一起即是妄心，起了又斷，斷了又起，一會兒妄心變爲真性，一會兒真性變爲妄心，反反覆覆有何了止？我今說一譬喻：有婦人焉，夫亡守節是爲貞操，設若再醮便失貞操，後悔再嫁之非，復歸故夫之家。是寡婦者，有貞操乎？無貞操乎？若云貞操未失，豈通人情！斯喻何解？寡婦者譬如腦筋，守節譬如思想不起，貞操譬如真性，再醮譬如思想又起，後返夫家譬如再斷思想，思想再斷真性恢復之見，是何異於寡婦再嫁之喻哉？夫根本既錯，修末無益也。昔祖師有〈真妄偈〉云：「真法性本淨，妄念何由起？從真有妄生，此妄何所止？無初即無末，有終應有始。無始而無終，長懷懵茲理。」就是說佛性本自清淨，那裏會起妄念？起妄念是腦筋而不是佛性，假使妄念是從佛性起，那麼根本就有妄念了，止它何益？那是止不勝止的！因爲無初就無末，有終纔有始的，若果「無始無終，相對是假，絕對是真」這箇道理都不明白，那就不能夠解悟佛法的。學佛錯用功夫，猶如以沙煮飯，飯終不成。

佛法說我們人人有箇佛性，箇箇都是一樣的，佛性是無死生，無來去，超出輪迴，偏滿虛空，充塞宇宙，不受薰染（出《華嚴經》）。今天見佛性以後，靈性、妄念、眼、耳、鼻、舌、身、意統統變成佛性，不論士、農、工、商、起居飲食、妻孥聚會、辦公辦私、屙屎送尿都在佛性中。我們的肉體譬如一件東西，不用的時候，壞了死了，那是與我們的佛性了不相干的。佛性是無窮無盡的存在，就是山川世界變壞，佛性也是如如不動的。因爲佛性是絕對的，所以不會有成壞，相對的纔會有成壞。見佛性不單是出家人纔能做到，所有世界上士、農、工、商，不論男女，如得正見修持，都可以見性成佛。出家人是發願爲僧，弘揚佛法，免除家室妻孥之累纔不婚娶的，並非見性成佛祇有出家人纔能辦到的。古時如維摩詰居士、傅大士、龐居士等悟道的居士皆有妻孥。《華嚴經》云：「以大悲故，處在家屬；以大慈故，隨順妻子。於菩薩淨道，無所障礙。」佛制和尚不結婚，是因爲結婚後有家庭子女之累，有礙佛法宣揚之故。佛是教一切人明心見性，非教一切人皆不結婚也，所以願出家代佛宣揚的人，也是聽其自願，非勉强一切人爲之。衆生種種心性、種種知見、種種執著，故要一切人皆斷欲出家實不可行，所以佛說法一生，未曾教一切人斷欲出家。我今將釋迦佛所說的正法門統統告誦，祖師修明心見性的正法門說在下面，要想了脫生死、超出輪迴的人，照著去修，百發百中，千萬記取！

佛性究竟是甚麼樣子？佛性叫做「本來面目」，又叫做「法身」，又叫做「真如」，《華嚴經》發揮真如佛性之理尤詳。〈十迴向品〉云：「勤修一切出世間法，於諸世間，無取無依，於深妙道，正見牢固，離諸妄見，了真實法。譬如真如，徧一切處，無有邊際……，譬如真如，真實爲性……，譬如真如，恒守本性，無有改變……；譬如真如，以一切法無性爲性……；譬如真如，無相爲相……；譬如真如，若有得者，終無退轉……；譬如真如，一切諸佛之所行處……；譬如真如，離境界相而爲境界……；譬如真如，能有安立……；譬如真如，性常隨順……；譬如真如，無能測量……；譬如真如，充滿一切……；譬如真如，常住無盡……；譬如真如，無有對比……；譬如真如，體性堅固……；譬如真如，不可破壞……；譬如真如，照明爲體……；譬如真如，無所不在……；譬如真如，徧一切時……；譬如真如，性常清淨……；譬如真如，於法無礙……；譬如真如，爲衆法眼……；譬如真如，性無勞倦……；譬如真如，體性甚深……；譬如真如，無有一物……；譬如真如，性非出現……；譬如真如，離衆垢翳……；譬如真如，性無與等……；譬如真如，體性寂靜……；譬如真如，無有根本……；譬如真如，體性無邊……；譬如真如，體性無著……；譬如真如，無有障礙……；譬如真如，非世所行……；譬如真如，體性無住……；譬如真如，性無所作……；譬如真如，體性安住……；譬如真如，與一切法而共相應……；譬如真如，一切法中性常平等……；譬如真如，不離諸法……；譬如真如，一切法中畢竟無盡……；譬如真如，與一切法無有相違……；譬如真如，普攝諸法……；譬如真如，與一切法同其體性……；譬如真如，與一切法不相捨離……，譬如真如，無能映蔽……，譬如真如，不可動搖……，譬如真如，性無垢濁……，譬如真如，無有變易……，譬如真如，不可窮盡……，譬如真如，性常覺悟……，譬如真如，不可失壞……，譬如真如，能大照明……，譬如真如，不可言說……，譬如真如，持諸世間……，譬如真如，隨世言說……，譬如真如，徧一切法……，譬如真如，無有分別……，譬如真如，徧一切身……，譬如真如，體性無生……，譬如真如，無所不在……，譬如真如，徧在於夜……，譬如真如，徧在於晝……，譬如真如，徧在半月及以一月……，譬如真如，徧在年歲……，譬如真如，徧成壞劫……，譬如真如，盡未來際……，譬如真如，徧住三世……，譬如真如，徧一切處……，譬如真如，住有無法……，譬如真如，體性清淨……，譬如真如，體性明潔……，譬如真如，體性無垢……，譬如真如，無我我所……，譬如真如，體性平等……，譬如真如，超諸數量……，譬如真如，平等安住……，譬如真如，徧住一切諸衆生界……，譬如真如，無有分別，普住一切音聲智中……，譬如真如，永離世間……，譬如真如，體性廣大……，譬如真如，無有間息……，譬如真如，體性寬廣，徧一切法……，譬如真如，徧攝羣品……，譬如真如，無所取著……，譬如真如，體性不動……，譬如真如，是佛境界……，譬如真如，無能制伏……，譬如真如，非是可修，非不可修……，譬如真如，無有退捨……，譬如真如，普攝一切世間言音……，譬如真如，於一切法無所希求……，譬如真如，住一切地……，譬如真如，無有斷絕……，譬如真如，捨離諸漏……，譬如真如，無有少法而能壞亂，令其少分是非覺悟……，譬如真如，過去非始，未來非末，現在非異……，譬如真如，於三世中無所分別……，譬如真如，成就一切諸佛菩薩……，譬如真如，究竟清淨，不與一切諸煩惱俱。」（〈十迴向品第二十五之八〉）此乃佛祖就其親證之真如佛性境界，用語言方便以昭示衆生，衆生聞之或茫然不知所云，或約略知其大意。

釋迦牟尼佛在菩提樹下修行，每天以麥蔴充饑，入非想非非想定，五年多知道不是正法，修苦行無益。因身上垢膩太多，到泥連禪河沐浴，受牧女供養乳糜，來一長者告訴他說：「應向內修靜慮。」佛照法修持，經四十九天，破無始無明，豁然證悟，從佛性中照看，見一切衆生皆是佛，乃歎曰：「奇哉！奇哉！一切衆生皆有如來智慧德相。」為引導衆生使悟入如來知見，說種種方便法門，大略可分為四乘：小乘修四諦，斷六根；中乘修十二因緣，斷一念無明；大乘修六度靜慮，打破無始無明，見性成佛；最上乘是靈山會上拈花示衆，無言無說。

佛性與靈性的分別

佛性就是我們的本來面目，無生無滅，無去無來，如如不動，徧滿虛空，充塞宇宙，恆守本性，無有改變，不受薰染，不起妄念（出《華嚴經》），佛性人人的都是一樣。

「靈性」新學家謂之腦筋，舊學家謂之靈魂，內外合成，內是見聞覺知，外是眼、耳、鼻、舌、身、意。分兩方面的能力：染緣與淨緣。染緣，有善惡、是非、愛喜、怒哀、樂欲、煩惱、思想，種種俱全，是受薰染、有漏的，人人的不是一樣；淨緣，靈性裏面祇有清清淨淨的一念。染緣是起妄念，淨緣是斷妄念。我們的眼睛看見，印象在靈性裏面「見」的一部份；耳聽得的，印象在靈性裏面「聞」的一部份；鼻子所嗅的、舌頭所嚐的、身子所感觸的，印象在靈性裏面「覺」的一部份；意思所想的，印象在靈性裏面「知」的一部份。所有印象在靈性「見」、「聞」、「覺」、「知」四部份收藏。

無始無明與一念無明之分別

不同之點，無始無明是無知無覺、無生無滅、空洞黑闇、無善無惡、一無所有，是可以破的；一念無明是有知有覺、有生有滅，就是從靈性裏面起一箇妄念，謂之一念無明。無始無明是無知無覺、無始有終，可以打破；一念無明是有知有覺、無始無終，是不可破的，而是在悟後變爲佛性。佛性與無始無明不同之點，佛性是有知有覺、無生無滅、徧滿虛空、光明普照；無始無明是無知無覺、無生無滅、空洞黑闇、一無所有。未見佛性以前，佛性不受薰染；見性以後，靈性、一念無明、眼、耳、鼻、舌、身、意皆變爲佛性。

修小乘、中乘、大乘及最上乘之分別

小乘是斷六根，靈性裏面祇有清清淨淨的一念，譬喻一面明鏡，將灰塵打掃得乾乾淨淨，就是腦筋裏面的淨緣（即修四諦法門）。

中乘將一念無明清清淨淨的斷了，都沒有知覺，空空洞洞的，這是無始無明的境界，非佛性（即修十二因緣法門）。

大乘用功，一念無明及六根統統都不斷，利用六根隨便那一根，破無始無明見佛性爲主要（即修六度靜慮法門）。

最上乘即一佛乘，是明心見性的話，專指佛性，不是談修的法門（即是六度般若）。

法身		佛性	是無生死，無來去，偏滿虛空，充塞宇宙，常樂我淨，是不受薰染、無漏的，人人都是一樣。	佛性能轉萬物
	空執可破	無明窠臼	是無善惡、是非、煩惱、愛欲、思想，是無知覺的，人人都是一樣。	
報身	有清淨一念，妄念斷盡，祇是起淨緣。	靈性見聞覺知	是能起染緣，有善惡、是非、愛、喜、怒、哀、樂、欲、煩惱、思想種種俱全，是受薰染有漏的，人人的不是一樣。	悟後一切種子和盤托出
	法執不可破	一念無明		悟後妄念、六根、六塵、六識俱變爲佛性
應身	我執		眼、耳、鼻、舌、身、意	

世尊教化地方，北至雪山麓之劫比羅代率堵，南至婆羅尼斯，東至膽波，西至拘睒彌。迨佛滅後，各弟子分處領衆遊行佈教，往來之地點亦多在此區域。佛滅後二百十八年，阿育王繼承孔雀王朝正統而爲摩揭陀國王，兵力强盛，征伐孟加拉灣附近之羯餕迦，殺擄無算，遂大悔兵禍之非，復遇高僧尼瞿陀之教化，遂皈依佛門爲優婆塞。一生弘揚佛法，使佛法徧於全印度，且及於印度國境之外者。於國內置正法大官，以監理宗教之事。後遣正法大官、宣教師二百五十六人分赴外國各地宣傳正法，此種偉大傳教事業，不圖於紀元前遽然出現於印度，實爲驚人之事。

泰始皇實與阿育王同時，且當時中印海道交通似已開，朱士行經錄：「三秦皇政四年，西域沙門室利房等十八人，始齎佛經來華，皇怪其狀，捕之繫獄，旋放逐回國。」印度佛教的昌盛並不在釋迦牟尼佛的生前，反而在涅槃後。印度佛教遂分成南北兩派，南派以錫蘭爲中心，日後傳佈緬甸、暹羅、安南和馬來亞等處；北派則以尼泊爾一帶爲中心，逐漸傳到中亞細亞、中國、朝鮮和日本。我國與印度之交通甚早，當周燕昭王七年，沐胥國遣比丘尸羅來朝，緣當時我國帝王無信佛之思想，遂漠然置之。

阿育王所派宣教大官及宣教地點列表對照如左：

	人名	地名
一、	末闡提	罽賓犍馱羅
二、	摩訶提婆	摩醯婆末陀羅
三、	勒棄多	婆那婆私
四、	曇無德	阿波蘭多迦
五、	摩訶曇無德	摩訶勒咤
六、	摩訶勒棄多	魚那世界
七、	末示摩	雪山邊
八、	須那迦鬱多羅	金地國
九、	摩哂陀等	師子國

錫蘭、緬甸、暹羅等地，所傳佛教爲印度第一期阿育王所傳之佛教，今人皆曰

「南傳佛教」，又曰「小乘佛教」；中國及日本所傳佛教，爲印度第二期迦膩色迦王所傳佈之佛教，今人皆曰「北傳佛教」，又曰「大乘佛教」；至西藏、尼泊爾、不丹等地所傳佛教，則爲印度第三期所傳佈之佛教，亦稱「北傳」，亦曰「大乘」，又曰「密宗」。在中國佛教界向以大、小乘分南、北傳佛教，南方諸國則承認南、北傳之不同，而不承認大、小乘之階級名稱。至西藏所傳，世人多以神祕眼光視之，如以婆羅門教，即現在印度教之形式上及經咒與宗教儀軌儀式，去看西藏或中、日所傳密宗，則十九無別，因此錫蘭、緬甸、暹羅諸國佛教視之爲非佛說，爲外道教。（見次頁表）

佛最初所修非想非非想定乃婆羅門方法，將六根思想皆斷盡空無所有，多數修行人皆曾經此階段，但終無法明心見性。向內修靜慮纔能明心見性，但此法門修行人懂者很少。元朝高峯禪師說過：「欲明心見性，譬如有人墮在千尺井底一樣，終日思想如何纔能夠出井，專心一意，決無二念。或三日，或五日，或七日，若不徹去，西鋒今日犯大妄語。」

自漢明帝迎印度僧人來中土傳教，以後歷代帝王多數供養印度僧人。婆羅門教徒見東來僧人如此受人歡迎，遂穿僧人衣服來中土傳教，以婆羅門道理解說佛經，

佛教		
第一期所傳	第二期所傳	第三期所傳
錫蘭 緬甸 暹羅 安南 馬來西亞 現在印度	中國 日本 朝鮮	蒙古 西藏 尼泊爾 不丹
南傳小乘	北傳大乘	
南方傳說	中國傳說	

因其道理相近，故受害者極多。其最著者爲「四句」道理，「四句」就是「有」、

「無」、「亦有亦無」、「非有非無」。

宇宙世間是有窮有盡，佛性是無窮無盡的。釋迦佛說：「一切衆生皆有佛性，我是已成之佛，汝等是未成之佛。我本元自性清淨，若識自心見性，皆成佛道。」修行目的便是明心見性，佛性人人皆是一樣，釋迦佛的佛性與我們的佛性是一樣的，並無高低分別，亦非另有至高無上之主宰支配著我們。

佛性是絕對的，徧滿虛空，充塞宇宙。《華嚴經》說：「法身充滿於世界，普現一切衆生前。隨緣赴感靡不周，而常處此菩提座。」

佛說經典大略分兩種：一是了義經，一是不了義經。大乘經典是了義經，小乘、中乘是不了義經。要解釋大乘了義經典必須明心見性，然後纔無滯礙；未明心見性而解說了義經典，一定很多錯誤，如《圓覺經》云：「未出輪迴而辨圓覺，彼圓覺性即同流轉。」自古以來，最聰明的思想家其思索所能到之境界，至無始無明而止，除釋迦佛之外無能超越此境界者，此境界釋迦佛謂之「幽閑法塵」，祖師說：「如入黑山鬼窟。」臨濟祖師說：「湛湛無明黑闇深坑，實可怖畏！」

中國註經第一人道安法師，多用老子道理，其釋「本無」義，謂：「『無』在萬化之先，『空』爲衆形之始，夫人之所滯，滯在未有，若託『本無』則思想便息。」此乃用老子「天下萬物生於有，有生於無」的道理作解釋。吉藏《中觀論疏．卷二》有云：「『本無』者，未有色法，先有於無，故從無出有，即無在有先，有在無後，故稱『本無』。」亦老子道理「無能生有」者。佛性本體無來無去、無生無滅、無增無減、無生無死，佛性本體是不受薰染的；無能生有則是能受薰染，非佛性也。受薰染是相對、有生滅；不受薰染是絕對、無生滅。「本無」者，即佛家所講之「無始無明」。

慧遠法師學有十客，聽講實相義，往復移時，彌增疑昧，遠乃引莊子義為連類，於是惑者睫然。慧遠的《肇論疏》也說：「因緣之所有者，本無之所無，本無之所無者，謂之本無。本無與法性同實而異名，以性異於無者，察於性也；以無異於性者，察於無也。察性者不知無，察無者不知性，知性之為無性者，其性無察也。」佛性本體無邊，能容納萬物，山河宇宙萬物，皆是如來妙明真心；因緣之所有者亦無邊，皆是如來妙明真心。因緣所有是從見聞覺知分別，「本無」是無始無明，不是法性，倘若是佛性，則因緣所有亦變為法性，不能加以分別。

僧肇《寶藏論》云：「夫本際者，即一切衆生無礙涅槃之性也。何謂忽有如是妄心及以種種顛倒者？但為一念迷也。又此念者從一而起，又此一則從不思議起，不思議者即無所起。故經云：『道始生一，一爲無爲，一生二，二爲妄心。以知一故，即分爲二，二生陰陽。』陰、陽爲動靜也，以陽爲清，以陰爲濁，故清氣內虛爲心，濁氣外欲爲色，即有心、色二法。心應於陽，陽應於動；色應於陰，陰應於靜，靜乃與玄牝相通，天地交合，故所謂一切衆生，皆稟陰陽虛氣而生，是以由一生二，二生三，三即生萬法也。既緣無爲而有心，復緣有心而有色，故經云：『種種心色，是以心生萬慮，色起萬端，和合業因，遂成三界種子。』夫所以有三界者，爲以執心爲本，迷真一故，即有濁辱，生其妄氣，妄氣澄清，爲無色界，所謂心也；澄濁現爲色界，所謂身也；散滓穢爲欲界，所謂塵埃也。故經云：『三界虛妄不實，唯一妄心變化。』夫內有一生，即外有無爲；內有二生，即外有爲；內有三生，即外有三界。即內外相應，遂生種種諸法及恆沙煩惱也。」此乃僧肇引老子「道生一，一生二，二生三，三生萬物，萬物負陰而抱陽，沖氣而和」的道理來解釋佛經的。妄心種種顛倒爲一念迷，不思議者即無明所起，無明所起是見聞知覺，非佛性起；若以佛性起，則起是衆生，滅又是佛，成佛亦有輪迴。本際是佛性本體，不起妄念，豎窮三際，橫偏十方，無生無滅。

支遁在其〈即色遊玄論〉中有云：「夫色之性，色不自色，雖有色而空；知不自知，雖知而寂。正以因緣之色，從緣而有，非自有故，即名爲空。」佛性無邊，色亦無邊，宇宙萬物就是色，故《般若經》云：「色無邊，故般若亦無邊。」宇宙萬物不越於色，豈非般若乎？

因緣之色從緣而有，非自有故，乃見聞知覺之辨別，非自有故，即名爲空。空是指無始無明之空，非是佛性，倘若見佛性，則因緣緣色皆變爲佛性矣。

自漢明帝時佛教入中國以至六朝時候，一般出家人皆修小乘、中乘，修大乘明心見性者極少。

六朝時講佛經者多以「本覺、始覺」爲大綱，表如左：

覺
- 始覺——起念，染緣——落於九界衆生
- 本覺——不起念，淨緣——佛界

起念、滅念、染緣、淨緣是見聞覺知腦筋作用，佛性是如如不動、不受薰染，《華嚴經》、《圓覺經》中所示甚明。若能看見佛性，則佛性之光明，能將六根、六塵、五蘊、十八界、二十五有、八萬四千起心動念塵勞門統統變爲佛性，以後佛性無窮無盡，永遠是佛，不再變爲衆生，返觀父母所生之身，如大海一漚，若存若亡，肉體之存壞，與佛性兩不相干。起念滅念是相對的，佛性是絕對的，相對不能超出輪迴，絕對纔能超出輪迴。

始覺、本覺道理，好像老子之「道生一，一生二，二生三，三生萬物，萬物負陰而抱陽」，始覺起念是陽，本覺不起念是陰。

又另有一派說：「佛性本體譬如一面鏡子本來很明亮，因一念不覺而起無明，無明譬如灰塵，將鏡子矇蔽，道理上本來是佛，名字上亦是佛，觀行者是將灰塵拂拭，相似者是已看見一點本來的明亮，分證者是灰塵逐步已拭去，究竟者是灰塵已拂完看見鏡子本體。」

鏡子譬如佛性，一念無明譬如灰塵，灰塵若從鏡子生出來，則拭了還會生；若從外面來的，則與鏡子無干，何消拭他？一念無明、六根從見聞覺知靈性生來，見佛性後一念無明、六根皆變爲佛性，所以一念無明不能斷。斷六根是小乘修四諦，斷一念無明是中乘修十二因緣，小乘、中乘是化城，大乘是寶所，佛設化城以引導衆生入寶所。

又有一派參禪用功，終日靜坐，不執著有念，不執著無念，不執著非有，不執著非無，不執著亦有亦無，似空又有，似有又空，以爲這樣便是明心見性，此乃腦筋作用；佛性不起心動念，非腦筋作用也。此等境界有如老子之所謂：「道之爲物，惟恍惟惚，惚兮恍兮，其中有象；恍兮惚兮，其中有物；窈兮冥兮，其中有精。」

又有一派謂佛性是「前念已滅，後念未起，中間是」，中因前後而有，佛性無中、邊、前、後，中間乃腦筋作用也。

唐朝一般法師解釋佛性是有四派：一、「不怕妄起，祇怕覺遲」。其實妄起是腦根作用，覺亦是腦根作用。二、「現前當體，一念覺是佛，一念迷是衆生」。其實佛性是大覺，無迷無悟，一念迷覺是腦根作用，不是佛性。三、「知之一字，衆妙之門，衆禍之門」。當體一念，妙便是佛性，禍便是墮落，皆腦根作用。四、「一念不起無生死，便是本來面目；一念起有生死，便是衆生」。其實本來佛性不起念，起念滅念與佛性不相干。

現在又有一派主張「悟道是悟理」，古人說：「理雖頓悟，事要漸修。」悟道見性乃是實實在在的事，並非明白道理而已。

六朝以前明心見性者不多，自達摩來中國之後，明心見性者日多，到唐朝便極盛。唐朝惠能之後禪宗盛行，五家門下見性者不可勝數。

唐朝時始分宗、教，教是照經典解說，宗是不重經典專修參禪；宗是佛的心得，教是佛的語言文字。單有教則佛的心印不能傳續，單有宗則恐後人走入錯歧路，所以宗、教是不可分的。

現在修行用功，最緊要是在破無始無明，《華嚴經》說「破無明黑闇」，《圓覺經》說「無始幻無明」，《勝鬘經》說「斷無始無明」，《報恩經》說「以智慧破無明黑闇」，《楞嚴經》說「幽閑法塵」，禪宗祖師叫做「無記空」、「無明窠臼」、「黑漆桶底」、「百尺竿頭」、「湛湛無明黑闇深坑」、「如入黑山鬼窟」，教下叫做「元品無明」、「無始無明」、「根本無明」、「白淨識」。

六朝高僧僧朗法師用「空、假、中」解釋佛性，觀「空、假、中」是腦筋見聞知覺心意識作用，不是佛性。打破無明窠臼見佛性之後得意生身，這時候空的、不空的、真的、假的、中的、邊的、嘻笑言談、山川草木、石頭瓦塊統統是佛性。假若觀的時候是佛性，不觀的時候不是佛性，佛性豈不是有輪迴嗎？六朝高僧慧觀法師分「頓、漸、不定」三教爲判教之說，就佛性上來說，頓、漸、不定了不可得，頓、漸、不定是隨人根性上說。五時判教之說出於《大涅槃經》，五時者是分開五箇時間，是要看隨你的根性能領受那一種佛法，就算是那一箇時間。

《勝鬘經》裏面說小乘人、二乘不知道斷無始無明，要大乘人纔知道斷無始無明。

修小乘破我執，斷六根，有清淨之一念無明在，是淨緣，落於法執。

修二乘破法執，斷一念無明之淨緣，落於空執，即無明窠臼。

修大乘破空執，不斷我執、六根、法執、一念無明，用我執、法執破空執見佛性為主要。

六朝高僧吉藏法師用「本有、始有」解釋見佛性，起念為始有，不起念為本有。起念、不起念是見聞知覺腦筋的作用，與佛性了不相干。

六朝高僧支道林法師用「小頓悟、大頓悟」解釋十地（即十住），初歡喜地至十法雲地。

悟有解悟、頓悟之分，解悟即理悟，頓悟即事悟。解悟是見聞知覺腦筋的作用，見解高為大悟，見解淺為小悟；頓悟是一悟就悟，不悟就不悟，不分階級及層次，即明心見性之頓教法門。我們學佛修明心見性的法門，要根據釋迦牟尼佛及古今明心見性的人，這些是有事迹可考查的，如《傳燈錄》等。假使未曾明心見性的高僧大德著的書，我們看了對於我們的修明心見性了不相干。考查他們的事迹不是明心見性，所講的是義學玄理，不是心地法門的話，我們不能以他們為模範。一般人說修行以古人爲師，我們考查他們的事迹，是明心見性的我們應該以他們爲師；假使他們不是明心見性，就算是他們著的書再多，我們走的是東，他們所說的是西，對於我們了不相干，就是孟子所說的：「盡信書不如無書。」我們學佛的人，生死是我們的一件大事，以古人爲師要細細考查他們是否明心見性，如「欲知三叉路，須問過來人」，千萬記取！

又須先明白佛性是不受薰染的，《華嚴經》裏說過很多。不受薰染即不起妄念，受薰染是起妄念，起念滅念乃腦筋見聞覺知作用，不是佛性。略摘《華嚴經》兩段：「佛性恆守本性，無有變易；恆守本性，始終不改。」出第三十卷。「佛性清淨，無染無礙無厭，不受薰染。」出七十三卷。

佛性、無始無明、見聞覺知、一念無明、六根皆無始以來便有，一旦將無始無明打破之後皆變爲佛性。說一譬喻：未見性前，上明下闇，本來佛性譬如太陽，無始無明譬如烏雲，太陽本來光明被烏雲遮障不能發現，我們用功打破無始無明窠臼，譬如大風吹散烏雲，烏雲一散，太陽光明，徧滿宇宙，充塞十方。太陽譬如佛性，宇宙萬物在佛性中。故《華嚴經》云：「大千經卷一微塵。」又云：「芥子納須彌。」《楞嚴經》云：「若能轉物，即同如來。」又云：「山河大地皆是如來妙明真心。」又云：「於一毫端現寶王剎，坐微塵裏轉大法輪。」

釋迦佛知道過去、現在、未來，乃指佛性而言，佛性中過去如是，現在如是，未來如是，並非能知明日將發生何事。佛有金鎗、馬麥、乞食空缽、旃遮女謗、調達推山、寒風索衣、雙樹背痛等厄，倘能預先知道，則不致有此遭遇也。

佛有五眼、六通。五眼者：一、肉眼：謂持戒清淨。二、天眼：明白小乘。三、慧眼：明白中乘。四、法眼：明白大乘。五、佛眼：明白最上乘。六通者：一、天眼通：見宇宙萬物皆是佛性。二、天耳通：能聽最上乘法。三、他心通：惟悟與悟乃能知之。四、宿命通：見佛性後了生脫死。五、神足通：佛性徧滿虛空。六、漏盡通：諸漏已盡，不受後有。

《華嚴經》裏說佛到普光明殿說法、遊多林說法，乃指佛之法身說法，非謂肉體有此神通也。《維摩詰經》中說他世界菩薩來此世界聽法以及種種神異之事，皆指法身妙用，若你能明心見性，則此等法身道理皆能懂得了。

佛有三身、四智，三身者：一、法身：就是佛性。二、報身：就是見聞覺知。三、應身（即化身）：就是六根。四智者：明心見性之後，阿賴耶識變為大圓鏡智，末那識變為平等性智，意識變為妙觀察智，眼、耳、鼻、舌、身五識變為成所作智。祇要你能明心見性，則三身、四智皆具備。

正法眼藏是佛祖心印，代代相傳，不著神通，佛一生亦如常人一樣穿衣、喫飯、睡覺。我們學佛目的在明心見性了生死，與神通無關。古祖師如鄧隱峯能神通，後極悔之。龐居士說：「神通並妙用，運水及搬柴。」故我們如想得神通，可學催眠術、幻術，不必學佛也。

佛之肉體亦有生死，亦有父母妻子，佛臨入滅時告諸弟子曰：「我此肉體，猶如盜賊，肉體已滅，吾人法身留存永住常寂光中（常寂光是徧滿虛空，充塞十方），常樂我淨，名大涅槃，亦名證淨土。」此淨土即法身淨土。西方極樂世界譬如北平，是報身淨土；娑婆世界譬如南京，是報身穢土。不論在西方世界亦好，娑婆世界亦好，明心見性後皆證法身淨土。法身淨土譬如太陽，太陽光明，偏照十方，無不週徧也。自釋迦佛一直到現在，一切明心見性祖師，及肉體滅後皆生法身淨土，與諸佛同一法身。

三教源理不同，一般說三教同源，佛法是有本有標。孔子說：「未知生，焉知死？」孔子告顏回曰：「吾與汝皆夢也。」孔子向來不談生死的話，祇教人五倫、八德。佛說五戒、十善，與五倫、八德一樣，此是佛性之標。老子說：「萬物生於有，有生於無。」又說：「道生一，一生二，二生三，三生萬物，萬物負陰而抱陽。」此與佛家修十二因緣一樣，亦是標。佛之本旨是一切衆生皆有佛性，欲令衆生皆明心見性成佛，故三教標雖同，而本則不同。

中國之佛法爲害最廣、中毒最深，就是受老子「道之爲物，惟恍惟惚，惚兮恍兮，其中有象；恍兮惚兮，其中有物；渺兮冥兮，其中有精」的害最大，婆羅門的四句「有、無、非有非無、亦有亦無」爲害更厲害。每每一般人打坐的時間，心中恍兮惚兮、渺渺冥冥的，似有非無，似無非有，謂之曰悟道；又有心中亦不執著有，亦不執著無，真空不空，又不能執著有，渺渺冥冥的，這樣也謂之曰悟道。渺兮冥兮、其中有精、不執有無、非有非無、亦有亦無，這些統統是腦筋見聞覺知的作用，對於悟道明心見性及佛性來說是了不相干的。渺渺冥冥的等於下等動物一樣，那我們上等知識的人，反不如下等的動物了！

大乘的佛法是用功打破無明窠臼，親見本來的佛性，見佛性後腦筋、見聞覺知、眼、耳、鼻、舌、身、意統統變爲佛性，以後行、住、坐、臥、穿衣、喫飯、辦公辦私、妻孥聚會、宇宙山河、草木微塵統統皆是佛性。老子及婆羅門的說法是思想的作用、有輪迴的，所以禪宗纔會說「離四句，絕百非」，又說心意識的作用不是佛性。今天明心見性，以後是永久不會壞的，宇宙有壞，佛性是不會壞的，一悟就悟，永久不會再迷的，不是坐著纔悟，起來不悟的外行話。理學與禪宗亦不同，周濂溪、程明道、程伊川三人皆出入佛老數十年，親近禪宗善知識甚多。老子、孔子道理皆可用腦筋推測，惟佛之道理不可用腦筋推測，須明心見性後始知究竟，故未明心見性者徒憑腦筋測度，最多不過達到無始無明境界。

《易經》祇說太極不說無極，陳摶始採道家「無能生有」之說，如無極於太極之上，其實無極就是佛家之無始無明，不是佛性也。則一般誤認無極即是佛性，三教同源，此乃大錯。

無極而太極

無極　太極

陰靜　陽動

水　金　土　火　木

坤道成女　乾坤　乾道成男

萬物化生

陽明學與禪宗不同，王陽明以「無善無惡心之體，有善有惡意之動，知善知惡爲良知，爲善去惡爲格物」，表面是儒家道理，而骨子裏則是老子道理「天下萬物生於有，有生於無」。一般人以爲陽明學與禪宗相同，其實並不對。拿佛理來解說，無善無惡是無始無明，有善有惡是見聞覺知，這是二乘的見解，不是大乘的見解，大乘是破無始無明見佛性，見佛性後起心動念皆是佛性，無須分別。

六祖與神秀之辨別。神秀偈云：「身是菩提樹，心如明鏡臺，時時勤拂拭，勿使惹塵埃。」六祖偈云：「菩提本無樹，明鏡亦非臺，本來無一物，何處惹塵埃？」神秀認見聞知覺爲佛性，起念是灰塵，滅念是明鏡；起念是背覺合塵，滅念是背塵合覺。六祖「本來無一物」是指佛性，佛性是一法不立，當體徧滿虛空，充塞宇宙，無淨無染。神秀未見性，六祖已見性，故立論不同。古人有謂六祖得體，神秀則體、用俱全；六祖祇具一隻眼，神秀是雙眼俱足，這種說法也是錯誤的。佛性是「體」，拈花示衆，以至祖師喝棒痛罵是「用」，「體」是如如不動的，若是無「用」則不能接引後人。神秀之「體」乃見聞覺知，他之「用」乃起念滅念。維摩詰居士說：「法不可見聞覺知，若行見聞覺知，是則見聞覺知，非求法也。」

神秀用功方法在起念滅念上著手，乃修二乘十二因緣，向臆禪用腦筋測度，不能超脫輪迴。二乘人向認見聞覺知便是佛性，這樣無法成佛，這是屬於漸教。六祖是心地法門，破無明窠臼見佛性，是屬頓教靜慮禪。當時神秀在北方，六祖在南方，各以其法度人，殆荷澤神會始定南頓北漸。

佛法最難知道的地方就是佛性，因爲佛性是絕對的，不同於哲學是相對的。哲學用我們聰明的腦筋去想是想得到的，譬如老子的無能生有，周濂溪的無極、太極，我們用腦筋將妄念斷盡，就可以明白本源。可是人非木石，妄念祇是暫時斷，不能永久斷，妄念斷是無極，妄念起是太極，始終生滅是離不開相對輪迴的。莊子的坐忘、二乘的斷一念無明道理，也祇是暫時的，還是會再生起的；婆羅門修四句，心中不執著有、無、非有非無、亦有亦無；老子的渺兮冥兮，統統是腦筋的作用，腦筋有作用時就有，腦筋不作用時就無，這也是相對輪迴的。他們這些境界就是六祖說的「無記空」、佛說的「無始無明」、禪宗說的「無明窠臼」、教家說的「元品無明」，任你再絕頂聰明的思想，祇能到這箇地步爲止，不能見佛性。古今不知多少人錯認此爲佛性，臨濟祖師歎聲說：「湛湛黑闇深坑，實可怖畏！」大乘佛法要將無明窠臼無始無明打破纔見佛性。佛說未出輪迴，就是未見佛性，用腦筋去辯論佛性始終不可以，仍然是輪迴；以思惟心測度如來境界，如取螢火燒山。我們修行最要緊是要明白他們說的「無極」、「坐忘」、「無能生有」、「無明窠臼」這些境界，統統是打得破的，我們佛性就是被它遮藏在裏面，它是無始有終的，要打破它後纔能親見本來佛性。佛性是絕對的，終始生滅、相對輪迴了不可得。見佛性後就不用修了，六根、六塵、六識、起心動念統統變爲佛性，這纔是修靜慮的大乘法門。見性以後嘻笑言談、鳥語花香、清風明月都是佛性的顯現，隨拈一法皆爲佛法。要見佛性定要用功修行，將無始無明打破，無始無明一破永破，再不會復生的，而不是像你們說的那些境界，那些都是用腦筋去測度的，而佛性和世智辯聰是了不相干的。古今有很多人講經著書，錯將無始無明認爲佛性，所以始終修不成。

六祖以前悟道祖師祇有悟道偈語，順口拈句不用韻，名爲頌、法語、開示、問答。印度經典分經、論兩種，佛所說者爲經，菩薩所說者爲論，惟觀世音菩薩所說的《心經》、維摩詰居士所說的《維摩詰所說經》稱爲經，因其意思與佛無別，《六祖壇經》亦是與佛說無別故稱經。

佛說經分四乘，祖師語錄其旨與大乘最上乘經相合，不與小乘、中乘同。語錄採用白話，以免以辭害意，故古人說《碧巖集》、《中峯廣錄》是文字禪。每見後人語錄多錄詩文、唱高調，非祖師語錄本色。如欲讀文，則有韓愈、柳宗元，詩則有李白、杜甫。唱高調皆古人現成話，不消再說。如此種語錄，如瞎子引瞎子誤人不淺，凡吾師徒皆應戒之，佛法重事實，不重空談。

語錄本色分：一、開示。二、說法。三、示衆小參。四、請益。五、捉機緣。六、勘驗印證。「開示」是開示佛法大意，將參禪用功道理詳細說明白，把錯走路途的原因指點出來。「示衆」法語及舉古人公案偈頌，公案是用來判斷學人生死是否透徹，「小參」是晚上警策學人。古人公案分兩種，一是參公案，二是透徹公案。參公案是告訴學人那一椿公案要下疑情來參；透徹公案是明心見性後，拿古人的公案來印證，古代祖師的偈頌亦可以參究。「說法」是由自性中流露發揮佛祖道理，如依西來第一義諦，說法和盤托出，如雁過空中不留痕迹，或說偈說頌，拉東扯西，皆是一法不離自性。就佛性本體上講，是無言無說，言語道斷，心行處滅，祇爲引導學人起見，故隨拈一法和盤托出，使悟入佛之知見。「請益」是學人到善知識面前，把自己用功的境界說出，善知識聽了，便把他對的地方和不對的地方指點出來，使他得到正當的方法。「捉機緣」是學人用功已熟，善知識乃捉住機緣，學人驀的看見本來面目豁然徹悟。「勘驗」是善知識勘驗學人是否已明心見性，要學人下轉語，如下得轉語便可印證。如遇不到善知識，可拿《傳燈錄》、《維摩詰經》自己印證。以上是古人語錄本色。自南宋以後語錄日多，弊病日甚，已非從前本色，多誇詩文之富、唱高調。

佛之真理是萬古不磨的，現在一般禪宗見解已失古禪宗本色，皆落於腦筋測度，屬於向臆禪，其毛病上已說過。禪宗本來不立文字，至於《六祖法寶壇經》及祖師偈頌語錄，不外黃葉止兒啼而已。

釋迦牟尼佛的說法中心是四乘法門，四乘法門如果分不清楚，則佛法始終不能分清楚。修小乘斷六根以及修中乘十二因緣斷一念無明，這兩者相差不多，但修大乘與中、小二乘比起來就是天淵相隔，差之絲毫失之千里。大乘說小乘、中乘是止、作、任、滅四病中的病，修大乘不斷六根，不斷一念無明妄念，你如果將六根一念斷，用甚麼去修靜慮禪呢?你用功不住有、無、非有、非無是腦筋作用，不是佛性；一念知道覺或迷，不是明心見性；你要破一分無明，證一分法身，是老子「道生一，一生二，二生三，三生萬物」的道理；你要修中道，然而中因邊有，這還是相對的，亦不是明心見性。

自古及今，宗與教相鬥，就是四乘法門分別不清楚纔會相鬥。修宗者，單說大乘，不說中乘、小乘；修教的，用腦筋盡量去推測，最多推至一念無明不起爲止。修教的認爲發心度衆生爲大乘，不發心度衆生是小乘，但是你自己還不能自度，用甚麼度衆生呢？宗與教衝突最明顯的是六祖與神秀。神秀修十二因緣「時時勤拂拭，勿使惹塵埃」，充其量不過到一念無明不起爲絕頂，神秀用功完全是中乘的方法，故修中乘的人無法明心見性，須再親近大乘的善知識，問明修大乘的方法纔不會走錯路途，如此照著用功方能明心見性。如果你不明白修大乘的方法，就容易落在婆羅門的四句、老子的道理、孟子的道理之中。而六祖的「本來無一物，何處惹塵埃」，「本來」者就是佛性本來清淨沒有塵埃，故不用拂拭。六祖的話是由佛性上發揮出來，神秀的話是由腦筋見聞覺知上發揮出來，神秀錯認無始無明爲佛性，不但神秀是這樣，就是佛的弟子，如《維摩詰經．不二法門品》裏的各菩薩皆是如此錯認，任你再如何推想不落二邊、不著有無，還是落在婆羅門四句範圍裏面，不是明心見性。

向來禪宗祖師皆說：「經有經師，論有論師，老僧祇以本份事接人。」李翱問藥山禪師：「如何是戒、定、慧？」禪師云：「貧道這裏無此閑家俱。」宗門可以不說四乘的話，祇用喝、棒、痛罵接人，因此學者對四乘真相更弄不清楚。教罵宗爲不依言語經典，呵佛罵祖，胡說八道；可是教下的人雖口罵宗門的人，而心裏承認他是明心見性。禪宗罵教下的人討疏尋經，如入海算沙沒有結果，任你用腦筋去推測，總是在無明窠臼裏面，不能了生脫死。一般人說：「通宗不通教，開口便亂道；通教不通宗，猶如黃鱔穿洞洞。」宗門的人對於教相的境界可以瞭解，而教下的人對於宗門的境界，則完全不瞭解。宗門的人說最上乘法時用喝、棒、痛罵，學人用功時下疑情，一觸機緣便可以明心見性。教下的人修的斷妄念、不落二邊、不住有無、知覺知迷、破一分無明證一分法身，他見宗下的喝、棒、痛罵，摸不著頭腦莫名其妙，因此宗、教均相衝突。考察歷史以來，照教下道理用功的，沒有一人明心見性，所以很多修教的人臨命終時，都還要念佛求生西方。杜順和尚是修禪宗悟道，他說的「嘉州牛喫草，益州馬腹脹」，也是禪宗的東西。天臺宗、賢首宗後來的人講是講天臺、賢首的道理，修是修淨土念佛的法門；而法相宗的玄奘死了還要求往生兜率天。所以佛學是問路，學佛是照著路徑去修，學佛人如果路徑不清楚就不能修。

現在將四乘道理清清楚楚講給你們聽，最要緊的是不要犯止、作、任、滅四種病，明白四乘道理，宗、教彼此便不會再衝突；明白了路徑照著去修，便可以明心見性。四乘法門中，修小乘四諦斷六根，修中乘十二因緣斷一念無明，修大乘六度靜慮禪，則是破無始無明見佛性。見佛性後，六根、一念無明、起心動念皆是佛性，宇宙萬物隨拈一法皆是佛性，這就是最上乘禪。

釋迦牟尼佛以及古今明心見性的祖師說法亦是用六根，也沒有將妄念斷除，六根及妄念我們看起來是六根妄念，但在他看起來卻是佛性的作用。假如我們明心見性後，六根妄念皆變為佛性，以後起心動念、嬉笑怒罵皆是佛性。假如釋迦牟尼佛將六根斷了、一念斷了，他用甚麼來說法度生呢？

《涅槃經》裏說：「中道者，名為佛性。」「不得第一義空故，不行中道。」「第一義空」就是禪宗說的「明心見性」。明心見性後，佛性徧滿虛空中，宇宙萬物皆是佛性，中道的義就是徧滿虛空中。龍樹菩薩在《大智度論》裏說：「因緣所生法，我說即是空，亦名為假名，亦是中道義。」龍樹菩薩之義，亦如《涅槃經》所說者一樣，祇要明心見性後，因緣所生的、假名的、空的統統是佛性。中道的第一義諦，《心經》裏說：「是故空中無色，無受、想、行、識，無眼、耳、鼻、舌、身、意。」「空中」的意思，也是與《涅槃經》所說的中道是一樣，祇要你明心見性，則五蘊、六塵及空中之萬物皆是佛性。「中道」的意思，一般人所解釋者全屬錯誤，一般人解釋「中道」：「我們現前一念，不落有、無，不落非有非無，不落亦有亦無。」這四句是婆羅門教的道理，不是中道，這是中因邊有的道理；「現前之一念不落陰陽，陽是起念，陰是滅念」，這也是陰陽前後，不能算中道；「現前之一念覺悟的念，其餘妄念不起」，也不可名爲中道；總而言之，都見聞覺知腦筋的作用，不是佛性；「一念迴光便同本覺」，這「覺」仍是見聞覺知腦筋的「覺」，不是佛性的「大覺」。總之，要明心見性纔能算爲中道。

一般人說：「妄念斷盡，不落有無就是佛性。」可是這箇境界不是佛性，而是禪宗講的「無明窠臼」、「黑漆桶底」，臨濟祖師說的「湛湛黑闇深坑，實可怖畏」，六祖說的「無記空」，教下說的「元品無明」、「根本無明」、「無始無明」、「白淨識」。《涅槃經》說：「善男子！無所得者，則名爲慧，菩薩摩訶薩得是慧故，名『無所得』；有所得者，名爲『無明』，菩薩永斷無明闇故，故『無所得』，是故菩薩名『無所得』。復次，善男子！無所得者，名大涅槃，菩薩摩訶薩安住如是大涅槃中，不見一切諸法性相，是故菩薩名『無所得』。」《涅槃經》所說「無明」是指無始無明，不是破一念妄動的無明，即十二因緣的無明。

禪宗又名「心宗」，是六度之「般若禪」，是佛經中所謂「最上乘禪」。佛法在本來自性上說，無佛可成，無衆生可度，無生死可了，無涅槃可證，但有言說都無實義。德山和尚云：「窮諸玄辯，若一毫置於太虛；竭世樞機，似一滴投於巨壑。」語言文字、聰明智慧到此一概都用不著，故釋迦佛說法四十九年，未曾說著一字。故古人云：「甚麼是佛？石頭瓦塊、露柱燈籠、翠竹黃花、青山綠水，無一不是佛性。」故釋迦牟尼佛於靈山會上拈花示衆，迦葉微笑，佛云：「吾有正法眼藏，涅槃妙心，實相無相，微妙法門，不立文字，教外別傳，直指人心，見性成佛。」最上乘法如兩箇同鄉人見面時所說鄉土風光，惟他兩人如甜如蜜，旁人聽之如聾如啞。最上乘法惟過來人與過來人所講乃知，未修悟的人聽見證悟的人東說西說，千萬不可毀謗。古人云：「毀謗般若，罪過無邊。」假如你未悟，怎樣說統統不是；假若你開悟，怎樣說都是。開悟後心中四通八達，從自己胸襟流露出來，說般若禪、教外別傳、直指人心、見性成佛，一切和盤托出；或瞬目揚眉、問東拉西、瞋喜打罵、說是說非、擎拳舉指；或行棒行喝、豎拂拈槌；或持叉張弓、輥毬舞笏；或拽石掀土、打鼓吹毛；或一默一言、一噓一笑；乃至種種方便，皆是親切爲人，然祇爲太親切故，人多罔措。瞥然見者，不隔絲毫；其或沈吟，迢迢萬里。欲明道者，宜無忽焉！祖祖相傳，至今不絕，祇怕不悟，不怕悟後無語。

如來禪與祖師禪之辨別

昔香嚴和尚證道後，說一偈送潙山云：「一擊忘所知，更不假修持。動容揚古路，不墮悄然機。處處無蹤迹，聲色外威儀。諸方達道者，咸言上上機。」潙山聞得，謂仰山曰：「此子徹也。」後仰山勘過，更令說偈，偈曰：「去年貧未是貧，今年貧始是貧；去年貧猶有卓錐之地，今年貧錐也無。」仰曰：「如來禪許師弟會，祖師禪未夢見在。」師後有頌曰：「我有一機，瞬目視伊，若人不會，別喚沙彌。」仰乃報潙山曰：「且喜閑師弟會祖師禪也。」故如來禪是體，祖師禪是用，無祖師禪就不能接引衆生。

參禪與念佛之分別

佛住世時諸大弟子皆修禪法，沒有修念佛者，惟有佛之父親淨飯王與長者男女在家人修念佛。出家人本分大事就是參禪，極樂世界乃釋迦佛轉傳之方便法門，包括三乘頓漸、根機利鈍皆可修習，往生西方再修參禪，一生便可成佛，表面看來似是消極，其實乃是積極。在極樂世界修禪明心見性後仍生法身淨土，與在娑婆世界修行明心見性者一樣，故《彌陀經》中有聽經者、參禪者，在娑婆世界明心見性與在極樂世界明心見性無有差別。

有禪有淨土，是說明心見性後兼弘淨土，不是說一面參禪，一面又念佛。如中峯國師本人，悟後弘揚禪宗，亦兼弘淨土。

宋朝以前禪宗祖師皆參偈頌或公案悟道，自宋以後纔有參話頭。現在參話頭之最普遍者，如參「念佛是誰」、「萬法歸一，一歸何處」、「父母未生以前，那箇是自己本來面目」。

如欲證大乘第六度般若禪，必須經過第五度靜慮禪，修靜慮禪就是用一念無明打破無始無明窠臼，豁然貫通明心見性。我們為生死大事拋棄父母妻子及世間一切來出家，如不懂修靜慮禪的方法，盲修瞎練不會明心見性，豈非兩頭落空？所以出家人一定要慎重注意，不要錯走路途，修能夠明心見性的靜慮禪而得般若禪纔算不落空。

出家人如能明心見性，自然可以對得起父母祖宗；如果修不成功則是虛過一生，不但對不起自己，而且對不起父母祖宗了。

欲荷擔如來大法當先明心見性，否則無法度衆生。

你們先將從前所學的佛法詩文道理、世間聰明一起拋下大海去，靜靜來聽我講參禪用功的方法。我將我自己從前看經、看語錄、參禪、親近善知識所得、自己走過的路子、教人走過的路子，統統和盤托出來給你們。

佛法是知難行易，最要緊是不要錯走路途。錯走路途有四種：一、止病。二、作病。三、滅病。四、任病。「止病」是用功時將一切思想止住不起，如海水不起波，無一點浮漚。「作病」是用功時把一箇惡思想改爲一箇好思想；不怕妄起，祇怕覺遲；以妄除妄，捨妄取真；前念已滅，後念未起，中間是；背塵合覺，背覺合塵；不執著有、無、非有非無、亦有亦無；當體一念悟是佛，當體一念迷是衆生；染是識、是衆生，淨是智、是佛，以上這些都是作病。「滅病」是用功時將一切思想滅盡了不起，如明鏡現前，無一點灰塵。「任病」是思想任他起亦好、滅亦好，不執著一切相，不住一切相，對鏡無心，一切無礙。以上四病是釋迦佛所說的止、作、任、滅，都是腦筋的事情，不是佛性。思想起固非佛性，思想不起亦非佛性，思想起伏是生滅法，佛性是不生不滅，兩不相干；惡思想固非真心，好思想亦非真心，好惡是相對，真心是絕對，兩不相干；惡思想固是妄，好思想亦非真，相對不實故；捨取是妄識作用，不是自性的本體，能捨是妄，所取何真？假心所支配故；前念已滅，後念未起，是空無所有，自性能生萬法，與一無所有是了不相干；背覺合塵固非佛性，背塵合覺亦非菩提，相對待故；將一切思想滅盡，當知真性非從滅思想而有，非從起思想而無，思想一起真性變作假心，灰塵一來明鏡變爲黑板，時時要將它拂拭不是很麻煩嗎?至於思想任他起亦好滅亦好，就以爲不執著一切相，殊不知已經執著一箇「任」字，住「不執著一切相」的相了，就是有心有礙，特不自知而已；至於「有、無、非有非無、亦有亦無」四句，乃腦筋作用，亦與佛性無干。

小乘聲聞修四諦斷六根，中乘緣覺修十二因緣斷一念無明，大乘菩薩修六度之第五度靜慮禪，不斷六根妄念，用六根妄念破無始無明。

修大乘破無明窠臼用功，是用六根隨便那一根，我們南贍部洲的人以眼、耳、意三根爲敏利。如用眼根用功，眼睛就不向外看專向內看，其餘五根也不攀緣外境，清清淨淨的向腦筋裏面來看，看來看去看到山窮水盡的時候，達到黑黑闇闇一無所有的無明境界，這時不可停止，再向前看得多，[力]的一聲無明窠臼就會打破，無明窠臼一破豁然貫通，柳闇花明又一村，徹天徹地的看見佛性了；或者六根齊用，清清淨淨的，將一切外緣放下，眼根反觀觀自性，耳根反聽聽自性，鼻根反聞聞自性，舌根反嚐嚐自性，身根反覺覺自性，意根反念念自性，這樣用功得多機緣成熟，[力]的一聲無明窠臼就會打破看見佛性了；又或者隨用一根統領五根，好比用主帥統領兵將來進攻敵人一樣，譬如用意根來做主將，領帶其餘五根向無明窠臼來進攻，眼、耳、鼻、舌、身都歸到意根上去，放下萬緣，清清淨淨的起一箇純淨的思想，來向心裏研究，研來研去研究得多，功夫純熟㘞的一聲，無明窠臼就會破的；又或者我們沒有時間靜坐來用功，就無須收攝六根，眼由它看，耳由它聽，意由它想，但是於其中要執持一箇念頭來照顧佛性，不論何時何地片刻不忘，好似失去寶珠必定要將它尋獲一樣，如此觀照機緣一到㘞的一聲，也可以見佛性。修大乘法門不用去斷妄想煩惱，《大寶積經》中文殊菩薩說：「佛性從煩惱中求得。」

參話頭、參偈頌、參公案等名目雖然不同，意思是一樣的。參話頭最要緊的是下疑情，單刀直入一定會悟。

如參「念佛是誰」，須先明白念佛的念是從見聞覺知起來的，假如不起念是見聞覺知，非是佛性。識取自己本來面目本來不起念，如如不動，念佛與本來佛性不相干，二六時中向身內識取本來佛性，不要向外求；識來識去，因緣時至㘞的一聲，無始無明一破豁然貫通，就可以見本來佛性。

如參「本來面目在那裏」，宜先明白起念是見聞覺知，不起念亦是見聞覺知，空無所有是無始無明，本來面目如如不動。向無始無明那裏識取，識來識去，因緣時至㘞的一聲，無始無明一破豁然貫通，就會見著本來面目。

如參「萬法歸一，一歸何處」，宜先明白所謂萬念從見聞覺知起，三界唯心，萬法唯識，「心」指見聞覺知，「識」指認識。萬法從本來面目生，如如不動，亦不起念。見聞覺知將萬念歸一念，向無始無明識取本來面目，識來識去時機一到，㘞的一聲豁然貫通，就可以看見萬法從自性生。

如參「父母未生以前，那一箇是自己本來面目」，宜先明白父母未生以前是中陰身，一念不覺入母胎；父母未生以前非佛性，明白中陰身受生死，因未見佛性故。如何方能見佛性？父母未生以前是中陰身，父母既生以後是見聞覺知的靈性，明白本來面目，識取後永不入輪迴胎胞。輪迴受生是因被無始無明窠臼遮障，我們就從無始無明識取，因緣時至㘞的一聲，無始無明一破豁然貫通，本來面目自性即出現，明心見性後話頭就用不著了。

禪宗是頓教，一悟便悟，不分階級漸次。一般人主張參禪要破本參、重關、末後關，名「破三關」，此乃是後人僞造。真正的三關之說分兩種，出在古祖師公案：「黃龍三關」、「高峯三關」。「黃龍三關」：「人人盡有生緣，上座的生緣在何處？」正當交鋒，卻後伸手曰：「我手何似佛手？」又問諸方參請宗師所得，卻復垂腳曰：「我腳何似驢腳？」名曰「黃龍三關」。「高峯三關」：語驗學者「大徹底人本脫生死，因甚命根不斷？」「佛祖公案祇是一箇道理，因何有明有不明？」「大修行人當遵佛行，因甚不守毗尼？」名曰「高峯三關」。三關之語是祖師接引學人用的機鋒轉語。

解悟是理悟，證悟是事悟。禪宗是一悟便悟，不悟便不悟，是指事悟而言。大慧禪師謂自己大悟十八徧，小悟不計其數，是指解悟而言。

大慧悟道因緣：圜悟禪師描述其問五祖法演禪師語，悟曰：「我問有句無句，如藤倚樹，意旨如何？」五祖曰：「描也描不成，畫也畫不就。」又問：「樹折藤枯時如何？」五祖曰：「相隨來也。」大慧當下豁然貫通。悟道是一悟就悟，無階級層次大小；有大悟小悟之分的悟是指解悟，其解深者爲大悟，其解淺者爲小悟。

每每一般人以爲參禪臨終不悟，恐死後墮落，不如發願往生西方更爲妥當。其實參禪臨終不悟，如人走百里路已走五十里，死後轉箇面孔再走五十里，一定可以把路途走完。一箇持五戒的人，死後當不墮落，何況參禪修行人！當然更不至於墮落。小乘有入胎之迷，中乘有出胎之迷，參禪乃大乘人必無此迷。未死以前，走一天有一天的功德效果，臨終時若未見性，可依照《華嚴經》及祖師開示，臨命終發願來生生善知識家，聞法明心見性普度衆生。臨命終若想往生西方必須修淨土法門，往生西方後仍須參禪明心見性。參禪法門不論出家在家、識字與不識字都可以修，甚爲簡便，無論如何處所皆可以參究。諸居士身有職責者，公務餘暇儘可隨時提起話頭參究，若遇有公務即專心辦理公務，待公務畢再提起參究，故知公務不礙參禪，參禪亦無礙於公務也。出家人參禪，不論住叢林、住小廟、住茅蓬、趕經懺、生煩惱皆可用功，叢林上清衆好用功，當職事亦可用功；用功是行、住、坐、臥皆可用功，不必一定要靜坐時纔能用功。馬祖說：「禪不屬坐，坐即有著。」照顧話頭不要放鬆，如貓捕鼠，如雞抱卵，一定可以成功。高峯禪師說過：「若論此事，的的用功，正如獄中當死罪人，偶遇獄子（卒）醉酒睡著，敲枷打鎖，連夜奔逃，於路雖多毒龍猛虎，一往直前，了無所畏。何故？則爲一箇『切』字。」用功之際果能有此切心，管取百發百中。

六朝及唐朝有些佛學家解釋佛理是從老子的「天下萬物生於有，有生於無，道生一，一生二，二生三，三生萬物，萬物負陰而抱陽」、婆羅門的「四句」、十二因緣的「二乘禪」脫胎而來的，始終不承認老子及婆羅門二乘禪的道理，偏偏要說是馬鳴、龍樹傳下來的。馬鳴、龍樹是修大乘禪證悟的，大乘禪是一定要明心見性纔知道的，不同老子及二乘禪用腦筋可以測度的。龍樹、馬鳴的事迹我們已經考察過，沒有說過「破一分無明，證一分法身」、「前念已滅，後念未起，中間是」、「起念是染緣，滅念是淨緣」、「染是識，淨是智」、「對境無心」、「不住有、無、非有非無、亦有亦無」諸如此類的話，龍樹、馬鳴沒有說過，他們偏偏要拉來做靠背，實在是莫名其妙。他們說的「悟」是錯誤的「誤」，馬鳴、龍樹的悟是證悟的「悟」，音同字不同。

宋朝及明朝的理學家，是從老子的「天下萬物生於有，有生於無，道生一，一生二，二生三，三生萬物，萬物負陰而抱陽」、佛家十二因緣的二乘禪脫胎而來的，明明是偷人家的，偏偏要說是孔子、孟子傳下來的。孔子說：「未知生，焉知死？」孔子告顏回曰：「吾與汝皆夢也。」孔子一生未說過生死問題。孟子的良知良能是教我們正心修身的，亦未說過生死的問題。理學家說的「虛無爲基本，清淨爲門戶」、「惺惺寂寂，寂寂惺惺」、「先天後天」、「動是染緣，靜是淨緣」、「無善無惡，隨緣不變，不變隨緣」諸如此類的話，孔子、孟子的書裏也沒有說這些，這些統統是老子、佛家二乘禪的話，明明是偷佛老的話，也偏偏說是從孔孟傳下來的。佛家的大乘禪是證悟的，不是腦筋揣測的，並且他們偷佛老的話而來罵佛老，此實無人格自辱辱人，坐在禪牀上罵禪，正人君子的品格都談不上，況說佛理及孔孟道理耶？理學家的「悟」是錯誤之「誤」，大乘禪宗的「悟」是證悟之「悟」，兩者音同字不同。

王安石問張方平曰：「孔子去世百年生孟子，後絕無人，或有之而非醇儒。」方平曰：「豈爲無人，亦有過孔孟者。」公曰：「何人？」方平曰：「馬祖一、汾陽業、雪峯存、巖頭奯、丹霞然、雲門偃。」王公意未解，方平曰：「儒門淡薄，收拾不住，皆歸釋氏。」公欣然歎服。後以語張商英，商英撫几賞之曰：「至哉此論也！」他們這一類人都是絕頂聰明而學問很好的，他們所說的話都是誠誠實實的話。

參禪譬如金鑛内的金子，根本是礦不是金，要用火爐内銷成之後纔是金子，變成金子後永遠不會再變成鑛。我們衆生本來是衆生不是佛，因一切衆生皆有佛性，用參禪的法子打破無始無明親見本來佛性，見佛性後永遠不會再變爲衆生。破無明是指破無始無明，千萬不要誤會，以爲是指破一念無明，假如是指破一念無明，那麼一念斷是佛性，一念起是衆生，忽而佛忽而衆生，這不是大乘佛法的道理。破一念無明是修中乘的十二因緣法門，是老子的「天下萬物生於有，有生於無」的道理、莊子坐忘的道理、理學「無極而太極，太極生萬物，萬物歸返太極、無極」的道理。婆羅門教將本心來比明鏡，思想來比灰塵，但是灰塵除了又來，思想滅了又會再起，本來就是如此。譬如飽不思食，饑則思飯，有飽必有饑，餓時思食亦是思想，如要斷絕除非死了纔可以。

從前佛曾說一譬喻：「某處有一寶山，有人曾到某處得寶物而歸，享富貴之福。或問寶物從何而來？此人即告以某處，惟某處路途險阻，且多豺狼虎豹。聞者或畏難而不去；或走三分之一路畏懼而返；或又走三分之二路畏怖而返；惟有一種具信心不怕艱苦之人，最後乃達其地獲寶物而歸，享受豐富之樂。」寶山譬如真如佛性，畏難不去者譬如不信佛法人，走三分之一路者是小乘人，走三分之二路者是中乘人，不怕艱苦能達其地者是修大乘人，卒能看見真如佛性受如意樂。故修行人須發大乘心，勿存畏怖，那有天生釋迦、現成達摩？黃檗禪師頌：「不經一番寒徹骨，焉得梅花撲鼻香？」

佛法自六朝以後，文學家箇箇皆入佛法。如韓退之，初亦不信佛法，嗣識大顛禪師，方始由大顛指示，敬禮甚虔。其上大顛函札三封，稱弟子禮甚誠，有〈送清涼國師詩〉。如歐陽修，初亦不信佛法，嗣韓琦以契嵩禪師《輔教編》示之，覺竣謂韓公曰：「不意僧中有此郎耶！不唯空宗通，亦乃文極高，即黎明當一識之。」琦同往見，與語終日，大喜，繼復研究《華嚴經》。世謂韓、歐排佛，而韓退之以見供養佛骨施錢得福，佛性中罪福了不可得，而釋迦牟尼佛之骨涅槃後即已化灰，何來佛骨？此不過世俗僧人斂財之法耳（即現在我們自己看來，亦認為不是佛法）。後韓退之由大顛詳爲解釋，以祇能排僧不能排佛，始恍然省悟。歐陽修未見佛經以前亦嘗排佛，嗣見佛經即聞契嵩語以後亦加敬信。如王羲之、王維、杜甫、王安石、范仲淹均捨宅爲寺，似此者甚多，不可逐一臚列。

吾國文學家入佛有事迹可考者均已言之，其無事迹可考者當亦不少。其有事迹可考者，詳述於後。世之不信佛法者，緣由於未見佛經，及未聞高僧開示所致，及後見佛經、聞開示，則未有不信者。漢桓帝、楚王、曹植、闞澤、牟融、安元、支恭明、支讖、竺叔蘭、竺長舒、闕公則、孫興公、謝慶緒、戴逵、袁宏、王羲之、孫綽、何尚之、范泰、北魏孝文帝、南齊蕭子良、梁武帝、梁昭明、沈約、陳武帝、文帝、隋高祖、王通、劉遺民、謝靈運、張萊氏、張秀實、王喬之、宗少文、周道祖、雷仲倫、安陽沮、渠侯、董吉、何曇遠、魏世子、陳參軍、劉謙之、嚴恭、何彥悳、何彥求、何彥點、何彥胤、周彥倫、到茂灌、裴幾原、劉士深、任孝恭、劉彥和、傅宜事、竟陵、文宣王、傅大士、荊山居士、劉靈預、明休烈、明仲璋、明山賓、劉士光、劉彥度、庾彥寶、劉宣文、張文逸、阮士宗、向居士、馮袞、李子約、張洪賑、張廷珪、李嶠、辛替否、江舍潔、劉士烜、張孝始、司馬喬卿、李觀、元紫芝、萬敬儒、朱康叔、吳璋、吳君平、彭信宇、高彙旃、李師政、梁敬之、揚素、唐高祖、唐太宗、高宗、中宗、玄宗、代宗、德宗、憲宗、懿宗、虞世南、褚遂良、吳道、李白、張仲素、顏真卿、柳宗元、杜甫、李翱、庾承宣、裴休、魯山令、李商隱、李山龍、史阿誓、薛嚴、樊元智、牛思遠、于昶、商居士、鄭牧卿、馬子雲、陸康成、李知遙、李長者、顏清臣、韋城武、晁明遠、柳子厚、王子正、文寬夫、富彥國、張安道、趙閱道、楊次公、王仲回、王敏仲、王葛繁、張平叔、王邦叔、鍾離瑾、鍾離景、鍾離融、鍾離松、孫良、陸浚、張迪、孫十二郎、馬仲玉、馬永逸、左仲、范儼、胡達夫、孫忭、朱進士、王無功、王衷、吳信叟、張掄、李秉、陸子元、閻邦榮、錢同伯、咎省齋計公、吳復之、陳君璋、劉興臣、潘延之、許叔矜、郭功父、陳體常、吳德夫王韶、宋太祖、宋太宗、仁宗、英宗、徽宗、文彥博、呂蒙正、王安石、張方平、司馬光、范仲淹、李屏山、歐陽修、周敦頤、程顥、程頤、蘇子瞻、蘇子由、黃魯直、晁旡咎、晁以道、杜衍、李遵勗、李覯、劉安世、朱熹、鄭介夫、鄒志完、江民表、陳瑩中、張天覺、李伯紀、宗汝霖、陳允昌、張德遠、李似之、趙表之、李德遠、嚴康朝、李漢老、馮濟川、蔡子應、劉彥修、吳元昭、吳十三、顏丙、呂鐵船、葛謙問、余放牛、張功甫、張子韶、王虛中、張安國、李彥弼、真希元、陳貴謙、吳毅夫、李純甫、劉謐、沈士榮、王子彧、董國華、鄭所南、胡汲中、馮子振、元世祖、元成宗、王磬、趙孟頫、胡長孺、韓性、耶律晉卿、國寶、宋景濂、明太祖、明太宗、明神宗、李卓吾、劉祖庭、萬民望、李文進、王道安、薛元初、趙大州小州、嚴敏卿澂樸澤拭濟、陸與繩、馮開之、陸伯貞、楊邦華、唐體如、戈以安、孫叔子、朱綱、郭大林、劉通志、郝熙載、杜居士、吳大恩、吳用卿、張愛、殷時訓、陳廷裸、顧清甫、朱元正、周楚峯、蔡槐庭、虞長孺、虞僧孺、黃平倩、莊復真、鮑性泉、管登之、楊貞復、陶周望、陶奭齡、焦弱侯、唐宜之、瞿元立、朱兆隆、鍾伯敬、王弱生、平仲與游、王宇泰、吳體中、應賓、董元宰、袁了凡、袁伯修、袁中郎、袁小修、袁登、曾端甫、趙凡夫、劉玉受、楊子澄、楊維斗、楊公幹、李子木、徐九一、劉公旦、姚文初、王孟夙、丁劍虹、朱白民、婁子柔、莊平叔、黃元孚、聞子與、黃子羽、錢伯韞、吳瞻樓、王先民、陳用拙、駱見於、程季清、周景文、姚孟長、馬邦良、徐成民、蔡維立、劉長倩、黃元公、黃介子、黃蘊生、唐昌全、黃淵耀、陳俶、侯元演、侯元潔、夏雲蛟、金正希、熊魚山、姜如農、張大圓、溫月峯、崔應魁、蔣虎臣、李生、洞庭生、嚴仲嶽、周知微、宋文森、畢紫嵐、周安士、知歸子。

禪宗大德處世要自量，未徹悟之前千萬不要開建叢林說法，因爲自己未曾明心見性，無法引導後覺，恐怕誤了修行用功的人。德山和尚說：「比丘行腳當具正眼。誦經禮拜，是爲魔民；營造殿宇，又是魔窟。」倘若明心見性之後，則力量夠可開建叢林，否則不必勉强，隨時隨地皆可度人。

馬祖以前說法接衆皆在小廟、茅蓬，少數人亦可以說法，不一定要開建叢林纔可以說法。從前佛住世雖在鹿野苑樹下等地說法，無處不可。明心見性後遇有善知識則請善知識印證，遇不到善知識則將《五燈會元》、《傳燈錄》、《指月錄》、《華嚴經》、《維摩詰經》等自己印證。

説法

本來無佛無衆生
世界未曾見一人
究竟瞭解是這箇
自性還是自己生

師上堂說法云：「絕對真如，徧滿虛空，充塞宇宙，是真空，絕色相；本來面目，如如不動，無所不在，是妙明，無名字。於此識取，超然解脫，洞見本地風光，隨緣放曠，任意逍遙，有甚麼佛法可學？生死可了？禪道可修？涅槃可證？無佛可成，無衆生可度，三藏十二部經典盡是白紙，一箇字都用不著；一千七百則公案便是唾涕，一概無交涉。甚麼是佛？老僧這一根竹杖。甚麼是法？老僧這一雙芒鞋。諸仁者！若能下一轉語，當下即見絕對真如。」衆皆默然。師豎一指云：「還見麼？老僧的絕對真如在老僧指頭上，放光現瑞，轉大法輪，大能徧滿虛空，小能入一微塵。若能見老僧絕對真如，便能見諸仁者絕對真如；若能見自己絕對真如，便能見達摩、六祖絕對真如，亦可以見歷代祖師的絕對真如、釋迦彌陀的絕對真如，以及十方三世諸佛絕對真如。老僧的、諸仁者的、達摩的、六祖的、歷代祖師的、釋迦的、彌陀的、十方三世諸佛的皆無二無別。諸仁者！甚麼是無二無別？老僧的一頂破袈裟。諸仁者！有識取破袈裟的出來，老僧和盤交付與汝。」衆中無出者，師大喝一聲，遂下座。

師上堂云：「達摩西來，不立文字，直指人心，見性成佛，以此慧燈續佛慧命，到這地步，惟證乃知，非見聞知覺所能測度，聰明、辯才、文字一點都難容，絲毫無交涉，如洪爐一點雪。故《圓覺經》云：『若以思惟心測度如來境界，如取螢火燒須彌山，終不能著；以輪迴心生輪迴見，入於如來大寂滅海，終不能至。』可憐的梁武帝問達摩祖師曰：『朕即位以來，造寺寫經，度僧不可勝數，有何功德？』祖曰：『並無功德。』帝曰：『何以無功德？』祖曰：『此但人天小果、有漏之因，雖有非實。』帝曰：『如何是真功德？』祖曰：『淨智妙圓，體自空寂，如是功德，不以世求。』帝又問：『如何是聖諦第一義？』祖曰：『廓然無聖。』帝曰：『對朕者誰？』祖曰：『不識。』老老實實的達摩，和盤交付與梁武帝，怎奈他不肯承擔。如能識取『不識』二字，一生本分大事已了。甚麼是『不識』？鳥語花香、青山綠水、穿衣、喫飯、行、住、坐、臥、辦公辦私、妻孥兒女、終日集會，一切現成。諸仁者！若能下一轉語，當下見『不識』。」眾皆默然。師以拄杖示眾云：「達摩在此將『不識』的和盤托出交與諸仁者，有能承擔的請出來。」有僧出云：「我要承擔『不識』的。」師喚云：「上座！」僧應諾，師云：「我已交付了，請將『不識』的拿來看。」僧默然。師以拄杖敲法臺一下，遂下座。

師上堂云：「法身無窮，湛寂圓融，豎窮三際，橫偏十方，是法身否？不是，是形容法身。妙覺圓滿，寂照真常，是法身否？非也。三十二相非法身，八十種好亦非法身，戒、定、慧解脫知見非法身，六度萬行非法身，奢摩他、三摩鉢提、禪那非法身，菩提涅槃、真如佛性，但有名號非法身，乃至生機隳裂、感應道交絕非法身，六根清淨、內外湛明非法身，秋潭月影、夜半鐘聲非法身，枯木寒巖、冷灰死水非法身，少一法、剩一法非法身，有一法、無一法非法身，五蘊、六塵非法身，十二處、十八界、二十五有非法身，十力、四無畏、四無礙智非法身，十八不共法、三十七助道品非法身，八萬四千塵勞門、四大假合之肉體非法身，山河大地、一草一葉非法身，森羅萬象、石頭瓦塊、音聲語言亦非法身也。諸仁者！當下一轉語即見法身。」眾皆默然。

豎指云：「識取老僧這一指，則法身無邊，體用俱全。甚麼是法身？湛寂圓融、豎窮三際、橫偏十方是法身，妙覺圓滿、寂照真常是法身，三十二相、八十種好是法身，戒、定、慧解脫知見是法身，六度萬行是法身，奢摩他、三摩鉢提、禪那是法身，菩提涅槃、真如佛性是法身，生機隳裂、感應道交絕是法身，六根清淨、內外湛明是法身，秋潭月影、夜半鐘聲是法身，枯木寒巖、冷灰死水是法身，少一法、剩一法是法身，有一法、無一法亦是法身，五蘊、六塵是法身，十二處、十八界、二十五有是法身，十力、四無畏、四無礙智是法身，十八不共法、三十七助道品是法身，八萬四千塵勞門、四大假合之肉體是法身，山河大地、一草一葉皆法身，乃至森羅萬象、石頭瓦塊、音聲語言無非法身也。除法身之外，還有與諸仁者商量處。商量什麼呢？華山石崖上的檜松有兩抱大，爲他省他山所沒有。」遂下座。

師上堂云：「六祖惠能大師生平不識一字，專門弘揚不立文字大乘頓教法門，住錫曹溪三十多年來，一舉一動、一言一語，將『應無所住而生其『心』的心和盤托出，交付學者承擔。開口說何曾說著這箇心？著手拈何曾拈著這箇心？可是開口說的亦是這箇，著手拈的亦是這箇。諸仁者！若以見聞知覺思議這箇心，這邊是生死大海，那邊是兩不相干。這箇心究竟是那箇心？緣慮心即今於善惡逆順種種境界起念分別者，是否？非也。胸中的肉團心是否？非也。靈知心是混千差不亂，歷三際而不遷，在四生六道而不變，在聖不增，在凡不減，是否？非也。真如心即本來面目，是否？非也。僧問六祖：『黃梅意旨甚麼人得？』祖曰：『會佛法人得。』曰：

『和尚還得否？』祖曰：『我不會佛法。』」師指淨瓶云：「諸仁者！若能識取淨瓶，即能識取不會佛法的，不會佛法即『應無所住而生其心』的『心』，甚麼是無所住的心？就是緣慮心、肉團心、靈知心、真如心，一舉一動、一言一語皆是。離此心外，還通諸仁者一箇消息慶快平生。甚麼消息？殿前梅花是老僧親手栽。」遂下座。

師上堂云：「我們出家人爲著本分大事，以古人爲師。佛誡羅睺羅頌云：『十方世界諸衆生，念念已證善逝果。彼既丈夫我亦爾，何得自輕而退屈？』如二祖半腰積雪、六祖負舂、浮山典廚、法演司磨、楊岐監院，他們爲甚麼這樣不辭辛苦？無非爲著親近善知識指點本分大事。所以雖歷千磨萬難，而更是精進不懈，然後苦盡甘來大徹大悟。如子韶聞月下之蛙、圜悟聽日中之雞、溈山撥火、洞山過溪、靈雲見桃花、香嚴擊竹聲、德山見燭滅、會通見吹布毛，這些祖師悟道機緣好像很容易，其實他們是捱盡千辛萬苦，因緣成熟纔能得此，那有天生釋迦、自然達摩！我們若能這樣做到，則一千七百機、一大藏，不過一笑！」師舉拂子云：「諸仁者！如能識取拂子，古今諸佛祖亦奈你不何。彼亦丈夫我亦爾，汝與佛祖無二無別。古人云：『老僧與三世諸佛同一鼻孔出氣。』」遂下座。

師上堂云：「老子是我們中國哲學家的祖宗，周濂溪、程明道、程伊川、張橫渠、朱晦庵、陸象山、陳白沙、王陽明、李二曲統統是從老子『無能生有』脫胎而來的。老子說：『吾所以有大患者，爲吾有身。』又說：『天下萬物生於有，有生於無。』又說：『道生一，一生二，二生三，三生萬物，萬物負陰而抱陽。』又說：『道之爲物，惟恍惟惚，惚兮恍兮，其中有象；恍兮惚兮，其中有物；窈兮冥兮，其中有精。』孔子是儒家的先師，孔子告顏回曰：『我與爾皆夢也。』又說：『未知生，焉知死？』王羲之是中國文學家、藝術家的前輩，王羲之說：『死生亦大矣，豈不痛哉！』李白是唐代的大詩人，李白說：『夫天地者，萬物之逆旅；光陰者，百代之過客。而浮生若夢，爲歡幾何？』陳子昂是唐初的詩家，他說：『前不見古人，後不見來者，念天地之悠悠，獨愴然而涕下。』」

「以上各人皆是絕頂聰明的人，纔能說出這樣的話。諸仁者！老僧當時若見這一班人，老僧會告訴老子說：『你說「你有大患爲你有身」，你何不識取本來佛性沒有生滅禍患？本來佛性看此肉身如大海一漚，若存若亡，並且我們可以拿他來說法覺醒衆生，使他知道幻化空身即法身。』又告訴他說：『你說「萬物生於有，有生於無」，其實有、無是相對的、輪迴的，何不識取佛性無生，了無滅乎？你說「道生一，一生二，二生三，三生萬物，萬物負陰而抱陽」，其實皆是起念動念的作用，不起念是陰，起念是陽，何不識取起念、不起念皆是佛性、是絕對的，不是相對的？你說「惟恍惟惚」那些話，是和印度婆羅門教所立的「四句」義一樣。「有」、「無」、「亦有亦無」、「非有非無」是相對的，不是絕對的，何不識取本來佛性，是離四句、絕百非、不變不易的？』」

「又告訴孔子曰：『你說「我與爾皆夢也」、「未知生，焉知死」，其實醒與夢是相對的，何不識取本來佛性是絕對？佛性中覓醒夢了不可得，生死了不可得。』又告訴王羲之說：『死生亦大矣，豈不痛哉！何不識取佛性本來如如不動，那有甚麼生死？生死了不相干，來去有甚麼痛呢？』」

「又告訴李白說：『天地萬物皆是諸佛本來的法身，光陰過客便是佛性本來的妙用，那還有甚麼醒夢？醒夢是相對的，佛性是絕對的，佛性將醒夢皆變爲佛性了。』」

「又告訴陳子昂說：『天地悠悠是法身無窮無盡，故古人說：「霧露雲霞體上衣。」何不識取本來佛性，過去如是，現在如是，未來亦如是？所以古人你可以見，後人你亦可以見。』諸仁者！何不識取本來佛性？怎麼樣識取？識取老僧不會說法的。諸仁者！識取不會說法的，則一生參學事畢，可以荷擔如來大法普度衆生。諸仁者！我將本來佛性和盤托出與你，可是衹得一半，那另一半在那裏呢？有識得的請出來。」衆默然。師大喝一聲云：「在這裏！」遂下座。

師上堂曰：「各位都是年老的尊宿、久參的上座，居士都是佛學家，一定要請我說法。論佛法是一切現成，每天早上洗臉水擡來我就洗臉，早齋擡來我就喫飯，擡茶來我就飲水，飯後睡一覺就舒服，鐘點到時就上堂講經，有人來問話我就答覆，有人來頂禮我就起身問訊，喫了晚飯後有人邀我散步我就隨著去，行住坐臥、一舉一動、一語一言，我都是將本分大事和盤托出付與大衆，祇要你等肯承擔。是故佛說：『一切法皆是佛法。』又說：『說法者，無法可說，是名說法。』諸仁者！要識取無法可說的，然後能識得一切法身是佛法。有識得『無法可說』的請出來。」衆皆默然。師云：「『無法可說』的在那裏？」師豎一指云：「在這裏。」遂下座。

師示衆云：「禪宗最要緊的是要明白『離四句、絕百非』不是佛性。甚麼是四句百非？但舉一對或舉一字便成四句，如『有』、『無』、『亦有亦無』、『非有非無』便是四句。甚麼是百非？凡作四句，有『本末』、『三世』、『已起』、『未起』，積成百句，皆非得真，故云『百非』也。因爲『有』是增益謗，『無』是損減謗，『亦有亦無』是相違謗，『非有非無』是戲論謗，故四句非真實理。此四句每句復成四句，『有』字句變爲四句就是『有』、『無有』、『亦有亦無有』、『非有非無有』；『無』字句變爲四句，就是『無』、『無無』、『亦有亦無無』、『非有非無無』；『亦有亦無』句變爲四句，就是『亦有亦無有』、『亦有亦無無』、『亦有亦無亦有亦無』、『亦有亦無非有非無』；『非有非無』句變爲四句，就是『非有非無有』、『非有非無無』、『非有非無亦有亦無』、『非有非無非有非無』。四句中每句各有四句成十六句，三世皆有此十六句成四十八句，皆有『已起』、『未起』成九十六句，搭上本四句則成百句。百句皆非其實故名『百非』。佛性本體是如如不動，當體就沒有四句百非，若不用功打破無始無明見佛性，用腦筋去離四句絕百非，永不能見到佛性。離四句絕百非之後，我執、法執已破，但落於空執，不是佛性，到此境界就是古人所謂『一念不生受後有，心法雙忘尚餘塵』的境界。古人又說：『莫謂無心便是道，無心猶隔一重關。』又云：『百尺竿頭不動塵，雖然得入未爲真；百尺竿頭再進步，十方世界現全身。』此境界就是佛所說的『幽閑法塵』、六祖說的『無記空』、臨濟祖師說的『湛湛黑闇深坑，實可怖畏』，所以離四句絕百非的就是古人所謂『在鬼窟裏做活計』，不是究竟的法門。」

師示衆云：「在佛法中最大的一箇問題是相對與絕對。老子的『無能生有』是有、無相對，孔子的『未知生，焉知死』是生、死相對，莊子的『蝴蝶夢』是醒、夢相對，《易經》的『一陰一陽謂之道』是陰、陽相對，周濂溪的『無極生太極』是有、無相對，王陽明的『無善無惡心之體，有善有惡意之動』是有、無相對，小乘的『斷六根得清淨』是染、淨相對，二乘的『斷一念無明得無始無明』是生、滅相對，『起念是背覺合塵，滅念是背塵合覺』是起、滅相對，『染是識，淨是智』是染、淨相對，『將惡思想改爲好思想』是好、惡相對，『不怕妄起，祇怕覺遲』是覺、迷相對，『前念已滅，後念未起，中間是』是起、滅相對；惟有佛性是絕對的。見聞覺知的『覺』纔會迷，迷與覺對；大覺與小覺對，瞭解佛理深是大覺，瞭解淺是小覺；始覺與本覺相對，本覺是淨，始覺是染，染、淨相對。若能打破無明窠臼，明白大覺佛性，則一切相對皆變爲絕對的佛性。」

師示衆云：「孟子說：『盡信書不如無書！』這句話雖是儒家的話，但我們出家人聽了亦有很深的感觸。佛法入中國已有兩千多年的歷史，古人的著述主張其說不一，我在開示中已講過，道安、慧遠、僧肇、吉藏他們的主張，大多是從老子的道理脫胎而來的，多半是雙關語、隔靴搔癢的話，不是明心見性本地風光的話。尤其是僧肇《寶藏論》『寂而常照，照而常寂』這句話，害人最深，流傳最廣。最普徧是主張『妄念起是衆生，妄念斷是佛性』，這句話蓮池大師說過。從前我認爲妄念斷是佛性，後來看大乘經典纔知不是佛性，乃是『幽閑法塵』。一念無明斷不是佛性，乃是二乘修十二因緣的方法；又有主張六根斷便是佛性，經中說：『返聞聞自性。』古人說生死從六根中來，要了脫生死還是要用六根，斷六根的方法乃小乘而修，小乘是認見聞覺知爲佛性。清涼國師說：『至道本乎一心，心法本乎無住，無住心體，靈知不昧，性相寂然，包含德用。迷現量則惑苦紛然，悟真性則空明廓徹。』這幾句話亦不是明心見性的話，是見聞覺知的腦筋不住，住與不住與佛性了不相干。說法亦是住，不住那裏會說法？此乃誤認靈性爲佛性。」

「如一般人講《金剛經》的解釋：『無相爲體，無住爲宗，離相爲用。』若照這三句話來用功則落於空，那能明心見性？《金剛經》的宗旨是『實相爲體，觀照爲宗，方便爲用』，就是用方便般若的六根觀照，破無始無明證實相般若。清涼國師又說：『真界玄微，非言語所顯，要以深心體解，朗然現前，對境無心，逢緣不動。』這幾句話亦非明心見性的話。對境無心是不執著前境，對境有心無心，與佛性了不相干。佛說法亦是有心，如果無心那裏會說法？以上所講的都是腦筋作用，非佛性也。圭峯禪師說：『不怕妄起，祇怕覺遲。』起妄是見聞知覺，覺妄亦是見聞知覺，並非佛性。憨山大師說：『染是識，淨是智。』染、淨是相對，一樣是識，並非佛智。」

「憨山大師《夢遊集》中〈雲谷禪師傳〉云：『雲谷禪師年十九，即決志操方，尋登壇受具，聞天台小止觀法門，專精修習。法舟濟禪師續徑山道，掩關於郡之天寧。師往參叩，呈其所修，舟曰：「止觀之要，不依身心氣息，內外脫然。子之所修，流於下乘，豈西來的意耶？學道必以悟心爲主。」師悲仰請益，舟授以念佛，審實話頭，直令重下疑情。師依教日夜參究，寢食俱廢。一日受食，食盡亦不自知，碗忽墮地，猛然有省，恍如夢覺。復請益舟，乃蒙印可。』我們看雲谷禪師悟道因緣，可以拿來做我們參禪用功的榜樣。」

「註經典先應採擇，解釋佛性參禪用功、怎麼樣明心見性、其正當方法及錯誤之處，開示中已說過不必再說。我們現在用功，第一、要依佛說的了義大乘經典。第二、要依明心見性祖師開示法語。了義經是專門爲大乘人說，不爲小乘、中乘說，說大乘法是依法不依人，不依人是不依二乘、小乘人。依大乘是頓教，二乘、小乘是漸教，祖師語錄完全是大乘頓教法門，不依二乘、小乘漸教。古人說：『欲知三岔路，須問過來人。』若問的不是過來人，尋南指北，則愈走愈錯得遠。佛說：『錯用功夫如蒸沙作飯，縱經塵劫，祇名熟沙，其非飯本。如是等輩，可爲憐愍。』我們現在想恢復古來佛祖舊有的精華，然後佛法纔不會落於外道、老莊、儒家、理學家的邪說。佛法舊有的精華是甚麼呢？就是四乘法門。將四乘分別清楚，小乘聲聞是修四諦斷六根，認見聞知覺爲佛性；中乘緣覺是修十二因緣斷一念無明，認無始無明爲佛性；大乘菩薩修六度，修靜慮禪，不斷六根，利用六根破無始無明見佛性。小乘、中乘是漸教，大乘是頓教，有的是先修小乘、中乘再修大乘，有的是直修大乘；最上乘是世尊拈花。我們去佛已遠，且無見性祖師喝棒痛罵，明眼宗師又少，能先把四乘分清楚，則用功時不會錯走路途，這是出家修行最重要的一件事。」

師示衆云：「參禪用功的方法，上面已經說過很多，現在再把重要的說一說。用功修行譬如走路，應該有目標有宗旨，擇定一條妥當的路循著走去，非走到最後目的地不停止，不要今天走南，明天走北，走來走去走到筋疲力竭還沒有達到最後的地步。所以修行用功，參禪是參禪，念佛是念佛，修密是修密，各是一條路，雖然都可以達到成佛的地點，但走路的時候不能同時走兩條路的。所以修參禪的不要同時修念佛，修密宗的不要同時修參禪，各是一條路。每見一般人主張禪、淨雙修，修參禪同時要誦經、拜懺、持咒等等，實非佛祖所傳本來方法。如修淨土則以念佛爲主，誦經、禮拜、持咒爲助乃是正法，但參禪則用不著，不可混在一起，把功夫誤了。故德山和尚說：『比丘行腳當具正眼，誦經禮拜是爲魔民，營造殿宇又是魔窟。』德山和尚的意思乃是先要專心參禪明心見性，然後纔能度衆生，到那時就是營造殿宇引導大衆，亦是正事。」

師示衆云：「有一般人講說衆生本是佛，祇因起一念無明輪轉生死，假若將一念無明斷盡，當下就是佛。這樣說法實在大錯！假若本來是佛，起一念無明是衆生，無明斷是佛，佛又爲衆生，衆生又爲佛，則成佛仍有輪轉？經裏並無衆生本來是佛之說。經裏說：『一切衆性皆有佛性。』衆生本來不是佛，衆生本來是衆生，一切衆生箇箇皆有佛性，見佛性後永久是佛，不會再變爲衆生；見佛性後妄念無明變爲佛性。」

師示衆云：「禪宗說的打破無明窠臼，親見本來佛性，一般多誤會斷一念無明，一念無明愈斷祇會愈多，永不會見佛性。斷一念無明是十二因緣修的二乘法門，二乘人是一念斷盡，認無明窠臼爲佛性；修大乘是不斷妄念，用六根隨便那一根破無明窠臼見佛性。二乘斷一念無明是暫時斷，不是永久斷，斷後還會再起；大乘破無明窠臼以後，一破永破不會再有。修二乘是斷一念無明，修大乘是破無始無明，不同之點應特別注意，不能將破無明窠臼錯修成斷一念無明。」

師示衆云：「學佛的人是要將兩種『無明』分別清楚，參禪的也是講破無明，講經也是講破無明，『無明』兩字雖一樣，裏面分別大大不同，分爲『無明窠臼』及『無明妄念』兩種。『無明妄念』是從靈性見聞覺知起的，修十二因緣的二乘法門，所斷的無明妄念不過是暫時滅，滅了還要起，不算是明心見性。『無明窠臼』是將妄念斷盡，無知無覺、無善無惡、黑黑闇闇、一無所有，我們本來面目的佛性就是被它遮藏在裏面。修大乘的靜慮禪，就是利用妄念的六根隨便那一根，向內將無知無覺、黑黑闇闇的無明窠臼打破，一破永破不會再有，這樣就親見本來面目的佛性了。『無明窠臼』與『無明妄念』應切實分別清楚，總而言之，修二乘斷一念無明是斷了又起，是暫時的化城，不是寶所；修大乘的打破無明窠臼，一破永破不會再有，這纔是寶所。自古及今將兩種無明分別清楚者很少，設若分不清楚，對於用功大有妨礙。學佛是知難行易，古來有若干人用功修行不會明心見性，就是未將此兩種無明分別清楚。」

師示衆云：「我們看古人註的經，看古人著的論，要考查他的事迹是不是明心見性的，假若不是明心見性的，依著他的法子去修，那就是害人不淺了。」

師示衆云：「禪宗的真理是萬古不會磨滅的，佛說：『一切衆生皆有佛性，皆可成佛，我是已成之佛，汝等是未成之佛。』見佛性這件事是各人親歷其境，親見本來的佛性，不是說道理當學問研究的。釋迦牟尼佛的佛性、我們的佛性、及一切衆生的佛性都是一樣，没有兩樣的。見佛性是生前，不是死後的話，因爲生前見是有證據的，死後見是無證據的。自釋迦牟尼佛到現在明心見性的人，萬萬千千是有歷史可考的，如《傳燈錄》、《高僧傳》、《居士傳》等。別的宗教是有主宰來管理我們的，祇有佛性是平等的。釋迦佛的、我們的、一切衆生的都是一樣，釋迦牟尼佛不能主宰我們的，祇是分箇釋迦佛是先見佛性，我們是後見佛性。」

師示衆云：「佛法是非宗教、非哲學，宗教有歸宿，哲學有輪迴。宗教家（神教）死後的歸宿升天，由升天說有升必有墮；我們自自由由的人，循規蹈矩的爲人，有甚麼罪？爲何還要找主宰來管理？升天是好是壞，我們没有去過，假如升天後不好，又有何辦法？總而言之，死後的話無憑，生前無證據。哲學家祖宗老子說：『天下萬物生於有，有生於無，無又生有。』這是循環輪迴的。理學家的祖宗周濂溪說：『無極生太極，太極生兩儀，兩儀生五行，五行生萬物，萬物又返歸五行。』兩儀、太極、無極是循環輪迴的。西洋哲學家叔本華說：『本體、現象，現象滅還歸本體。』這也是循環輪迴的。佛性則是徧滿虛空，充塞宇宙，無所不在，超出循環輪迴的，今日見佛性，自今日起永久無窮盡，没有輪迴薰染的。至於往生西方極樂世界，那不是我們終極的歸宿，而是在那箇地方修明心見性的法門，一直修到明心見性爲止。佛性充滿虛空，東西南北、上下十方，無所不在。阿彌陀佛是來指導我們修行，不是來主宰我們的，西方極樂世界不過是過渡性質的地方。」

師示衆云：「死後生天之說，印度的婆羅門教是生天之說的祖宗。婆羅門教說：『天上有箇大梵天王，創造天地宇宙萬物，又造人。人最初在梵天，因起欲愛，從大梵天降落在人間，用祈禱默想種種的方式，目的在死後生梵天。』（梁啟超著的《飲冰室文集》中說）耶穌教是由婆羅門教脫胎出來的，耶穌教說：『上帝創造天地，又造人，耶穌爲上帝的化身，童貞女馬利亞生耶穌。』信仰耶穌，祈禱死後也是求升天。

回教穆罕默德，以對基督教的研究上，創造出一種新宗教，要改革阿拉伯民衆的偶像崇拜而變爲一神崇拜，他們認爲阿拉神之外無別神也，承認阿拉神是造物的主宰。《天方典禮》曾說：『維皇真宰獨一無相，生天、生地、生人、生物，天地萬物及人類，皆由阿拉神所創造、所管理，所以人類須絕對服從祂。』與猶太教絕對服從耶和華一樣，教主穆罕默德不過是真主的欽差，並不是神，這卻與基督教認爲耶穌爲神不同。他們以爲摩西、耶穌都不過是古代的先知，故他們的《五章信條》是第一、〈我證章〉。其言曰：『我證一切非主，惟有真主止一無二，我證穆罕默德是主差使。』第二、〈清真章〉。其言曰：『一切非主，惟有真主。穆罕默德是主欽差。』第三、〈總信章〉。其言曰：『我信主本然以其妙用尊名，我承主一切法則。』第四、〈分信章〉。其言曰：『我信真主，信一切天神，信一切經書，信一切聖人，信後世，信善惡有定自主，信死後復生。』第五、〈大讚章〉。其言曰：『清哉真主！世讚歸主，萬物非主，惟有真主，真主至大，無時無方，惟以尊主。』（見《天方典禮．諦言篇》）。

綜此五章意義，則知他們所信仰的對象：一、真宰：惟一的神。二、教主：穆罕默德。三、先知：摩西、耶穌及一切古聖人。四、天使：與先知相同。五、經典：真主啓示的《可蘭經》。六、教規：教主及古聖所定的一切法則。七、來生：審判善惡、復生。這些都與猶太教的信仰大旨相同。他們在道德方面，主張濟困扶危、忍受苦難，在《可蘭經》第二篇即說：『代阿拉施濟孤兒、饑夫、客旅、乞人，或籌款以贖俘虜。時常祈禱，言則必行，忍受顛沛，苦難暴虐，如此始得稱義而爲誠敬畏神。』人也禁止一切姦淫殺戮、盜竊貪財、虐待賭博等等一切行爲，並嚴禁喫食生物之血、豬肉及酒等物，足證回教由耶穌教脫胎而來。其與《新舊約》所載的互相比較如下：

回教名稱	基督教名稱
阿丹	亞當
施師	亞設（瑟）
努海	挪亞
易卜拉欣	亞伯拉罕
易司馬儀	以實馬力
母撒	摩西
達五德	大衛
爾撒	耶穌

由此可見它的教義，完全以猶太教與基督教爲背景，這裏所敍述的道統，又與《舊約》中記載毫無兩樣，所以回教所崇拜的神阿拉，即猶太教所崇拜的耶和華。用祈禱、默想種種的方式，目的在死後升天國。中國舊有的神教，天上有箇玉皇大帝

住在靈霄殿，玉皇大帝生宇宙萬物，人們在世間改惡遷善，用祈禱、默想種種方式，目的在死後升天。康熙年間，四川有種先天外道，邪說天上有箇無極老母生宇宙萬物，人最初在天上，因爲起了眼、耳、鼻、舌、身、意六根，所以墮落人間受苦，要修『玄關一竅』的法門，將眼、耳、鼻、舌、身、意收攝在兩眉印堂間，一念也不斷，念『非有非無』、『亦有亦無』，死後即可升天。以上所說的宗教，大概都是勸人改惡遷善，末了死後升天都是一樣。婆羅門教和先天道說人初在天上，因念起降落人間，在人間用祈禱、攝念等方式以求死後升天；假若再升天後不會再起念，這樣的說法道理不通，既然當初會起念，那麼升天後還是會起念的，一會天上人間，一會人間天上，這種宗教是有輪迴的。耶穌教與回教說：『人是上帝同阿拉神造的，死後去天上，天上又來人間。』有去必有來，人間天上、天上人間，這樣還是有輪迴的。」

師示衆云：「印度的哲學種類很多，值得我們研究的祇有幾種（梁啟超著的《飲冰室文集》中說，希臘的哲學是由印度傳去的）。印度的哲學有一派說：『我們的本體譬如一面鏡子，是很乾淨的，因爲本體不覺起了愛念，愛念譬喻灰塵，將鏡子遮蔽；我們將愛念去一點，鏡子光明一點，將愛念去盡，鏡子便恢復光明。』我們批評：愛念起是始，鏡子化爲黑板；愛念斷是終，黑板復爲明鏡。起是始，滅是終，始生終滅，這箇是有輪迴的。又有一派說：『我們的本體是我們的思想，不要執著有、無、非有非無、亦有亦無。』我們批評：人是有思想的，並非木石，當然要執著有、無；不執著『有、無、非有非無、亦有亦無』，這是腦筋的作用，並非我們的本體。又有一派說：『宇宙萬物是由我們的思想來的，思想是由無來的，將思想斷盡反歸無，就是我們的本體。』我們批評：思想斷是本體，思想起是宇宙萬物，我們人生在世，思想起、斷是很平常的事，思想起是現象，思想滅是本體，起滅是有始終輪迴的。」

「中國哲學家的祖宗老子說：『天下萬物生於有，有生於無。』就佛法而言，『有生無，無生有』，是有始終輪迴的，與印度的哲學相同。老子又說：『道生一，一生二，二生三，三生萬物，萬物負陰而抱陽，由陰陽返歸萬物，三二一，歸道生。』這是有始終輪迴的，與印度的鏡子灰塵是一樣的。老子又說：『道之爲物，惟恍惟惚，惚兮恍兮，其中有象；恍兮惚兮，其中有物；窈兮冥兮，其中有精。』這樣的學說，就是腦筋裏不要執著，似有非有，似無非無，恍恍惚惚的，與印度的不執著『有、無、非有非無、亦有亦無』相同，我們人是上等知識，反不如下等動物！人生執有執無是應該的。以上的宗教哲學，都是有始終輪迴的。佛法的禪宗說：『我們一切的人，箇箇都有一箇佛性，箇箇都可以見佛性。見佛性是生前，不是死後無證據的話，見佛性是有證據的，箇箇見的都是一樣，沒有兩樣。』佛性是徧滿虛空，充塞宇宙，無所不在，永久無窮無盡的時間，沒有壞的，沒有始終輪迴的，超過世間一切的宗教哲學。自古至今，見佛性的人是有歷史證據可以考證的。我們崇拜釋迦牟尼佛的目的，就在見性這一點。」

師示衆云：「佛性非宗教、非哲學。就宗教而言，人間、天上是相對的，是有輪迴的；就哲學而言，生、滅、始、終是相對的，也是有輪迴的；佛性是絕對的，沒有生滅始終、來去輪迴，故佛法不是宗教，也不是哲學，是生前可以做到的，且能破除世間的一切迷信。」

師示衆云：「宇宙人生有盡，佛性本來無窮，宇宙是成、住、壞、空的，人生是生、住、異、滅的，惟有佛性本體是永久無窮無盡，無生、住、異、滅、成、住、壞、空的。」

師示衆云：「學佛親近善知識修行用功，最要緊的幾箇問題，一定要將它認清楚記取：佛性與靈性、見聞知覺之分別；小乘、中乘、大乘、最上乘之分別；絕對與相對之分別；染緣與淨緣之分別；止、作、任、滅四病之分別；無始無明與一念無明之分別；佛性本來具足六通，與一般普通說的六通不同之分別；釋迦牟尼佛說的經，與印度高僧撰的經之分別；佛與弟子說用功的經與寓言之類的經之分別；法身與肉身之分別；法身佛說法與肉身佛說法之分別；佛對弟子說悟後境界的經，與未悟境界的經之分別。以上各種分別問題若果不清楚，即會流入小乘、中乘及外道法門，反說佛法無效驗，錯走路途祇能怪自己，不能怪佛。」

師示衆云：「學佛修行還是要把『四相』、『三執』認清楚，假如認不清楚，就會落於小乘、二乘、外道。『四相』：『我相』，即一念不起，但仍有清清淨淨之一念在；『人相』，即起一念之相；『衆生相』，即前念已滅，後念未起之中間是；『壽者相』，是前念、後念皆已斷了，空無所有。故經中說有我相、人相、衆生相、壽者相即非菩薩，就是指這四種境界不是見佛性（出《圓覺經》）。『三執』即『我執』、『法執』、『空執』。修小乘斷六根，仍有清淨一念在，斷六根除我執，剩下清淨一念即法執，我執已除，法執仍在；修中乘十二因緣，將一念之法執斷了，空無所有是空執，法執已除，空執猶在；修大乘不斷六根，不斷一念，利用六根一念破空執見佛性爲主要。」

師示衆云：「一般禪宗的出家人，莫名其妙的總覺得自己有罪，我們有罪無罪，如人飲水冷暖自知。我們過去前生的罪現在不能曉得，受戒時已懺悔乾淨，受戒後如好好的做人，有什麼罪？譬如世間法，犯法的纔受懲罰，如不犯法則不受懲罰。我們法會裏的出家人和居士受持戒律很精嚴，爲人也很循規蹈矩，又能明白佛法並能進一層明白禪宗，像這樣的人品如還說是有罪，則世界沒有一箇可以說是好人了。就居士來說，凡於宗門有所得或明心見性者，人品必極清高。如唐朝宰相裴休是參禪明心見性的，廉潔無私，大家稱他爲清白宰相；又如元朝宰相耶律楚材亦是參禪明心見性的，一生貞廉，後來被人誣告貪污，抄家時家中衹有些經籍和幾把七絃琴，大家纔明白他亦是一箇清白宰相；宋朝的張商英、楊無爲都是清廉之官。像這一類的人很多，載在《居士傳》中，大家可以檢看。總括一句話，在我們佛性上看來覓罪了不可得，罪性、福性都是幻化。」

師示衆云：「看《華嚴經》要知道經裏邊的話完全是由佛性發揮出來的，好像天上說一句，地下說一句，那些話是明心見性纔能說的。因爲佛說法是偏滿十方，無所不在，祇要你能明心見性，看起來就如家裏人說家裏話，無不了然；倘若你沒有明心見性，則不知所云，如用腦筋去測度他，則好像是說神話一樣。看《維摩詰經》要知道維摩詰居士的境界完全是悟後的話，要明心見性後纔能瞭解，倘未明心見性，認爲不要執著一切便是到家，那便會墮落了。經說：『先以欲鉤牽，後令入佛智。』這是指居士俗人行菩薩道境界，不是指出家人，出家人不能這樣說。《圓覺經》裏邊說：『諸戒、定、慧及淫、怒、癡俱是梵行。』這幾句話是指信佛居士說的，出家釋子千萬不要錯會，出家人根本就不結婚，那有淫、怒、癡？出家人若錯會，自招罪過。」

師示衆云：「禪宗說悟後二六時中打成一片，就是《華嚴經》裏說的：『佛法不異世間法，世間法不異佛法；佛法即世間法，世間法即佛法；不能於佛法上分別世間法，不能於世間法上分別佛法。』」

師示衆云：「我們修行要照著釋迦牟尼佛、明心見性祖師的法門去修，佛在世的諸大弟子箇箇都是修禪宗，淨土宗的方便法門是教居士俗人修的。孟子說：『盡信書不如無書！』後來有很多不是明心見性的祖師，開設很多法門教後人修，後人始終修不成，自誤誤人，害人不淺。『欲知三岔路，須問過來人』，還是祇有依著釋迦牟尼佛的法門去修纔是正途。」

師示衆云：「佛法不外乎人情，佛法在人情上統統都通得過去。每見一般出家人有病，不用醫藥而求神保佑，或者喫神方，對於生命大有關係。如釋迦牟尼佛生病，當時最著名的醫生耆婆來與佛醫治，送藥給佛喫，病方痊癒；佛尚且會生病，何況衆生？即如佛戒不許喫蒜，經上有『舍利弗病風，醫教服蒜，佛言聽服』，我們要照佛這樣說纔合道理。佛制比丘托鉢乞食，不動煙火，有一比丘因病思食粥白佛，佛亦允在精舍煮食。佛制比丘修行四事俱足，四事即衣服、飲食、臥具、醫藥。每見一般無聊的出家人，坐著數日不喫飯，或打餓七不喫飲食，佛經亦無此制。佛仍然每日喫飯睡覺，這種不喫飯不睡覺的舉動，完全是外道邪說，不是真正出家人所做的事。佛也有眼、耳、鼻、嘴，同我們完全是一樣的，不過佛是先見佛性，我們是後見佛性，我們是崇拜他教我們修明心見性的法門，並不是神要來主宰我們的。」

示衆

本來無佛無衆生
世界未曾見一人
究竟瞭解是這箇
自性還是自己生

六祖勸人廣學多聞

《壇經》云：「解脫知見香：自心既無所攀緣善惡，不可沈空守寂，即須廣學多聞，識自本心，達諸佛理，和光接物，無我無人，直至菩提，真性不易，名解脫知見香。」

四乘

《壇經》云：「法無四乘，人心自有等差。見聞轉誦是小乘；悟法解義是中乘；依法修行是大乘；萬法盡通，萬法俱備，一切不染，離諸法相，一無所得，名最上乘。」

文字

《壇經》云：「執空之人有謗經，直言『不用文字』，既云不用文字，人亦不合語言，祇此語言便是文字之相。又云『直道不立文字』，即此『不立』兩字亦是文字，見人所說便即謗他言著文字。汝等須知，自迷猶可，又謗佛經，不要謗經，罪障無數。」

法身

僧問慧忠國師：「見十方虛空是法身否？」師曰：「以想心所之，是顛倒見。」

不斷一念無明

《壇經》云：「若祇百物不思，念盡除卻，一念絕即死，別處受生，是爲大錯。」

又云：「使六識出六門，於六塵中無染無雜，來去自由，通用無滯，即是般若三昧，自在解脫，名無念行。若百物不思，當令念絕，即是法縛，即名邊見。」

頓漸

《壇經》云：「本來正教無有頓漸，人性自有利鈍，迷人漸修，悟人頓契，自識本心，自見本性，即無差別，所以立頓、漸之假名。」

真如有知有覺

《壇經》云：「真如即是念之體，念即是真如之用，真如自性起念，非眼、耳、鼻、舌能念。真如有性，所以起念；真如若無，眼、耳、色、聲當時即壞。善知識！真如自性起念，六根雖有見聞覺知，不染萬境，而真性常自在。故經云：『能善分別諸法相，於第一義而不動。』」

不立文字

《涅槃經》云：「始從鹿野苑，終至跋提河，中間五十年，未曾說一字。」

《金剛經》言：「若人言如來有所說法，即為謗佛，不能解我所說故。」

親近知識

《壇經．般若品》：「善知識！菩提般若之智，世人本自有之，祇緣心迷，不能自悟，須假大善知識，示導見性。」

又云：「若自不悟，須覓大善知識、解最上乘法者，直示正路。是善知識有大因緣，所謂化導令得見性；一切善法，因善知識能發起故。三世諸佛、十二部經，在人性中本自具有，不能自悟，須求善知識指示方見；若自悟者，不假外求。若一向執謂須他善知識望得解脫者，無有是處。何以故？自心內有知識自悟。若起邪迷，妄念顛倒，外善知識雖有教授，救不可得。」

見聞覺知

《傳心法要》云：「此本源清淨心，常自圓明徧照，世人不悟，祇認見聞覺知爲心，爲見聞覺知所覆，所以不睹精明本體。但直下無心，本體自現。如大日輪，升於虛空，徧照十方，更無障礙。故學道人唯認見聞覺知、施爲動作，空卻見聞覺知，即心路絕無入處，但於見聞覺知處認本心。然本心不屬見聞覺知，亦不離見聞覺知，但莫於見聞覺知上起見解，亦莫於見聞覺知上動念，亦莫離見聞覺知覓心，亦莫捨見聞覺知取法，不即不離，不住不著，縱橫自在，無非道場。」

聲聞

《傳心法要》云：「大抵因聲教而悟者謂之聲聞，觀因緣而悟者謂之緣覺，若不向自心中悟，雖至成佛，亦謂之聲聞佛。」

見聞如幻翳，知覺乃衆生。

認得心性時，可說不思議。

三身說法

《傳心法要》云：「佛有三身，法身說自性虛通法，報身說一切清淨法，化身說六度萬行法。法身說法，不可以言語、音聲、形相、文字而求，無所說，無所證，自性虛通而已，故曰：『無法可說，是名說法。』報身、化身皆隨機感現，所說法亦隨事應根以爲攝化，皆非真法，故曰：『報化非真佛，亦非說法者。』」

相對法

《古尊宿語錄》百丈云：「善果限滿，惡果便到。得佛，則有衆生到；得涅槃，則有生死到；得明，則有闇到。但是有漏因果翻覆，無有不想酬獻者。若欲免見翻覆之事，但割斷兩頭句，量數管不著，不佛不衆生，不親不疏，不高不下，不平不等，不去不來，但不著文字，隔渠兩頭，捉汝不得，免苦樂相形，免明闇相酬，實理真實亦不真實，虛妄亦不虛妄，不是量數物，喻如虛空，不可修治，若心有少許作解，即被量數管著。」

三句

百丈云：「夫教語皆三句相連：初、中、後善。初直須教渠發善心，中破善心，後始名好善。『菩薩，即非菩薩，是名菩薩』、『法，非法，非非法』，總與麼也。若祇說一句，令衆生入地獄；若三句一時說，渠自入地獄，不干教主事。說到如今鑑覺是自己佛，是初善；不守住如今鑑覺，是中善；亦不作『不守住』知解，是後善。」「若貪染一切有無等法，有取捨心在，透三句不過，此人定言有罪；若透三句外，心如虛空，亦莫作虛空想，此人定言無罪。」又云：「禪道不用修，但莫污染。」亦云：「但融洽表裏，心盡即得。」

欲界無禪

百丈云：「說道欲界無禪，亦是帶一隻眼人語。既云『欲界無禪』，憑何得至色界？先因地上習二種定，然後得至初禪、有想定、無想定。有想定生色界四禪天，無想定生無色界四空等天，欲界灼然無禪，禪是色界。」

四句百非外道

百丈云：「若執本清淨、本解脫、自是佛、自是禪道解者，即屬自然外道；若執因緣修成證得者，即屬因緣外道；執『有』，即屬常見外道；執『無』，即屬斷見外道；執『亦有亦無』，即屬邊見外道；執『非有非無』，即屬空見外道，亦云愚癡外道。祇如今但莫作佛見、涅槃等見，都無一切有無等見，亦無無見，名正見；無一切聞，亦無無聞，名正聞。」

三惡欲

《涅槃經》云：「有三惡欲：一、欲得四衆圍繞。二、欲得一切人爲我門徒。三、欲得一切人知我是聖人及阿羅漢。」

本地無明

百丈云：「在佛名『果中說因』，在衆生名『因中說果』；在佛名『轉法輪』，在衆生名『法輪轉』；在菩薩名『瓔珞莊嚴具』，在衆生名『五陰叢林』；在佛名『本地無明』，是無明明，故云：『無明爲道體。』不同衆生闇蔽無明。」

認無明為佛性

臨濟云：「山僧說向外無法，學人不會，便即向裏作解，便即倚壁坐，舌拄上齶，湛然不動，取此爲是祖門佛法也。大錯！是你若取不動清淨境爲是，你即認他無明爲郎主。古人云：『湛湛黑闇深坑，實可怖畏。』此之是也。」

名句由腦筋造

臨濟云：「且名句不自名句，還是你目前昭昭靈靈、覺聞知照燭底安一切名句。」

死水不動

石門慈照禪師云：「擬心即乖，動念即差；不擬不動，不在死水裏作活計。」

佛性不屬見聞覺知

南泉云：「真理自通，妙用自足，大道無形，真理無對，所以不屬見聞覺知。」

又云：「如今多有人喚心作佛，喚智爲道，見聞覺知皆是道，若如是會者，何殊演若達多迷頭認影？設使認得，亦不是汝本來頭。故大士呵迦旃延以生滅心說實相法，皆是情見。」

又云：「真理一如，更無思想；纔有思想，即被陰拘，便有衆生名、有法名。」

心不可觀

僧問子湖神禪師：「如何是一心三觀？」師云：「我當不見有一心，你喚甚麼作三觀？」

拄杖子

雲門有時以拄杖打床一下，云：「你若是箇漢，忽然這裏聞聲悟了，一切山河大地、日月星辰有甚麼過？」

鏡清問玄沙：「學人乍入叢林，請師指箇入路！」沙云：「還聞偃溪水聲麼？」清云：「聞聲。」沙云：「從者裏入。」海會演云：「果是得入，一任四方八面；若也未然，輒不得離卻此裏。」

玄沙云：「飯籮裏坐餓死人，水裏没頭浸渴死漢。」

文字

《般若經》云：「經書咒術、一切文字語言，皆與實相不相違背。」

治生無礙

《法華經》云：「一切治生產業，皆與實相不相違背。」

海會演語

苦瓠連根苦，甜瓜徹蒂甜。

作風

祕魔擎拳、禾山打鼓、石鞏彎弓、雪峯輥毬、羅漢書字、大隨燒菴、國師水椀、歸宗拽石、德山入門便棒、臨濟入門便喝、無業纔有人問便道莫妄想、趙州茶、雲門餅、天龍一指。

南北宗之分

唐寶宗問弘辯禪師曰：「禪宗何有南、北之名？」師對曰：「禪門本無南北，昔如來以正法眼付大迦葉，展轉相傳至二十八祖菩提達摩，來遊此方爲初祖。暨第五祖弘忍大師在蘄州東山開法，時有二弟子，一名惠能，受祖法，居嶺南爲六祖；一名神秀，在北揚化。其後神秀門人普寂立本師爲第六祖而自稱七祖。其所得法雖一，而開道發悟有頓、漸之異，故曰『南頓北漸』，非禪宗本有南、北之號也。」

味鼻根

海會演禪師上堂云：「春風別有巧功夫，吹綻百花品類殊。唯有牡丹并芍藥，時人一見便歡娛。且道衲僧分上成得甚麼邊事？拈來嗅罷歸何處？透骨馨香付老盧。」

耳根

廣教省禪師。因僧入室，請益「趙州和尚柏樹子」話，師云：「我不辭與汝說，還信麼？」僧云：「和尚言重，爭敢不信？」師云：「汝還聞簷頭水滴聲麼？」其僧豁然，不覺失聲云：「哪！」師云：「汝見箇甚麼道理？」僧便以頌對云：「簷頭水滴，分明歷歷。打破乾坤，當下心息。」師爲忻然。

大愚禪師示衆云：「一擊響玲瓏，喧轟宇宙通。知音纔側耳，項羽過江東。與麼會，恰認得驢鞍橋作阿爺下頷。」

龍門佛眼禪師上堂云：「從上諸聖，見人樂著塵勞，不求出離，遂生憐愍之心，告之曰：『你隨聲逐色，名曰狂人。』大衆！好言語！慚愧諸聖恁麼道！雖然如是，已是打開布袋，不能折合得。龍門今日倒底傾出，有人得者，永息希求。」乃拈拄杖卓一下，云：「豈不是聲？汝尋常作麼生隨？」又舉起拄杖曰：「豈不是色？汝尋常作麼生逐？還會麼？若能隨逐元無縛，便是叢林了達人。」

又上堂：「大衆！或有人喚上座，上座便應，設使不應，心中也須領覽。今時學人便道：『應底是也，領覽底是也。』若如此會，便是入地獄漢子。是即且置，且道面前是阿誰喚你？是有人喚耶？是無人喚耶？還裁斷得麼？若是有人喚，山精鬼魅喚你時，天魔外道喚你時，如何辨白？若道無人喚你，又不聾不騃，如何得無人喚？者箇是十二時中生死路頭事。諸人明得麼？有人喚，生迷亂；無人喚，遭繫絆。若能行，生死斷；萬兩金，終不換。」下座。

持戒

龍門佛眼禪師云：「大凡修行須是離念，此箇門中最是省力，祇要離卻情念，明得三界無法，方解修行；離此外修，較似辛苦。不見古來有一持戒僧，一生持戒，忽因夜行，踏著一物作聲，謂是一蝦蟆腹中有子無數，驚悔不已。忽然睡著，夢見數百蝦蟆來問索命，其僧深懷怖懼；及至天曉觀之，乃一老茄耳，其僧當下疑情頓息，方知道三界無法，始解履踐修行。山僧問你諸人，假如夜間踏著時，爲復是蝦蟆？爲復是老茄？若是蝦蟆，天曉看是老茄；若是老茄，天未曉時又有蝦蟆索命。還斷得麼？山僧試爲諸人斷看！『蝦蟆情已脫，茄解尚猶存。要得無茄解，日午打黃昏。』」

《首楞嚴經》云：「持犯但束身，非身無所束。」《法句經》云：「戒性如虛空，持者爲迷倒。」

佛性

《楞嚴經》云：「欲知佛性義，當觀時節因緣。」

得道全靠自己

龍門佛眼禪師上堂云：「諸仁者！得底人終不自異於人，而從前千聖悉所稱讚，實有異於人處。譬如兩人同胞胎、共父母，同舍同學，同一師授，至於飲食語言之間，悉無有異。一日同入試院，同一題目，而一人得第，一人落第，及第者永異民庶，落第者乃是常人。是二人初無改易，而貴賤高低有異。恰如得與不得，初無有異，而一人得之，位齊諸聖；一人迷之，遂作凡夫。人雖不殊，迷悟遼遠。大衆！可不驚怖者哉？所以香林和尚云：『老僧二十年前，見與我一般一輩人盡皆得道，我日夜思量他得箇甚麼便如此去？我二十年中常看，後來也得恁麼。』你看他先德苦切之言，實可取信，豈可守株，徒喪日月？各宜體悉，已後也須得去，不勞久立。」下座。

參話頭

龍門佛眼禪師云：「不見四、五十年前，有茶陵和尚作山主時，因廬山化士到，言語間爲舉『僧問法燈：「百尺竿頭如何進步？」燈云：「噁！」』由是每日參詳，至於喫粥喫飯時，未嘗離念。一日因赴外請，騎驢子過橋，橋損陷驢子腳倒，不覺口中云：『噁！』忽然大悟，乃有悟道頌云：『我有明珠一顆，久被諸塵封裹。今朝塵盡光生，照破山河朵朵。』者箇便是樣子，喚作實頭參學。」

見聞

龍門佛眼禪師云：「看來多祇在眼耳見聞覺觸處蹉過了也，須是不離分別心，識取無分別心；不離見聞，識取無見聞底。不是長連牀上閉目合眼，喚作無見，須是即見處便有無見。所以道：『居見聞之境，而見聞不到；居思議之地，而思議不及。』」

又云：「如今被人問著，道不得，過在甚麼處？蓋爲於無色處見色，無聲處聞聲，無道理處强作道理，無主宰中强作主宰。者裏消遣不下，喚作翳眼猶存、空花亂墜。何故？祇爲心存在，便道不得。」

參禪病

龍門佛眼禪師云：「今時人參學錯學，不出兩種病：一是五蘊窟宅，無言無説，無形無段，湛然不動處，便道：『任他佛祖出來，我也祇恁麼。』此是一病。次認能言、能語、能聞、運用施爲、行住坐臥者，此亦是一病。你還知道動是苦本、風力所持麼？若有人能離此二病，解去體究者，此人須有箇省發時節；若不如是，亦無整頓處。又有二種善知識，爲兩般學人方便苦口。有一般學人，自作道理，自吐箇消息，進前退後，竪拳合掌，以爲禪道，善知識見他恁麼，便苦口向伊道：『你錯了也，你無事硬認著作麼？』此是一種善知識。又有一般學者，云：『某甲不會不知，未審如何？某甲並無箇契入處。』是故善知識見伊恁麼了，便向伊道：『你無事，用求會求入作麼？』此亦是一種善知識。前後兩般學者，若聞善知識恁麼道，善能回光體究，必然明得；若祇管道不會，是自生退屈，任是一千年也祇恁麼。幸在其中，更道不會、求契合，有什麼了日？須是不立限量，直下搆取始得。」

又云：「尋常例以前念爲是，以後念照之，前後追逐，以心用心，心則成境，率初已成心境了，展轉更不堪。如今後念不取，自無起滅處，當處解脫，念本不生，何更有有、無意想爲留礙？一念悟心成正覺，此之謂也。念念無生，念念無相，與虛空等，觸物遇緣，皆佛之妙用，無絲頭許對待，衣珠獨耀，十方世界事目擊可了，不俟舉意，然後知之。」

專一

龍門佛眼禪師云：「譬如有力人負一百二十斤擔過獨木橋，不傾不側，何物扶持得如此耶？其精緻無雜而已，爲道亦爾。經中稱：『譬如獅子，捉象亦全其力，捉兔亦全其力，人問：「全甚麼力？」曰：「不欺之力。」』但見一毛髮異於心者，則自喪身命，故達道人無有不是者。此力甚大，但爲無邊惡覺侵蝕，致令力用有虧，若無如許多異法、異狀、異緣、異念，則隨心轉變，自在無礙。道不用苦求，求之即道失；事不在苦融，融之即事有。不求不融，道與事之會也，則何事而非道耶？」「豈不聞昔人聞板響，乃撫掌大笑曰：『我會也！』此豈不是順理而學？」

參禪須返看自己迴光返照

龍門佛眼禪師云：「先師道：『如人睡著，將一點糞著在鼻端上，初不覺知，及至起來，或聞臭氣，嗅徧衫，謂是徧衫臭，遂脫卻徧衫，拈得物來，一切皆臭，不知道臭在他鼻上，忽有智人向伊道：「不干別物事。」剛自不信，智人云：「你但將手向鼻上揩看，則是不肯，若肯揩一揩，方知早較些子。」遂以水洗去之，全無臭氣，若嗅一切物，元來皆無臭氣。』參禪亦然，不肯自休歇向己看，者下尋會解，那下尋會解，覓道理、做計較，皆總不是；若肯迴光就己看之，無所不了。不見道：『一根既返源，六用皆不行。』但如此觀，卻有悟明分。」

鼓山聖國師云：「諸和尚！還會麼？此事不露，蓋爲塵沙劫來多遊異徑，所以於自己事卻成違背。如今若欲得易會麼？但是從前記持食噉之事一時瀉卻著，身心純靜去、一片去，忽被道伴觸撥著，此事便發明去。所以鼓山曾向兄弟道：『譬如一池沼，衆人共臨，但把杖攪其水，覓見形影了不可得，轉渾轉濁，所以傍邊有一人便問：「汝與麼攪作麼？」云：「我要見形影。」便被與一咄：「這癡漢！汝與麼攪，驢年去！任經塵沙劫，無有見期。汝但一時放下杖著，各自休歇去，良久中間波澄浪靜，沙土自沈，非但形影，森羅萬象悉現其中。這裏便須問得這水始得。」』咄！這水還照也無，若道照，亦是汝與麼道；若道不照，亦是汝與麼道。水道甚麼？雖然如此，須問得水有水句；若問不得，問者無功。這箇便是驗兄弟處。」

用功

雲庵真淨禪師云：「佛法兩字，直是難得人。有底不信自己佛事，唯憑少許古人影響，相似般若所知境界定相法門，動即背覺合塵，黏將去，脫不得。或學者來，如印印泥，第相傳授，不唯自誤，亦乃誤他。洞山門下無佛法與人，祇有一口劍，凡是來者一一斬斷，使伊性命不存，見聞俱泯，卻向父母未生前與伊相見，見伊纔向前，便爲斬斷，然則剛刀雖利，不斬無罪之人。莫有無罪的麼？祇好與三十拄杖。」

聲

雲庵真淨禪師上堂，舉「古德問僧云：『是甚麼聲？』云：『蛇咬蝦蟆聲。』德云：『將謂衆生苦，更有苦衆生。』又有古德問僧曰：『是甚麼聲？』曰：『雨滴芭蕉聲。』德曰：『莫謗如來正法輪。』」師云：「有一轉語，可以安邦定國，主聖臣賢；有一轉語，國清才子貴，家富小兒嬌。若是辨得出，許汝於十字路頭，不畜一粒米，不種一莖菜，接待往來真善知識；若辨不出，炙脂帽子、鶻臭布衫，且與麼東過西過。」喝一喝，下座。

真淨禪師

《圜悟佛果語錄》：「僧問：『黃龍三關即不問，如何是楊岐栗棘蓬？』師云：『天下人吞不得。』」

「依舊水雲間，空山踏落花。

臨濟三關透不透，雲門一字知不知。大啓三關，末後一著。」

善知識印證

五祖演云：「悟了須是遇人始得，若不遇人，十箇有五雙杜撰。羅山問石霜云：『起滅不停時如何？』霜云：『直須寒灰枯木去、一念萬年去、函蓋相應去、純清絕點去。』山不契，卻往巖頭處問：『起滅不停時如何？』巖頭喝云：『是誰起滅？』山於此大悟。」

圓覺

宋孝宗問靈隱佛照禪師云：「且如經中道：『居一切時不起妄念，於諸妄心亦不息滅，住妄想境不加了知，於無了知不辨真實。』大意如何？」師云：「這箇境界須是親證，自然世、出世間打成一片。昔妙喜因談至此，嘗有頌云：『荷葉團團團似鏡，菱角尖尖尖似錐。風吹柳絮毛毬去，雨打梨花蛺蝶飛。』」

佛性

圜悟佛果禪師上堂云：「撥正三界窠窟，放出無位真人，透過荊棘叢林，便居常寂光土。非如非異，耀古騰今；非色非心，超宗越格。淨裸裸，絕承當，赤灑灑，沒回互。祇如今諸人頂門貫通一切，若能各返照內觀，即坐自己家堂。所以祖師道：『有一物，上拄天，下拄地，常在動用中，動用中收不可得，謂之本源佛性，顯成知解宗徒。』」更云：「說似一物即不中，亦不免涉三寸路。直得不墮常情，不拘格式。諸人若能於此定當得，更不在指東劃西；若定當不得，不免重重指注去也。不見道：『有物先天地，無形本寂寥。能爲萬象主，不逐四時彫。』逐不逐四時彫，又能爲萬象主，且當陽截斷路頭，如何趣向？還委悉麼？」

絕對

圜悟佛果禪師雲居時，上堂云：「雲居開大洪爐，不止烹佛烹祖，但有一切持來，烈燄堆中辨取，是則當處平和，不是切宜退步。鍛出金剛眼睛，直得乾坤獨露，雖然到這田地，須知向上一路。」

牛頭禪

臨濟慧照禪師。徑山有五百衆，少人參請。黃檗令師到徑山，乃謂師曰：「汝到彼作麼生？」師云：「某甲到彼自有方便。」師到徑山，裝腰上法堂見徑山，徑山方舉頭，師便喝，徑山擬開口，師拂袖便行。尋有僧問徑山：「這僧適來有甚麼言句，便喝和尚？」徑山云：「這僧從黃檗會裏來，你要知麼？自問取他。」徑山五百衆太半分散。

興化禪師。到雲居，問：「權借一問，以爲影草時如何？」雲居道不得，師三度舉話頭，雲居無語。師云：「情知和尚道不得，且禮三拜。」雲居一日上堂，云：「我二十年前興化問，我當時機思遲鈍道不得，爲他致得問頭奇特，不敢辜他，如今衹消一箇『何必』。」後有僧舉似興化，師云：「二十年衹道得箇『何必』，興化即不然，不消一箇『不必』。」後三聖拈云：「二十年道得底是雲居，如今商量，猶較興化半月程。」

專一

趙州云：「汝若真知用功，三年五載不間斷而猶不悟者，割取老僧頭去。」

舊的迷信與新的迷信

「迷信」這是一箇多麼奇怪而有趣的問題。

甚麼是「迷信」呢？當大家都相信某件事物是真實時、某箇道理是真理時，那時並無所謂「迷信」；後來有人發覺那是錯的不是真理，於是大家就把它否定推翻，這時如果還有人去相信它，那人便被認爲是「迷信」了。因爲他沒有把應該相信它的理由弄清楚，或是根本就不肯去看清楚，而便對那件事物或道理無條件投降，胡裏胡塗的相信，在一般自信是已清楚的人看來，那是多麼可笑而無知呀！

但是仔細想一下，人們所靠它來判別「迷信」的認識，究竟是不是絕對的呢？如果沒有絕對的「認識」，那有絕對的「迷信」和「不迷信」呢？譬如說，一箇相信「民主主義」的人，認爲民主是最好的國家機構（體制），因此信仰它、推進它、擁護它，這話不是「迷信」的了。但假使經過了若干年代之後，世界已經「大同」

了，完美的大同世界的人檢查以前的歷史，看見這種民主的機構，或擁護民主的人，一定會大笑起來說「那是迷信」，猶如我們現在對以前那些相信大地是平的人所發的譏笑一樣。

原始的人類相信自然的權力，把太陽、月亮、地、水、火、風等物都當做「神」來崇拜，後來人類發覺那些自然物並無甚麼神祕，自己上了當，於是把那神權收回來，而認爲那是「迷信」和「愚蠢」。這時人類又覺得有些根本的問題講不通，而又不能不講，非有一箇「主宰」不可，於是「上帝」便應此要求而創造出來，接受了全能的光榮，高高在上統治著這般自認爲有罪或不完全的人民。人們愈自認罪，宗教的勢力就愈發展，因此天堂還沒有生成，已經先嘗地獄的滋味了，以至哲學爲神學的奴婢。不久便有康德所說「哥白尼轉日」的哲學革命出現，在向魯諾、培根以後，哲學纔漸漸擺脫了神學的束縛。盧騷、康生、哥清等人提倡人本的學說，把待罪幾千年的人們的尊嚴，重把門面刷新一下，以便擴充營業。到了尼采便大膽的宣佈「上帝已死亡了」，多少年來以「神」爲中心的哲學便被認爲「迷信」，而爲以「人」爲中心的哲學代替了。後來人們又有了新的發覺，認爲以「人」爲中心所爲的哲學還不對、還是「迷信」，應說以「社會」爲中心纔對的，於是新的信仰又出現了。這是歐洲方面的主要情形，其實無論在世界那一頭都有相類似的過程，就是「新的迷信」代替了「舊的迷信」，新的不久又變成舊的，又有更新的「迷信」出現。比方現在好像一隻矇著眼睛的驢子拉著磨跑，永遠沒有終止，信仰那箇以嶄新姿態出世的「蘇聯」的政治社會機構，有的人幾乎要跪下去叩頭來表示他的崇敬，但我們還是要說那是「新的迷信」，雖然未免說得早一點，但是等著罷，終有一天人們會用一種譏笑的口吻說：「那是好笑的迷信呀！」（編案：蘇維埃社會主義共和國聯邦，已於西元一九九二年十二月二十五日宣告解體，其諸共和國自願成立「獨立國家聯合體者」，今稱「獨立國家聯合」，亦稱「獨立國家國協」）

這樣看來，究竟世界上有沒有不屬於「迷信」、「信仰」呢？

我要誠懇的奉告諸位，在這箇相對的宇宙中，一切信仰都是屬於「迷信」的，沒有一箇信仰能夠逃避這判決。人類根本就是相對的，自己因爲要自己活得更有趣一點，所以創造了「信仰」，過後又要自己來宣佈它的死刑，這是沒有終止之一天的愚蠢而又聰明的工作，除非有一天大家都進到絕對的國土去，那裏纔有真正的絕對的信仰，那是肯定而且不變的了。說得更透徹一點，因爲那裏的人全都是大徹大悟、真知真覺的，不消再有甚麼信仰，所以亦就沒有所謂「迷信」與「不迷信」。

你如果向那裏的人問一聲：「老哥！你有甚麼信仰？」他聽了會大笑一場，然後向你說：「信仰？甚麼東西叫做信仰？因爲你心裏有疑惑、有問題不能解決，纔需要『信仰』，爲的是它會安慰你使你活下去。我們根本就沒有疑惑，要『信仰』幹麼？難道要自己找自己的麻煩嗎？」

可是話又說回來，我們畢竟是住在這相對的國土呀！沒有信仰是不行的。譬如說，我們如果不信仰「生活」，我們便難活下去了，但單單信仰生活未免太嫌低級了。老實說，在我們國土裏的人，當他給那很多新的信仰、舊的信仰、或半新不舊，諸如馮夫子（友蘭）所著的《貞元三書》的那不倫不類的信仰，他祇好一切不管，單去信仰自己的「生活」或自己的老婆了。

我們如果不肯示弱，還有勇氣擡出那「人爲萬物之靈」的老招牌，不肯雜於禽獸之羣，單爲生活或老婆而生存，還需要一箇較有結果的信仰的話，那麼我們祇好朝著「絕對國土」那箇目標走去，因爲那纔是最後的真理，纔是絕對不迷信的信仰。

《勝鬘經》裏面說：「空如來藏、不空如來藏、空不空如來藏。」就是說如來藏是佛性，空的也是佛性，不空的也是佛性，空不空的也是佛性。

經裏邊說背覺合塵，就是說我們衆生無始以來皆有佛性，我們不去找我們的佛性，我們祇認靈性見聞知覺是我們的主人翁，就是叫做「背覺合塵」；我們現今認得靈性見聞知覺不是我們的主人翁，我們的主人翁是佛性，被無始無明阻隔，我們將無始無明打破親見本來佛性，就是叫做「背塵合覺」；而不是像你們說的「衆生本來是佛，因一念不覺，就是叫做『背覺合塵』；將妄念斷了，就是叫做『背塵合覺』」。我們要認得妄念化靈性見聞覺知，佛性不起妄念，假如妄念起是衆生，妄念斷是佛，豈不是成佛亦有輪迴嗎？衆生本來是佛，妄念起是衆生，妄念斷是佛，佛經裏面没有說過這樣子的話。釋迦佛說一切衆生皆有佛性，未曾說一切衆生本來是佛。釋迦佛上天宮、到地獄，祇是釋迦佛的法身，不是指肉身，佛的法身天上、地獄徧滿虛空無所不在，而肉身與我們衆生則是一樣。經裏面釋迦佛說：「十方三世佛及一切衆生，修明心見性的法門祇有三種。第一種是『奢摩他』，中國話叫做『寂靜』，就是說眼、耳、鼻、舌、身、意六根齊用，破無始無明見佛性。第二種的法門叫做『三摩缽提』，中國話叫做『攝念』，就是說六根的一根統領五根，破無始無明見佛性。第三的法門叫做『禪那』，中國話叫做『靜慮』，就是說六根隨便用那一根破無始無明見佛性。」大乘法門用功，就是這三種有經典可查的。釋迦佛經中没有說過「『始覺』起念落於九界衆生，『本覺』不起念即是佛界」、「佛性本體譬如一面鏡子，本來很明亮，因一念不覺而起無明，無明譬如灰塵將鏡子矇蔽」。

又有「終日靜坐，不執著有念，不執著無念，不執著非有，不執著非無，不執著亦有亦無、非有非無；照而常寂，寂而常照；惺惺寂寂，寂寂惺惺；妙有真空，真空妙有；起念動念歷歷孤明，不被外緣所轉」。

又有說佛性是：「前念已滅，後念未起，中間是。」

又有一派說：「不怕妄起，祇怕覺遲。」

又有一派說：「現前當體，一念覺是佛，一念迷是衆生。」

又有一派說：「知之一字，衆妙之門，衆禍之門。」

又有一派說：「一念不起無生死，便是本來面目；一念起有生死，便是衆生。」

又有一派主張：「悟道是悟理。」

又有一派用「空、假、中」解釋佛性。

以上各派的主張明心見性，我們考查過，釋迦佛說的經典沒有說過這些話，是六朝、唐朝那些法師以老子、莊子、孟子的思想脫胎來的，表面是佛法，實際的道理是哲學。考查歷史，從他們創造這些說法起到現在，無有一人修到明心見性。

佛性智與腦筋智

腦筋智就是普通所謂「靈性」、「聰明」，而佛性智則是能打破無始無明，發現無上妙理之「般若」。聰明的人能發明飛機、無線電，而不懂絕對佛性妙理；還有一般聰明學者，天文地理、詩詞歌賦無所不通，但不懂佛經的道理。所以腦筋智衹能知相對宇宙的道理，如西洋哲學家科學家牛頓、黑格爾、愛因斯坦等，他們所能發現的道理，皆是相對宇宙中的理，都是有限的，不是最終極的實在。至於釋迦佛證悟即發揮者則是佛性智，是絕對宇宙的道理，因爲是絕對，所以佛說：「我能知現在、過去、未來。」絕對的道理是千古不易的，現在這樣，過去和未來也都是這樣，甚至地老天荒、世界毀滅還是這樣，所以是最終極的實在，最終極之實在者爲「真如」、「實性」。

分別是識，不分別是智

憨山大師說：「分別是識，不分別是智。」這兩句話有點含糊。「識」與

「智」一是腦筋，一是佛性，沒有「轉識成智」之時，分別固然是「識」，不分別亦是「識」；已經「轉識成智」，則不分別是「智」，分別亦是「智」，分別與不分別不能以之來判別凡聖也。

染與淨

染與淨是相對的。《楞伽經》云：「大慧！彼生滅者是『識』，不生滅者是『智』；復次，墮相無相及墮有無種種相因是『識』，超有無相是『智』；復次，長養相是『識』，非長養相是『智』；復次，無礙相是『智』，境界種種礙相是『識』；復次，三事和合生方便相是『識』，無事方便自性相是『智』；復次，得相是『識』，不得相是『智』。」無有更明白於此者。因爲有染，纔說有淨，和生滅一樣，因爲有生纔說有滅，染、淨、生、滅同是見聞覺知作用。一般人認爲不起念是「淨」，就是佛性，起念是「染」，就是妄想，這是錯的。不起念是無始無明的淨緣，並非佛性，佛性是不垢不淨、不增不減，乃是絕對的，與染、淨無關。憨山大師說：「染是識，淨是智。」此乃錯誤。《壇經》云：「淨無形相，卻立淨相，言是功夫，作此見者，障自本性，卻被淨縛。」僧問慧忠國師：「坐禪看淨，此復若爲？」師曰：「不垢不淨，寧用起心而看淨相？」

拈花示眾

拈花示衆是禪宗第一則公案，出《大梵天王問佛決疑經》。釋迦佛在靈山會上，拈梵天所獻金波羅花以示八萬大衆，衆罔措，惟有迦葉尊者破顏微笑，世尊云：「吾有正法眼藏，涅槃妙心，實相無相，微妙法門，不立文字，教外別傳，直指人心，見性成佛，付囑與摩訶迦葉。」是爲禪宗之起源。此經原藏大內，外間不傳，惟王荊公曾於內府見之（事見《宗門雜錄》）。人或謂此公案爲僞作者，現此經已收入《續藏經》中，疑雲遂釋。「拈花示衆」乃是直接表示佛性體用的法門，語言經典皆是間接法門；拈花示衆乃世尊於語言文字之外，借拈花以直示佛性，將本來面目和盤托出以示大衆，大衆根淺未能承當，惟迦葉領旨微笑，心心相印。後來悟道祖師豎拂拈槌、擎拳舉指，皆與拈花無別。所可笑著，一般未明心見性之盲聾啞羊，或學世尊拈花示衆，以爲與佛無別，真是使諸方笑破肚皮。

彌陀佛法身與釋迦佛法身

大慈菩薩讚阿彌陀佛云：「十方三世佛，阿彌陀第一。九品度衆生，威德無窮盡。」《彌陀經》中釋迦佛亦讚阿彌陀佛功德。一般人遂誤爲阿彌陀佛法身超過一切諸佛，把阿彌陀佛當做上帝一樣，高於一切、統治一切，此乃大錯。報身佛雖有彌陀、釋迦之別，而法身佛則三世十方諸佛皆同一法身，無異無別，豈有高低優劣？《彌陀經》云：「我讚彌陀功德，彌陀亦讚我功德……」釋迦佛是淨飯王太子出家修行成佛，彌陀佛則是法藏比丘發四十八願修行成佛，甚至一切諸佛報身皆是修練而成佛，成佛之後同一法身，何能分高低優劣耶？就是一切衆生亦皆有成佛希望，應該有自尊心勤苦修行。如若自己抑低自己，自願做箇衆生，安有出頭之日耶？

本來面目

本來面目就是佛性本體，亦名真如自性。衆生因無量劫來根本爲無始無明所蔽，不能見本來面目，所以要打破無始無明，本來面目方能顯現。古祖師勘驗學人云：「父母未生前，本來面目在那裏？」父母者，無始無明與一念無明是也。故臨濟云：「逢父殺父，逢母殺母，始得解脫。」又云：「無明是父，貪愛爲母。」現在有等修行人以爲空心靜坐，不念善惡，便可見本來面目，此是大錯。一念不生、空空洞洞正是無始無明境界，正是汝父母，遮障本來面目的就是它，如果錯認它是本來面目，雖歷萬劫無有出頭之日也。

如如不動

「如如不動」一語乃寫象真如佛性之形容詞，意思是說真如佛性本來現成，無有增減，亦無動靜，增減動靜乃人之腦筋作用，與真如本體無干。現在有一般修行人終日枯坐，强將思想止住，使同海水無波一樣，以爲這樣便是「如如不動」的真如佛性，此乃大錯。活人的思想是不能永遠停止的，要永遠停止祇有死人纔做得到，活著的人勉强把思想停止，祇能停幾十分鐘或幾箇鐘頭，最多亦不過幾天，終有一日再起思想。如果同在一天之中停止思想的時候是「佛」，過一會兒思想起了又是「衆生」，那麼一天之內忽是佛忽是衆生，不是一天之中就有輪迴，難道不嫌麻煩嗎?這樣的「佛」有什麼「做頭」呢?如果你真箇明心見性，那就是輪刀上陣，還是如如不動哩！

五蘊皆空

「五蘊皆空」一語，是說明心見性之後，五蘊皆變爲佛性徧滿虛空，萬象物質皆爲佛性，所以說：「色不異空，空不異色，色即是空，空即是色，受、想、行、識，亦復如是。」現在一般修行人以爲不執著一切相、不住一切相、對境無心、一切無礙，便是「五蘊皆空」，此乃大錯。不執著一切相、不住一切相、對境無心、一切無礙，乃是任五蘊起滅不去管它，但五蘊仍然是五蘊，沒有變成佛性，它仍會作壞。而你一天到晚要存著「不去管它」這箇念頭不能放鬆，豈不心勞日拙，那裏能「無心」、「無礙」、「五蘊皆空」呢？

色即是空，空即是色

一般修行人認爲宇宙世界乃成、住、壞、空，當其成時、住時便是色，壞時、滅時便是空，壞了又成又是色，成了又壞又是空，所以說：「色即是空，空即是色。」此乃大錯。「色即是空，空即是色」者，謂明心見性之後，色即是佛性，五蘊皆變爲佛性也，根、塵、識、界無不變爲佛性，整箇宇宙世界入於佛性而無餘，故名「無餘涅槃」。成、住、壞、空不過是腦筋感覺，用腦筋故意把色看成空，以爲是圓融無礙，其實不過是故意做作而已，是修行四病之作病，非如實修持之法也（天臺三觀便是此病）。

真如不守本性

一般人說：「真如本來不動，因不守本性，一念不覺，遂起妄想，造業作福，輪迴生死；倘一念覺悟，真心復得，恆守不變，不受輪迴，名爲成佛。」此乃外道見解也。真如本體本來圓滿現成，不變不動。《華嚴經》云：「譬如真如，恆守本性，無有變易。」倘真如而可變易，則是生滅法矣。《大乘起信論》所闡明者爲「真如緣起」，祇此四字可以判定此論乃外道僞作，假託馬鳴之名以行世。否則，真如無有緣起，不受薰染，倘有緣起定有生滅，生滅之法定非佛法也。

真如受薰染

一般人說：「一念覺悟是佛界，一念發大乘心是菩薩界，一念發二乘心是緣覺界，一念發小乘心是聲聞界，一念瞋心是修羅界，一念善舉心是天堂界，一念好心是人界，一念慳貪是餓鬼界，一念邪淫是畜牲界，一念惡心是地獄界，謂之十界，十界互具。互具者，一念淨是佛界，一念染便是九界；一念悟便是佛，一念迷便是衆生。」此乃錯誤。佛界不能與九界互具，衆生雖可成佛，佛不能再變爲衆生，倘佛而受薰染再變爲衆生，則佛亦有輪迴，成佛有何價值?真如倘受薰染，則真如便不是絕對，不是最究極之實性，不能稱爲第一義本體矣。故祖師云：「佛性能轉萬物，不爲萬物所轉。」《華嚴經》云：「譬如真如，不受薰染。」可以指證。

佛性起妄念

一般人認爲妄念由佛性起，將妄念斷除便見本來自性，此乃大錯。妄念乃起於見聞覺知，妄念斷盡是無始無明、空空洞洞境界。無明受薰染刺激，不覺一念生起，便是一念無明，非本來自性。要見自性，不消斷除妄念，須利用一念無明以打破無始無明，然後能見自性，謂之「以幻除幻」。如《圓覺經》云：「鑽木取火，兩木相因。」佛性如如不動，不生妄念，因爲有生便有滅，佛性本來不生故不滅；倘佛性而能起妄念，則變爲外道生滅法矣。

性是空，心是妄

「性是空，心是妄」，謂佛性徧滿虛空，不可以腦筋識知，而可以識知者則無非妄想也。一般人誤解其意，以爲有思想皆是妄心，將妄心斷盡成空便是見性成佛，以此教人，乃落於外道斷滅之見，罪過不淺也。

已生是妄，未生是心

有傳口訣禪云：「已生是妄，未生是心。」謂明白此二語，便可悟道成佛，此乃妖語，決不可信。已生是一念無明，固然是妄，未生是無始無明，亦未離妄，非真心也。儒家謂：「喜怒哀樂之未發謂之中。」亦是誤認無始無明爲本體，無法證人真如本體。

是心是佛，是心作佛，即心即佛

《觀無量壽經》云：「是心是佛，是心作佛。」馬祖云：「即心即佛。」此之謂心乃指明心見性後之真心，非普通人見聞覺知之心也。或有讀此經語、祖語，遂認爲見聞覺知之心即佛者，無有是處。此心既是佛，則何必修行耶？見聞覺知之心乃無明妄心也，必參禪修行將無始無明打破，然後真心顯現，見聞覺知變爲真心，山河大地亦皆妙明真心，然後可謂「是心是佛」、「是心作佛」、「即心即佛」也。

先無後有，無能生有

老子《道德經》云：「天下之物生於有，有生於無。」又云：「後歸於無極。」老子以「無」爲萬物本體，「無」者即佛家所謂無始無明是也。無始無明本無體性，《圓覺經》所謂「譬彼病目，見空中華及第二月」、「如夢中人，夢時非無，及至於醒，了無所得」者是也。無始無明雖爲相對宇宙之體，然非最後之真實本體也。真實本體者名爲「真如佛性」，本來圓滿現成，不可謂爲「無」。真如本不生故不滅，萬物當體即是真如，非生於真如也；倘萬物生於真如，則真如有增減生滅，非最後之真實本體矣。一般人誤認真如佛性爲「無中生有，先無後有」者，則同於老子之誤認「無始無明」爲最究極之本體，落於外道斷常之見也，宜痛革之。

得漏盡通，六通具足

一般人修行誤解六通，認爲得天眼通者，乃眼睛能見室外或異地之物；天耳通者，乃耳朵能聞百千里外之聲音；他心通者，乃能知旁人心中思念之事；神足通者，乃能騰空飛行無礙；宿命通者，乃能知前生之事；漏盡通者，一念不起，思想滅盡，入於涅槃。凡此解釋皆外道魔見，非佛見也。

《維摩詰經》云：「得漏盡通，六通具足。」漏盡通者，明心見性是也。明心見性之後，一切皆爲佛性，無有罣礙，不受後有，名爲漏盡通，此之時是也。明心見性之後，眼根所見無非真如佛性，故釋迦佛拈花而迦葉微笑，天眼通是也；耳根所聞無非佛性，風聲鳥語皆是真如，香巖聞擊竹而悟道，孚上座聞鼓角而明心，百丈被馬祖一喝三日耳聾，天耳通是也；三世諸佛同一真心，悟道祖師一唱一酬、一問一答，和盤托出，心心相印，旁人聞之如聾如啞，惟證與證者其心相通，此他心通是也；佛性偏滿虛空，充塞宇宙，明心見性之後得意生身，自在無礙，神足通是也；又見性之後，高高山頂立，深深海底行，過去、現在、未來同一真心，不二不異，超出時間、空間，不受後有，宿命通是也；《華嚴經》所謂：「一根既返源，六根盡解脫。」得漏盡通，則此六通皆具足也，一切不離佛性體用矣。古來祖師得六通者甚多，幸毋以神話怪説誣之。

《傳燈錄．慧忠國師傳》云：「時有西天大耳三藏到京，云得他心慧眼，帝敕令與國師試驗。三藏纔見師，便禮拜，立於右邊。師問曰：『汝得他心通耶？』對曰：『不敢。』師曰：『汝道老僧即今在甚麼處？』曰：『和尚是一國之師，何得卻去西川看競渡？』師再問：『汝道老僧即今在甚麼處？』曰：『和尚是一國之師，何得卻在天津橋上看弄猢猻？』師第三問語亦同前，三藏良久，罔知去處，師叱曰：『這野狐精！他心通在甚麼處？』三藏無對。」僧問仰山：「大耳三藏第三度爲甚麼不見國師？」仰山曰：「前兩度是涉境心，後入自受用三昧，所以不見。」又有僧舉前語問玄沙，玄沙曰：「你道前兩度還見麼？」玄沙云：「前兩度若見，後來爲甚麼不見？且道利害在甚麼處？」僧問趙州曰：「大耳三藏第三度不見國師，未審國師在甚麼處？」趙州云：「在三藏鼻孔上。」僧問玄沙：「既在鼻孔上，爲甚麼不見？」玄沙云：「祇爲太近。」學者參之。

祖師雖得六通而不守六通，故曰：「正法眼藏，不住神通，亦名無神通。」如云「無神通菩薩，足迹不可尋，是佛向上人，再不可思議」是也。臨濟云：「佛六通者，入色界不被色惑，入聲界不被聲惑，入香界不被香惑，入味界不被味惑，入觸界不被觸惑，入法界不被法惑，所以達六種聲、色、香、味、觸、法皆是空相，不能繫縛此無依道人，雖是五蘊陋質，便是地行神通。」

大地六種震動

經中每謂世尊說法大地六種震動，一般人誤以爲法力能使地球震動，豈有是理！「大地六種震動」者，謂世尊說大乘法門時，十行、十地、十迴向、等覺、妙覺、圓覺六種菩薩皆發明心地是也。

一切法不生，一切法不滅，如能如是解，諸佛常現前

《華嚴經》云：「一切法不生，一切法不滅，如能如是解，諸佛常現前。」一般修行人誤爲一念不動便無生滅，便可見佛，此乃大錯。世尊之意謂能明心見性，則知一切法本來不生，故亦無滅，不生不滅，佛性如如，生同無生，念同無念，諸佛與我同一法身，無時無地而非佛也。

轉識成智

修唯識法門者，第一緊要關頭在找到潛伏於阿賴耶識中的無始無明種子，即白淨識，將它搗碎，則八識得八解脫，三性變爲三無性而變爲四智矣。識轉成智之後不再變爲識，未轉識成智時是阿賴耶作主，既轉識成智之後，則是真如佛性作主。真如佛性恆守本性無有變易，故成佛之後不再變爲衆生，不受輪迴。一般修行人誤認爲一念迷是識，一念悟是智，「轉識成智」是把迷的念頭轉爲悟的念頭，此乃大錯。夫念頭變幻無定，一天到晚忽迷忽悟，忽智忽識，有時是佛，有時又是衆生，則成佛有何價值耶？

似有非有，似空非空

現在一般修行人放下萬緣靜坐觀心，看到似有非有、似空非空境界，以爲就是不落二邊、不住有無，乃佛性境界，此乃大錯。「似有非有，似空非空」乃腦筋作用，非佛性也。佛性本體非腦筋想像所能及，六祖云：「任汝共思盡推，轉加懸遠。」修行人切勿用腦筋去揣測佛性，祇可用腦筋去找到無始無明，無始無明找到了，一槌搗碎，佛性自然顯現也。

不求真，不斷妄

〈證道歌〉云：「不求真，不斷妄，了知二法空無相。」一般人就以爲修行祇須不求真心，亦不斷妄念，真、妄隨它去便是功夫到家，此乃大錯。「不求真」者，謂佛性不可强求，真與妄是相對的，因爲有妄纔說有真，佛性本體無所謂真、妄也，故真既不可求，妄亦無須斷，真、妄二相亦空故也。如果誤認爲真念、妄念都不管，那是落於任病，愈放任愈糊塗，這樣用功如煮沙爲飯，終無成就也。

八風吹不動

《頓悟入道要門論》曰：「問：『云何爲禪？云何爲定？』答：『妄念不生爲禪，坐見本性爲定。本性者，是汝無生心；定者對境無心，八風不能動。八風者，利、衰、毀、譽、稱、譏、苦、樂，是名八風，若得如是定者，雖是凡夫，即入佛位。』」

中道

一般人謂「前念已滅，後念未起，中間是」便是中道，又謂「不落二邊，不著有無」便是中道，此乃大錯。前念已滅，後念未起，中間是無記性空；「不落二邊，不著有無」是「任」病，俱是腦筋作用，非中道也。中道者，真如佛性是也。《大般涅槃經》云：「中道者，名爲佛性，以是義故，佛性常恆，無有變易。」「不得第一義空故，不行中道。」六祖云：「實性者，處凡愚而不減，在聖賢而不增，住煩惱而不亂，居禪定而不寂，不斷不常，不來不去，不在中間及其內外，不生不滅，性相如如，常住不遷，名之曰道。」

水波之喻

《大乘起信論》以「真如」比水，以「生滅」比波，此乃錯誤。真如乃佛性作用，生滅乃腦筋妄想作用，兩不相干。真如乃如如不動，無有變易，不起妄念，《華嚴經．十迴向品》言之極詳。倘真如能起生滅妄念，如水之起波，則真如亦有生滅輪迴，非最究極之實性矣。《楞伽經》則以海水比阿賴耶識，以波瀾比七識，乃正妄理也。人謂《大乘起信論》是外道僞造者，不爲無因也，後來圭峯大師以冰、水喻心與佛性亦是錯誤，源本於《起信論》也。

認心法雙忘、破我執法執是佛性

一般人每認爲心法雙忘、我執法執已破便是佛性，此乃錯誤。心、法雙忘是無記憶空，我執、法執已破是落於空執，便是無明窠臼、黑漆桶底，非佛性也，須打破空執，然後能見佛性。佛性是真知真覺，心、法雙忘是腦筋酩酊境界，不可同日而語也。

胸中不留元字腳

古人云：「胸中不留元字腳。」即「言語道斷，心行處滅，一字不留」之意也。真如佛性非思想文字之所能及，凡存於思想文字者，便是「見聞覺知」，不能見性。今人每誤解「胸中不留元字腳」爲看取一念最初從何處起，滅此一念不留痕，便是「胸中不留元字腳」，此乃誤解。一念不留乃落於無始無明的境界，念起念滅皆是腦筋作用，與佛性無干。如果明心見性之後，則念起念滅皆是佛性，所謂

「念同無念」，何須斷它？

但離妄緣，即如如佛

百丈禪師云：「但離妄緣，即如如佛。」意謂真如本體不受薰染，無所攀緣，自性如如，無有真妄，故妄緣不離自離是也。今人誤謂能離妄緣即是悟道，此理不當。妄緣者，腦筋作用，腦筋仍存，妄緣不能離，然腦筋之妄緣與真如佛性無關也。悟者不離自離，不悟者雖離不離，知此者然後可閱祖師語錄。

結水成冰，融冰成水

一般人常以水喻佛性，以冰喻妄念，妄念起如結水成冰，妄念滅如融冰成水，此乃錯誤。佛性中本無妄念，亦不起妄念，水結成冰，冰能成水，融結無常是生滅法；真如佛性無生無滅，故水祇可喻見聞覺知靈性，不可喻佛性也。

一人發真歸源，十方世界悉皆消隕

《楞嚴經》云：「一人發真歸源，十方世界悉皆消隕。」意謂若人能明心見性，山河大地皆銷歸自己，十方世界皆是法身，五濁惡世變爲莊嚴淨土，此乃悟後境界一譬喻之詞，非謂世界真箇銷歸烏有也。每有誤解經旨，謂自古以來見性成佛、發真歸源的人很多，何以世界悉不消隕？此乃大錯。十方世界悉皆消隕境界，惟明心見性者方能知之，非普通人所可想像揣量也。

無縫塔

慧忠國師將入滅，辭代宗，代宗曰：「師滅度後，弟子將何所記？」師曰：「告檀越造取一所無縫塔。」帝曰：「請師就取塔樣。」師良久，曰：「會麼？」帝曰：「不會。」師曰：「貧道去後，弟子應真卻知此事，乞詔問之。」後詔應真問前語，真良久，曰：「聖上會麼？」帝曰：「不會。」真述偈曰：「湘之南，潭之北，中有黃金充一國。無影樹下合同船，琉璃殿上無知識。」所謂「無縫塔」者，法身是也。肉體雖壞，法身不壞，充塞宇宙，無所不徧，無漏無餘，故曰「無縫塔」。後人不解此旨，謂一念不動便是無縫塔，此乃大錯。一念不動是無始無明，無始無明受薰染仍起念，是有縫，非無縫。有人問某禪師：「甚麼是無縫塔？」曰：「不通風。」可以參照。

證無生忍

一般人所謂「證無生忍」不是見佛性，仍須再修方能成佛，此乃錯誤。證無生忍便是見佛性。「證」者，證悟；「無生」者，無生無滅；「忍」者，萬德圓滿。換言之，就是證悟佛性，無生無滅、圓滿境界是也。《楞伽經》謂證無生忍之後即得意生身，可以爲證。

無字甲裏

古祖師常勸人勿住「無字甲裏」，「無字甲」者即無明窠臼、黑漆桶底之別名，無始無明境界，空空洞洞、一無所有，其境堅牢難破，故謂「無字甲」。修行人到了無始無明境界，切勿畏難而返，須更加努力往前衝去，把「無字甲」衝破，便可見性成佛。

天上天下，惟我獨尊

《釋迦譜》云：「釋迦出世，東西南北各行七步，目顧四方，一手指天，一手指地，曰：『天上天下，惟我獨尊。』」此乃譬喻佛性之絕對無二耳。後人不解此義，或目之爲神話，或疑釋迦佛未能平等者，非也。佛經中多用此筆法表示絕對佛性，不可以常理揆之。故曰：「依文解義，與佛作冤。」故雲門禪師云：「當時我如見，一棒打殺與狗子喫，卻圖得天下太平。」此語乃爲佛伸冤也。瑯琊覺禪師拈云：「將此深心奉塵剎，是則名爲報佛恩。」學者可參焉。「惟我獨尊」表示法身，非肉體也，非是佛不平等自是也。

萬法唯心，心外無法

佛與法不同，佛者，絕對也，真如也；法者，相對也，妄想也。凡所爲法皆無明妄心所造，故曰：「萬法唯心，心外無法。」唯心者，唯一妄心造也。故「十八不共法」之第六云：「無已知不捨，萬法已知便應捨，因其是妄心，妄心變幻無常，故法亦無常，名爲因緣，名爲方便。」佛說法如筏喻，已登彼岸便應捨，以其妄也。知其妄而說之者，欲以妄除妄、以幻破幻也。非此無以度衆生，非捨則被法縛，無以成佛，故曰：「無有少法可得。」故曰：「我四十九年說法，未曾說著一字。」以其與真如本體無關也。真如本體不可名，而强名之爲佛。佛字應捨，以其假名也；而佛之本性不捨，以其真也。既得其真，則「佛」字爲贅尤，故趙州曰：「佛之一字，我不喜聞，老僧念佛一聲，嗽口三日。」馬祖曰：「非心非佛。」「佛」字當應捨，何況法乎？《心經》一連用十幾箇「無」字把諸法捨盡，然後纔入「究竟涅槃」；破盡相對，然後纔能入絕對，留著一法便是有餘、有漏，不能究竟涅槃矣。既已涅槃，則一真一切真，佛亦真，法亦真，一切皆佛性、皆真心，此時再說「萬法唯心，心外無法」便對。同是一心，昔妄今真；同是一語，昔非今是。箇箇字相同，而意義完全兩樣，此佛法之所以難懂也，學者慎之。

認苦行為修道

出家人修苦行，自較諸一般放僻邪侈者爲勝，但單修苦行不明佛法，不懂參禪，則不能明心見性，徒苦其身而已。昔釋迦佛起初在雪山修苦行，六年未能悟道，覺苦行之無益，遂棄去，進飲食振精神，坐菩提樹下見星墜而悟道成佛。又，《中阿含．羅摩經》謂，佛陀曾到鹿野苑，訪問修苦行之五比丘，認爲自煩自苦，非聖賢之求法，足見佛並不主修苦行。《黃檗傳心法要》云：「勤修苦行，草衣木食，不識自心，盡名邪行，定作天魔眷屬，如此修行，當復何益？」以因果而言，修苦行者，來生可多得享受及美滿生活而已，與成佛無關也。倘今生修苦行，來生生富足家，富家子弟又造業，又再生貧苦之家，一貧一富輪迴輾轉有何結果？故出家無須過於喫苦致損神，祇要能明佛法參禪用功，今生雖未成佛，來生慧根不墜仍可繼續修持，願力堅强精進勿懈，定有成佛之一日。願出家人千萬勿錯認苦行便是修道，便可成佛也。僧那禪師云：「若惟務苦行而不明本心，爲憎愛所縛，則苦行如黑月夜履於險道。」

三大阿僧祇劫修行

教中謂須經三大阿僧祇劫修行方能成佛，此乃指修聲聞道而言耳（又謂舉首低頭皆可成佛，此乃譬喻之語）。人或以成佛須經如許長久時間，遂不肯努力修行者，乃大錯也。若就宗門道理而言，直下頓了本心，本來是佛，三大阿僧祇劫不消一刹那便可越過矣。雪峯詩云：「一念虛凝已萬年。」豈可以世間時日計之耶！

《黄檗傳心法要》云：「聞有菩提涅槃、三僧祇劫修成佛道，皆屬聲聞道，謂之聲聞佛。唯直下頓了自心本來是佛，無一法可得，無一行可修，此是無上道，此是真如佛。」

又《達摩破相論》云：「問：『如佛所說，我於三大阿僧祇劫無量勤苦，方成佛道，云何今說唯祇觀心、制三毒，即各解脫？』答：『佛所說言無虛妄也，阿僧祇劫者，即三毒心也。胡言「阿僧祇」，漢名「不可數」，此三毒心，於中有恆河沙惡念，於一一念中皆爲一劫，如是恆河不可數也，故言三大阿僧祇。真如之性既被三毒之所覆蓋，若不超彼三大恆河毒惡之心，若何名爲解脫？今若能轉貪、瞋、癡等三毒心爲三解脫，是則名爲得度三大阿僧祇劫。』」末世衆生愚癡鈍根，不解如來三大阿僧祇祕密之說，遂言成佛塵劫未期，豈不疑誤行人退菩薩道！

入定

入定者，小乘人用功，枯坐斷六根思想是也。大乘人用功不住心、不看靜、不沈空、不入定。今每有一般出家或在家人，坐著十天八天不喫飯，和三家村裏的土地一樣，名爲入定，以爲這樣用功便可成佛，此乃大錯。昔智隍禪師菴居長坐，玄策禪師造菴問云：「汝在此作甚麼？」曰：「入定。」策云：「汝云入定，爲有心入耶？爲無心入耶？若無心入者，一切無情草木瓦石應合得定；若有心入者，一切有情含識之流亦應得定。」隍曰：「我正入定時，不見有『有無』之心。」策云：

「不見有『有無』之心，即是常定，何有出入？若有出入，即非大定。」隍無對，良久曰：「師嗣誰耶？」策云：「我師曹溪六祖。」隍云：「六祖以何爲禪定？」策云：「我師所說，妙湛圓寂，體用如如，五陰本空，六塵非有，不出不入，不定不亂。禪性無住，離住禪寂；禪性無生，離生禪想。心如虛空，亦無虛空之量。」語見《六祖壇經》。蓋見性之後，自性如如不動，行住坐臥、穿衣喫飯，一切都在定中，纔是大乘定。

《傳燈錄．懷讓禪師傳》云：「開元中，有沙門道一住傳法院，常日坐禪。師知是法器，往問曰：『大德坐禪圖甚麼？』一曰：『圖作佛。』師乃取一磚，於彼菴前石上磨，一曰：『磨磚作麼？』師曰：『磨作鏡。』一曰：『磨磚豈得成鏡耶？』師曰：『磨磚既不成鏡，坐禪豈得成佛耶？』一曰：『如何即是？』師曰：『如牛駕車，車不行，打車即是？打牛即是？』一無對。師又曰：『汝爲學坐禪？爲學坐佛？若學坐禪，禪非坐臥；若學坐佛，佛非定相，於無住法不應取捨。汝若坐佛，即是殺佛，若執坐相，非達其理。』一聞示誨，如飲醍醐。」臨濟云：「山僧說向外無法，學人不會，便即向裏作解，便即倚壁坐，舌拄上齶，湛然不動，取此爲是祖門佛法也。大錯！」

參禪執坐

一般誤認參禪要當靜坐時參，此乃錯誤，參禪不拘行住坐臥。馬祖云：「禪不屬坐，坐即有著。」《六祖壇經》云：「又有迷人，空心靜坐，百無所思，自稱爲大，此一輩人不可與語，爲邪見故。」又告志誠云：「住心觀淨，是病非禪；常坐拘身，於理何益？聽吾偈曰：『生來坐不臥，死去臥不坐；一具臭骨頭，何爲立功課？』」又云：「此門坐禪，元不看心，亦不看淨，亦不是不動。」又云：「何名『坐禪』？此法門中，無障無礙，外於一切善惡境界，心念不起，名爲『坐』；內見自性不動，名爲『禪』。善知識！何名『禪定』？外離相爲『禪』，內不亂爲『定』。」荷澤禪師云：「大乘定者，不用心、不看靜、不觀空、不住心、不澄心、不遠看、不近看、無十方、不降伏、無怖畏、無分別、不沈空、不住寂，一切妄想不生，是大乘禪定。」又云：「不在坐裏，若以坐爲是，舍利弗宴坐林間，不應被維摩詰呵。不於三界現身意，是爲宴坐；但一切時中見無念者，不見身相，名爲正定；不見心相，名爲正慧。」

《壇經》云：「道由心悟，豈在坐也？經云：『若言如來若坐若臥，是行邪道。

何故？無所從來，亦無所去。』無生無滅，是如來清淨禪；諸法空寂，是如來清淨坐。究竟無證，豈況坐耶？」

《壇經》云：「迷人著法相，執一行三昧，直言常坐不動，妄不起心，即是一行三昧，作此解者，即同無情，卻是障道因緣。善知識！道須通流，何以卻滯？心不住法，道即通流；心若住法，名爲自縛。若言常坐不動是，祇如舍利弗宴坐林中，卻被維摩詰呵。善知識！又有人教坐看心觀靜，不動不起，從此置功，迷人不會，便執成顛，如此者衆，如是相教，故知大錯。」

不倒單

叢林有一般修行者長坐不臥，謂之不倒單，雖然不倒單，卻坐著打瞌睡，認此爲了不起的功夫，錯誤屬甚！佛制比丘修行四事具足，四事者：衣服、飲食、臥具、醫藥是也，可見佛並不叫人不倒單。既然坐著打瞌睡，何不放下身子好好的睡一覺，讓精神充滿好再用功？人或譏不倒單者爲「入冬瓜定」，未入定而變成冬瓜，雖成佛何益？臨濟云：「乃至孤峯獨宿、一食卯齋、長坐不臥、六時行道，皆是造業底人。乃至頭目髓腦、國城妻子、象馬七珍盡皆捨施，如是等見，皆是苦身心，故還招苦果。不如無事，純一無雜，乃至十地滿心菩薩，皆求此道流蹤迹了不可得，所以諸天歡喜，地神捧足，十方諸佛無不稱讚。緣何如此？爲今聽法道人，用處無蹤迹。」

龍門佛眼禪師云：「近日有此一間祇侸坐地，初時惺惺地，餉間便瞌睡，十箇九箇坐地睡著，苦苦不會做功夫，那裏硬坐要會？不是此理！怎生見得？丹霞豎起拂子，龐居士舉起槌子；丹霞擲下拂子，居士放下槌子。」又云：「昨日公案作麼生？丹霞放身臥，居士便出去，此如不是真實知音，豈容你亂說下註脚！又巖頭說道：『夫沙門者，一一從自己胸襟流出，蓋天蓋地始得，那處是靜坐思量來？』先師（按即五祖演）道：『你睡時睡時參取，喫飯時喫飯時參取。』又古人道：『坐時有坐時道理，立時有立時道理。』豈不見投子問翠微：『西來密旨可得聞乎？』翠微佇立顧視，投子云：『來晚再言，請師再指。』翠微云：『更要將第二惡水潑在！』投子便悟。諸人不得受用，在十二時中誤過多少好事。」

僧人學辟穀

有一般僧人，學外道辟穀之術，不喫米飯，唯喫百花丸、黃精丸等藥，以爲這樣可以長生悟道；行之既久，骨瘦臉黃，頭眼昏花，不能支持，始進飯食，自苦其身毫無益處，宜切戒之。祖師每譏道家爲守屍鬼，就是成仙仍在六道之中，不過一守屍鬼而已，有何價值？昔印度有牛戒外道，日但喫草；又有狗戒外道，但喫人糞。佛斥之曰：「你作此惡因，來世定投生爲牛爲狗。」故不喫飯自甘捱餓之僧人，死後定生餓鬼道無疑，願行人愼焉。

叢林茅蓬

馬祖以前，出家人皆住小廟、住茅蓬，至馬祖始建叢林，百丈立清規。其意在便利修行者用功，老病者得所養息。佛住世時有「分衞」之制，分衞者，老病僧人不能出外乞食，壯健者乞得食物歸，分而養之，叢林亦存此意。叢林專重參禪，故其始創制度但有禪堂，不立佛殿；宋時禪、淨雙修之風，於是佛殿、禪堂並立。叢林的好處在規矩嚴謹有人領導，行者便於修練，老病得所養息。迨其末葉，明眼善知識日少，叢林多爲惡棍所把持，真正修行者少，而混飯度日者多；領導既非善知識，如一盲引衆盲，於是百病叢生，言之痛心。至於古人住茅蓬或住菴，必先行腳參方，已明白修行門徑，然後住菴修鍊，方不走錯路途。今之一般住茅蓬、小廟者，多未明修行門徑，在深山者自耕自食狀如農夫，盲修瞎鍊毫無所曉；近城市者則拜懺誦經，收租募化，行爲既無規矩約束，生活如同鄙俗之人，亦可慨也！有志復興佛教者，宜深切注及之。

不識字修行

出家人修行乃在心地上用功夫，是向內照，不是向外覓，所謂「聖智內自覺所證」，識字不識字並無多大關係。每有一般出家人，因爲自己不識字，遂自認根鈍，自打退堂鼓，以爲此生成佛無望，祇好安份過日，積福以待來生，此乃大誤！六祖惠能大師便是不識字柴夫，聽人念經當下見性，心裏四通八達，比識字的强萬倍。禪宗不立語言文字，直指人心，見性成佛，謂之教外別傳。《達摩血脈論》云：「但見本性，一字不識亦得。」不識字的人，正好參禪，正好成佛。

牧牛

牧牛者，明心見性之後，調節情性，汰除習氣，非修行也。因爲明心見性之後，一悟永悟，不須再修，但仍有無始習氣未除，故須加以調節。潙山和尚說：

「汝等豁然貫通，修不修是兩頭話，除卻習氣是修。」昔潙山會下有大安禪師，曾曰：「在潙山三十年來，喫潙山飯，屙潙山屎，不學潙山禪，祇看一條水牯牛。若落路入草便把鼻孔拽轉來，若犯人苗稼即便鞭撻，調伏既久，可憐生受人言語。如今變作箇露地白牛，常在面前，終日露迥迥地，趁亦不去。」普明禪師《牧牛圖》，以妄念譬牛，佛性譬如主人翁，妄念起如牛橫報，將妄念改爲正念，如騎牛歸家返本回源，此乃錯誤。牛譬思想是不錯，以主人翁比佛性則錯，主人翁應譬爲見聞覺知，非佛性也，佛性不起妄念。

閉關

出家人用功，朝參暮請親近善知識，然後能知修行門徑，始有成功希望。若徒鎖閉一室之內，便謂可以悟道成佛，則監獄中之囚徒，箇箇早已成佛矣。閉關之法不見於經典，蓮池大師《雲棲法彙》已詳言之。元朝高峯禪師證道後，因年老山中築室養道，題名「死關」，意謂大事已了年歲已老，祇待有漏之身老死而已。後人未明心見性，未參方行脚，於佛法無所通曉，遂關閉一室名爲閉關，或在關中拜《華嚴經》，將拜經功德賣與施主，得錢以自養，皆非佛性也。

打餓七

打餓七不見於經典，後人自閉室中不食七天，日惟飲鹽開水謂之打餓七，認爲此乃修行功夫，錯誤屬甚。夫見性成佛不關飲食，捱餓苦身有何益處？釋迦佛在雪山修苦行六年未能明心見性，知徒苦無益，故食牧羊女所供之羊乳整頓精神，坐菩提樹下用功，見明星悟道，可見佛並不教人捱餓也。現今打餓七者，或闇備乾糧，背人裹腹，自謂七日不食，以誇惑大衆，圖人尊敬供養，此乃禪林惡習之尤，凡我佛徒切不可學也。

學法語

法語者，悟後祖師開示學人之語也，皆自如來藏中流出者。明心見性後，胸中七通八達，隨手拈來皆是佛法，信口開河，橫説豎説，亦無非佛法。古人云：「祇怕汝不悟，不怕悟後無語。」今人未明心見性，亦欲説法語、講開示，於是不學參禪先學法語，把古人説過的話湊幾十句，似是而非，不倫不類，居然登堂説法，作野干鳴；或有請人代作，勉强記熟，遇有機會靦顏登堂對衆背出，便算是説法語、講開示，以博善知識之美名，其實與鸚鵡學人言語何異耶？

宗門棒喝

臨濟喝、德山棒，俱與釋迦拈花示衆無別，乃明心見性後接引學人方法也。今人未證悟，亦學古人喝棒痛罵，徒增罪過而已，切宜戒之。

古人論禪弊

古人論禪弊云：「自宋朝以來弊風特多，試爲舉出。有所謂喝和坐禪、公案坐禪、念佛坐禪、土地神坐禪、調伏坐禪。所謂喝和坐禪者，師家以一則話頭授與學人，學人坐而唱之。例如授以趙州之『無』字，學人則羣唱曰：『無，無，無，無，無。』殆若鳴雨之鳩；又如授以雲門之『須彌山』，則羣唱曰：『須彌山，須彌山。』恰如寒蟬之吟。夫此若得開悟，則雨鳩、寒蟬亦得悟。所謂公案坐禪者，師家授以公案一則，使學人做功夫，做功夫後來問師述其境，若與師合則印可證明，更與他公案，謂之『透公案』。此多揑奇話，向口頭裏作怪，夢中說夢，恬不知恥，譬如猿猴水中捉月，夫此若能得道，則猿猴亦當得道。所謂念佛者，師家以來並不實參，曾未夢見佛法，以癡福根認作主人；或雖從事規矩坐禪，而未得示一事，乃請彌陀、觀音、文殊、彌勒等以爲本尊，於坐中默念其名或念其咒，謂依其力此生悟道，來生生淨土。自作教人，裴頭而坐，宛如水母假蝦目而求食，夫此若能得道，則水母亦可得道。又所謂土地神坐禪者，兀然枯坐，毫無所事，不言不視，不唱話頭，如三家村邊土造泥塑之土地神，不能如理觀察，但守師所示，所謂非思量、無分別，結跏趺坐，時候既到，身心自然脫落，廓然大悟，夫此若能大悟，則石人、土佛亦當大悟。又所謂調伏坐禪者，譬如野馬置羈勒、遊蛇入竹筒，遵師所示，以坐禪功夫爲降伏煩惱妄想，夫此若能開悟，則勒馬、筒蛇亦當開悟。」現在叢林中，此五種弊病仍存，如念話頭、打餓七、不倒單等，甚至有揑造神話，謂能十日八日不食，能見屋外事物，能見神、見鬼等等，可謂變本加厲矣，良可慨也！

跑香

古時禪堂無跑香規矩，相傳清雍正間玉琳國師所創始者，蓋因學人枯坐過久，血液不流通易生疾病，故規定焚一枝香時間，繞屋而跑以資運動，且表示行住坐臥皆是用功。其意本至善，惟現在禪堂中，跑香規矩過於嚴峻，偶有差池錯步輒遭板打，學者提心吊膽未免分心，反失用功本意，願堂主注意及之。

狗舐熱油鐺

「狗舐熱油鐺」，宗門語也，吞則熱，吐可惜，吞、吐兩不得之意也。參禪之人用了相當的功夫，到達無明窠臼境界、黑漆桶底，此境黑闇可怖，前進既困難，逗留則無所得，棄之又可惜，譬如「狗舐熱油鐺」情境。今人錯解「狗舐熱油鐺」為不要執著有、不要執著無、不吞不吐便是用功方法，實屬大錯。不執著有無乃腦筋作用，《圓覺經》所謂「任病」，非正法也。

南泉殺貓

《傳燈錄》載「南泉普願禪師，因東西兩堂各爭貓兒，師遇之，白衆曰：『道得即救取貓兒，道不得即斬卻也。』衆無對，師便斬之。趙州自外歸，師舉前語示趙州，州乃脫履安頭上而出，師曰：『汝適來若在，即救得貓兒也。』」南泉殺貓乃說最上乘法，與釋迦佛拈花示衆無異。今人或誤解其意，謂貓譬如佛性，妄念譬如老鼠，老鼠已絕貓便用不著，如此見解，所謂「以有思惟心測度如來圓覺境界，如取螢火燒須彌山，終不能著」也。悲乎！

歸宗斬蛇

《傳燈錄》載「歸宗智常禪師剗草次，有座主來參，值師鋤草，忽見一條蛇，師以鋤便钁，座主云：『久響歸宗，到來祇見箇麤行沙門。』師云：『是你麤？是我麤？』主云：『如何是麤？』師豎起鋤頭。主云：『如何是細？』師作斬蛇勢。主云：『與麼則依而行之。』師云：『依而行之即且置，你什麼處見我斬蛇？』」歸宗斬蛇乃說最上乘法門，與釋迦佛拈花示衆無別。今人每誤解其意，謂蛇乃雜毒，恐雜毒入心故應去之，豈非和盆捫燭之流耶？

雲庵真淨禪師住歸宗日，上堂舉「赤眼因見蛇，便與斬斷，傍僧云：『久響歸宗，元來祇是麤行沙門。』眼曰：『你麤我麤？』」師云：「大衆祇知赤眼斬蛇，問其僧道：『你麤我麤？』且古人見處作麼生？」遂舉拂子云：「今日歸宗舉拂子，與當時歸宗斬蛇，是同是別？」良久云：「人人有箇天真佛，妙用縱橫總不知。今日分明齊指出，斬蛇舉拂更由誰？」

昔日有僧問一大德：「南泉斬貓、歸宗斬蛇，意旨如何？」大德用拄杖趕僧，即呼僧名，僧回首應曰：「唯。」大德即告僧曰：「南泉斬貓、歸宗斬蛇，即此意旨。」

丹霞燒木佛

丹霞天然禪師遇天大寒，師取木佛焚之，人或譏之，師曰：「我燒取舍利。」人曰：「木頭何有舍利？」霞曰：「無則再取兩箇燒。」院主聞之，眉鬚墮落。丹霞燒木佛乃說最上乘法門，與釋迦拈花示衆無別。今人或誤解其意，謂燒佛乃示人勿執著成佛，將成佛之念删除也，如此揣量，六祖所謂「任汝盡思共推，轉加懸遠」是也。悲乎！

雲庵真淨禪師上堂云：「南泉斬貓兒、歸宗斬蛇，叢林中商量，還有優劣也無？優劣且止，祇如趙州戴靴鞋出去又作麼生？若也於此明得，德山呵佛罵祖有甚麼過？於此不明，丹霞燒木佛，院主眉鬚落。所以禍福無門，惟人自召。」喝一喝，下座。

溈山水牯牛

溈山靈祐禪師，僧問：「老和尚百年後去甚麼地方？」師答云：「山腳佃戶家，變一頭水牯牛，肋上寫著『溈山僧某甲』。你道是溈山僧，又是水牯牛；你道是水牯牛，又是溈山僧。」僧云：「某隨老和尚去可否？」師云：「你拈卻心。」僧不能答。後有明心見性之大德頌云：「不是溈山不是牛，一身兩號實難酬。離卻兩頭應須道，如何道得出常流？」此乃說最上乘法門，與釋迦牟尼佛拈花示衆無別。今人或誤解其意，謂溈山祖師錯用常住，死了變牛；或謂牛性橫，我們要除去橫性，即可以不致變牛，此乃大錯。溈山乃明心見性之祖師，焉有變牛之理？未明心見性者千萬不能用腦筋推測明心見性的人。古人云：「毀謗般若，罪過無邊。」切宜戒之。

趙州云：佛之一字，我不喜聞。

又云：老僧念佛一聲，漱口三日。

又云：佛，佛。

趙州從諗禪師曾云：「佛之一字，我不喜聞。」又云：「老僧念佛一聲，漱口三日。」又有人問趙州曰：「老和尚將來如何？」趙州曰：「佛，佛。」此俱是宗門轉語。已明心見性之人，自性即佛，本來現成，不必再事外求。譬如人已有頭，則不必更於頭上加頭，過去是此佛，現在亦是此佛，將來當然亦是此佛，故曰：「佛，佛。」此乃直示佛性不易不變絕對之理。今人或誤解其意，謂佛不可求，趙州欲人勿執著成佛之念，如此見解則永劫不能見佛矣。悲乎！

非心非佛；不是心，不是佛，不是物

馬祖云：「即心即佛。」又云：「非心非佛。」又云：「不是心，不是佛，不是物。」此亦宗門轉語，直示佛性絕對之理也。佛性充滿十方，無所不徧，故曰：「即心即佛。」佛性非思想測量所能及，言忘慮絕，故曰：「非心非佛。」說似一物即不是，故曰：「不是心，不是佛，不是物。」今人誤解馬祖之意，謂一念悟即佛，故曰：「即心即佛。」一念迷不是佛，故曰：「非心非佛。」不要執著迷悟就是「不是心，不是佛，不是物」。夫佛性乃絕對者，豈有所謂迷悟執著耶？有迷悟執著者便是腦筋作用，不是佛性本來面目矣。大梅禪師云：「這老漢迷惑人無有了期，任他『非心非佛』，我祇管『即心即佛』。」馬祖聞之曰：「梅子熟矣。」

我不會佛法

僧問六祖云：「黃梅意旨甚麼人得？」祖云：「會佛法人得。」僧云：「和尚會佛法否？」祖曰：「我不會佛法。」我不會佛法者，佛性本來現成，非修而有，非會而得，《圓覺經》所謂「無證無修」、《金剛經》所謂「乃至無有少法可得」是也。夫真如佛性者，非腦筋思想可及，凡可以意會、可以言傳者便非佛性。既已明心見性，則有何佛法可會耶？故祖曰：「我不會佛法。」今人誤解其意，謂起會佛法之妄念便是執著，將此妄念取消便是佛性，此乃大錯。佛性中本無真妄，真妄者腦筋作用也。捨妄合真，真即同妄；背塵合覺，覺即是塵。所謂真、妄、塵、覺者，皆腦筋中相對之名相，佛性中無此也。用腦筋求佛性，如欲以石榨油，安有成就之日哉？

洪爐一點雪

古祖師以佛性比洪爐，以生死比一點雪，佛性中著生死不得，如雪之不能入洪爐也，故曰：「佛性能轉萬物，不能爲萬物所轉。」是最究極之實性。今人誤解此意，謂洪爐一點雪者，雪譬如妄念，妄念一起即時要消滅它，如洪爐之消雪，所謂「不怕妄起，祇怕覺遲」是也，此乃大錯。夫雪與洪爐兩不相干，洪爐中本無雪，如佛性中本無妄念，倘佛性中能起妄念，則起而又滅，滅而復起，佛性豈不變成生滅輪迴者耶？妄念者起於腦筋見聞覺知，非起於佛性也。

向上一路，千聖不傳

古人云：「向上一路，千聖不傳。」意謂凡可說可傳者便非真如，真如佛性須自證取，不可說與也。今人錯解此語，謂參禪之法不可傳授，祇能自去找尋，此乃大錯。佛性雖不可言傳，但參禪用功之法則千聖所傳，佛佛授手也。世尊說法四十九年，或權或實，或頓或漸，葉葉相承，聖聖相接；古祖師喝棒怒罵、豎拂擎拳，無非親切爲人，但看汝能否承當耳，豈不傳哉？

任從滄海變，終不為君通

古人云：「任從滄海變，終不爲君通。」意謂佛性真如祇能自證自悟，不能用語言說與也。昔香嚴未悟時，屢請潙山說破，潙山曰：「我說的是我的，終不干汝事。」後居南陽，鋤地次，抛瓦礫擊竹作聲，始發明心地。又太原孚上座，講《涅槃經》，敷陳法身妙理，有禪客謂曰：「汝雖能講，實不能知。」遂輟講靜坐，中夜聞鼓角聲，始悟法身之理。今人誤解「任從滄海變，終不爲君通」之意，謂宗門乃祕密傳授，不可教人，此乃大錯，豈不聞六祖云「汝若返照，密在汝邊」耶？

龍門佛眼禪師云：「有時問著師僧，總言不知不會，祇管道『饑來喫飯睏來眠』，似此說話有甚麼救處？更道：『不知月之大小，不管歲之餘潤，誰理會你者般事？』我且問你：『作麼生說箇不知底道理？你見人說了便這麼道，還曾會得那不知的道理麼？』古人道：『不知者，無所不知，無所不到，喚作不知。』要你今時人到那不知田地，此是諸聖境界，豈比如今拍盲不會喚作不知！若總如此盡道，我不知不管，見有人問著，如何流通？曹溪一路恐無人相續去也。不得如此，須是勤勤抉擇始得。珍重！」

饑來喫飯睏來眠

古人云：「饑來喫飯睏來眠。」此乃悟後境界也。古祖師悟道之後，任運逍遙，隨緣放曠，水邊林下，頤養天真。今人不解其境界，以爲「饑來喫飯睏來眠」就是不要執著一切，不要分別一切，饑喫睏眠便可悟道；如此修道早成廢物，有何價值？

《傳燈錄．慧忠國師傳》云：「有源律師來問：『和尚修道還用功否？』師曰：『用功。』曰：『如何用功？』師曰：『饑來喫飯睏來眠。』曰：『一切人總如是，國師用功同否？』師曰：『不同。』曰：『何故不同？』師曰：『他喫飯時不肯喫飯，百種需索；睡時不肯睡，千般計較，所以不同也。』」

有禪有淨土

古永明壽禪師、中峯禪師皆明心見性之後弘揚淨土，蓮池大師修淨土兼弘禪宗，皆爲方便教化耳，人遂目爲禪淨雙修，以爲是最妥當之方法。今之禪和錯解本意，每有念一聲「南無阿彌陀佛」，又念一句「念佛是誰」，或念「南無阿彌陀佛」，又念「萬法歸一，一歸何處」，以爲這樣一句佛號、一句話頭，便是禪淨雙修，成佛有分，豈不可笑！

心淨土自淨

「心淨土自淨」者，謂明心見性之後，一切皆變爲佛性，佛性中無垢無淨，故穢土即是淨土也。今人誤解此意，謂將惡念改爲善念，把染緣變爲淨緣，心裏清淨世界自然清淨，謂之「心淨土自淨」，此乃大錯矣。念頭乃變幻無常、起落不定者，倘心裏一會兒清淨便是淨土，一會兒妄念又起復變爲穢土，如此朝淨暮穢，早善夕惡，循環反覆何有了期？心淨心染乃腦筋作用，與淨土無關也。真正之淨土乃不變不易、無垢無淨者，即常寂光淨土、諸佛法身是也。若能頓證真如，當下便生常寂光淨土，與諸佛同一法身，則永超三界輪迴生死，覓心、覓土了不可得，尚何淨穢之可言耶？

放心

孟子教人求其放心，乃儒家調節性情之方法，欲使其回返喜怒哀樂未發之「中」之境界也。儒家之「中」與佛家之「中道」不同，儒家之「中」是「無記性」，佛家之「中道」是第一義空之真如佛性；即使儒家能回返「中」之境界，也未能達到最後之真實本體，無法了生脫死，仍在三界輪迴之中，此儒、佛根源之懸殊也。今之佛徒或不明此理，每以求「放心」爲修行之方、成佛之法，此乃大錯。倘「放心」便是悟道，則吾人但學孔孟可矣，何必出家耶？

心動神疲

道家以清淨寡欲、不搖動精神爲修養之本，以之延年卻病則可，然非了生脫死、明心見性之道也。今之出家人每以清淨寡欲爲修行之法，欲使心不動、神不疲，認此爲見性成佛之法，實爲錯誤。道家谷神求仙，事極而渺茫，設能成仙亦不過多一守屍鬼而已，非徹底解脫也。故約束其心者實爲繫縛，非佛徒修行正法也。

不怕妄起，祇怕覺遲

人每以「不怕妄起，祇怕覺遲」兩語爲修行之方，此乃錯誤。起覺念以破妄念者，覺即同妄，同是一念無明也。黃檗禪師云：「汝今覺妄起時，覺正是佛，可中若無妄念，佛亦無。何故如此？爲汝起心作佛見，便謂有佛可成；作衆生見，便謂有衆生可度。起心動念總是汝見處，若無一切見，佛有何處所？如文殊纔起佛見、法見，便貶向二鐵圍山。」所以說：「不怕妄起，祇怕覺遲。」本來無妄，何更言覺？取覺捨妄，覺亦是妄。《圓覺經》云：「一切世界，始終生滅，前後有無，聚散起止，念念相續，循環往復，種種取捨，皆是輪迴。未出輪迴而辨圓覺，彼圓覺性即同流轉，若免輪迴，無有是處。」

不識

梁武帝問達摩祖師曰：「朕即位以來，造寺寫經，度僧不可勝紀，有無功德？」祖曰：「並無功德。」帝曰：「何以無功德？」祖曰：「此但人天小果、有漏之因，如影隨形，雖有非實。」帝曰：「如何是真功德？」祖曰：「淨智妙圓，體自空寂，如是功德，不以世求。」帝又問：「如何是聖諦第一義？」祖曰：「廓然無聖。」帝曰：「對朕者誰？」祖曰：「不識。」帝不悟。後人以爲「不識」者，一念不動、不加分別之謂，此乃錯誤。「不識」者，真如佛性是也，佛性非思量所能及，故曰「不識」。一念不動、不加分別是無記性，非佛性也。古人云：「識得『不識』，參學事畢。」蓋指此也。

腳跟點地

「腳跟點地」乃悟後之語。已明心見性，超出生死輪迴，達到絕對本體，大事已了，謂之「腳跟點地」。今人誤解此意，以爲著實做箇衲僧，腳踏實地，便是腳跟點地，非也。

不斷煩惱而入涅槃

《維摩詰經》云：「不斷煩惱，而入涅槃。」此乃最上乘境界也。六祖所謂：「轉煩惱爲菩提，轉三毒爲三聚淨戒。」斷煩惱而後入涅槃者，小乘人也；小乘人斷煩惱思想入於清淨寂滅之境，受三昧涅槃之樂，但此乃有餘涅槃、有漏涅槃，祇得羅漢果，不能得佛果也。大乘菩薩不斷煩惱而入涅槃，乃不斷六根思想，以智慧力打破無明窠臼，明心見性則煩惱即是菩提，穢土即是淨土，真知真覺，度己度人，行住坐臥、嬉笑怒罵無非三昧，是爲入無餘涅槃，成就佛果。今人或誤解「不斷煩惱而入涅槃」之意，謂生時不要造作，不必修行，待到形壽已盡，自然入滅，謂之「不斷煩惱而入涅槃」，錯誤尤甚。

斷五住煩惱

註解中以斷五住煩惱爲見性成佛，五住者：見惑、思惑、塵沙、煩惱、無明是也，此與小乘斷六根、中乘斷一念無明相同。六根斷倒如同木石，一念無明無法永斷，此非大乘究竟之理也。故古今以來修天臺者無法明心見性，其方法不正確有以致之。斷見惑、思惑如硬將百里河流堵住，不但辦不到，即使做到終有一日崩潰成災也，學者慎之！譬喻龍潭出水的水源，時時有水生出來的，斷了又生，生了又斷，無有了期。修行斷妄念，這箇道理實在不通。古人云：「王道不外乎人情，佛法亦不外乎人情。」

以古人為師

一般尊宿常云：「修行應以古人爲師。」此語並不盡然。古人生於我前，聞道先於我，固有其可以爲師之處，但須詳加揀擇，其確係明心見性者，則可師其言；如非明心見性而品行崇高者，則可師其行。每有古德品行高尚，而其遺著盡是不通達之語。師云：「走入歧途，《大藏》、《續藏》中甚多，決不可師也。」至於明心見性祖師，如丹霞燒木佛、南泉殺貓、歸宗斬蛇、德山呵佛罵祖，此皆悟後境界，直示佛性以接引後學者；後學如未能承當、未曾證悟，則此等行爲切不可學，學之徒增罪業。故以古人爲師者，非具正眼不可。

《遺教經》不可不讀

《遺教經》乃佛臨入滅時之遺囑，其所以教戒叮嚀者，懇切深至，凡屬釋子皆應熟讀堅記，服膺勿忘。今之出家人，有剃染數十載尚未見過《遺教經》者，可歎也！此經簡短易讀，願佛徒注意及之。

不看經論語錄

宗門中徒每謂教外別傳，不立文字，遂不看經論語錄，亦不參求用功之法，有規之者則以古人傳答云：「達摩西來一字無，全憑心地用功夫。若將紙上尋佛法，筆尖沾乾洞庭湖。」此乃大錯。六祖惠能大師雖不識字，尚勸人「必須廣學多聞，達諸佛理」，豈有智識閉塞、渾噩冥頑，而能見性成佛者哉？學者三致意焉！

無心是道

黃檗禪師云：「即心是佛，無心是道。」古祖師云：「佛說一切法，爲除一切心；我無一切心，何用一切法？」此乃悟後之語。意謂佛說方便爲度諸三乘人，上上智人自明其心、自見本性，則何須更用一切法耶？其旨與《金剛經》所云：「知我說法，如筏喻者，法尚應捨，何況非法？」《圓覺經》所云：「一切衆生，修習此心得成就者，於此無修，亦無成就；於此證中，無能無所，畢竟無證，亦無證者。」正是相同。而後人誤解其意，以爲將妄心停止、思想斷盡，便是「無心」，便是悟道，此乃大錯。妄心是一念無明，一念無明停止則是無始無明黑闇境界，此境未破未能見佛性，不爲悟道。故古人云：「莫謂無心便是道，無心猶隔萬重山。」正是針對此種誤解。

平常心是道

趙州和尚問南泉曰：「如何是道？」泉曰：「平常心是道。」師曰：「還可趣向也無？」泉曰：「擬向即乖。」師曰：「不擬爭知是道？」泉曰：「道不屬知，不屬不知，知是妄覺，不知是無記。若真達不疑之道，猶如太虛，廓然蕩豁，豈可强是非耶？」師於言下悟理。南泉「平常心是道」一語，意謂明心見性之後，起心動念無非佛性，行住坐臥、穿衣喫飯、尋常日用皆是真如，此乃證悟後之境界也。今人誤以爲「平常心是道」便是普普通通過日子，平平常常做箇好人，不爲善，不造惡，任運隨緣混過一生，便是悟道，此與飽食終日無所用心者何異耶？可悲可痛！

道落火宅

《法華經》云：「三界無安，猶如火宅，衆苦充滿，甚可怖畏！」今之外道邪教，遂有「道落火宅」之語，謂五祖衣鉢傳六祖，六祖永不傳，傳於世俗居士，故名「道落火宅」。其法邪僻鬼怪，教人靜坐，心想印堂，約心不散，蓋託佛法以惑衆者，愚夫受騙者極多，有因之致狂疾者，凡我佛徒宜痛斥之。

無相為體，無住為宗，離相為用

「無相爲體，無住爲宗，離相爲用」，無住爲宗者，不住一切相是也，這樣便是落空。其實經所說「無我、人、衆生、壽者四相」者，謂佛性中無此四相也；「不住色、聲、香、味、觸、法生心」者，謂佛性中不住不生也，非謂腦筋不住不生也，因色、聲、香、味、觸、法當體便是佛性，故不住不生，其生住者腦筋也，非佛性也。講《金剛經》應以「實相爲體，觀照爲宗，方便爲用」，方能闡明般若絕對之理。

直心是道場

《維摩詰經》云：「直心是道場。」意謂明心見性之後，起心動念無往而非佛性，佛性不易不變，唯一直心。《壇經》云：「若於一切處行住坐臥純一直心，是不動道場，真成淨土，此名一行三昧。」後人誤爲做人祇要正直便是悟道，非也。

自搬柴，自運水，不看經，不參禪

宗門祖師每日自搬柴、自運水、不看經、不參禪，此乃悟後境界也，大事已了，隨緣度日，看經、參禪俱用不著。藥山禪師云：「老僧這裏無此閑家俱。」皆是此意。今之出家人大事未了，便欲學古祖師運水搬柴度日，經不看，禪不參，空閑度日，以爲這樣就是用功夫，待到臘月三十日到，悔之晚矣。

下轉語

下轉語者，禪宗祖師勘驗學人之法也，每以問答出之。如學人未明心見性，則多不能下轉語，便是死句；如已明心見性，一問便轉，略無滯礙，便是活句。故明心見性之人，無語不轉；未明心見性之人，則語語轉不了。故曰：「祇怕汝不悟，不怕悟後無語。」今人不參禪用功以求明心見性，而便欲學轉語，此乃錯誤。轉語不可學，惟明心見性後乃能之也。

趙州轉藏經

有一婆子令人送錢，請趙州和尚轉藏經，師受施利了，卻下禪牀轉一匝，乃曰：「傳語婆子：轉藏經已竟。」其人回舉似婆子，婆曰：「此來借轉全藏，如何祇爲半藏？」趙州轉藏經，乃表示真如絕對境界，後人不解其旨，或謂再轉一匝纔是全藏，或謂走三匝則是三藏，此乃以思惟心測度如來境界，無有是處。欲知如何是全藏？應於趙州未起座時參取。

捉機鋒

捉機鋒者，古祖師觀察學人心得，臨機應變以接引學人也。龍潭信禪師參天皇悟禪師，服勤左右，一日問曰：「某自到來，不蒙指示心要。」皇曰：「自汝到來，吾未嘗不指汝心要。」師曰：「何處指示？」皇曰：「汝擎茶來，吾爲汝接；汝行食來，吾爲汝受；汝和南時，吾便低頭。何處不指示心要？」信低頭良久，皇曰：「見則直下便見，擬思即差。」師當下開解。又鳥窠道林禪師，有侍者會通，一日欲辭去，師問曰：「汝今何往？」對曰：「會通爲佛法出家，和尚不重慈誨，今往諸方學佛法去。」師曰：「若是佛法，吾此間亦有少許。」曰：「如何是和尚佛法？」師於身上拈起布毛吹之，通遂領悟。此兩則公案，皆是祖師捉學人機鋒，使之頓悟真如之理。今之假明眼善知識，自己實不知機鋒轉語爲何物，遇有學人來參，動輒橫加打罵，或出人不意驀的喝一聲，以爲這樣便是明眼宗匠的捉機鋒，可笑孰甚！

觀心解脫

《心地觀經》云：「三界之中，以心爲主。能觀心者，究竟解脫；不能觀者，究竟沈淪。」此之謂心即指無明妄心，三界之所以成就者，由無明業識而成，其潛伏未形是無始無明，一念發生則是一念無明。三界以無始無明爲體，以一念無明爲用，一念無明與無始無明便是妄心之動靜兩面，故曰「以心爲主」。欲超出三界者，須先尋到無始無明將它打破，然後能見本來佛性，自己纔做得主，便是解脫；否則祇是無明爲主，生死輪迴，頭出頭沒，無有了期。故曰：「不能觀者，究竟沈淪。」今人誤以爲三界是真心造成，以真心爲主，此乃大錯。既曰：「真心便是一真法界，安有欲、色、無色之可分耶？」故「三界爲心」一語，意謂三界乃無明妄心所造成是也，無明有靜有動，有隱有顯，故可觀；若是真心佛性，則「言語道斷，心行處滅」，既非思量所能及，有何觀之可言？故天台宗空、假、中三觀，全是腦筋揣量作用，不能見佛性也。佛性真心不能觀，可觀者乃無明妄心，故空、假、中三者，皆無明妄心範圍也。故大乘經典中所謂「觀心解脫」者，乃指找到無明窠臼而打破之，便是見性成佛，非謂用腦筋把假的看成真的，把有的看成空的，如此觀心則「究竟沈淪」無疑。

百尺竿頭

長沙岑禪師云：「百尺竿頭不動塵，雖然得入未爲真；百尺竿頭再進步，十方世界現全身。」此規勸後學用功之最緊要語句也。百尺竿頭譬如修行者用功之過程，能爬到百尺竿頭已經是相當的功夫了，但再上便是虛空，則前進難矣；倘能再進一步，便能見性成佛，而得法身矣，故曰：「百尺竿頭再進步，十方世界現全身。」此竿頭乃譬喻無始無明境界，用功者到一無所有、空洞黑闇之境便是百尺竿頭，但千萬不要以爲是到佛性真如境界，仍須往前再進，打破無始無明，便可見性成佛。今人有誤認將妄念斷除，便是到百尺竿頭；再將斷念之一念取消，便是百尺竿頭更進步，非也。

向上一著，腦後一槌

向上一著者，即「百尺竿頭更進步」之意也；腦後一槌者，打破無明窠臼是也。此乃用功之最緊要關頭，能向上一著、腦後一槌者，則無明窠臼可破，佛道可成矣。

聖僧

叢林禪堂中每供養聖僧之像，人或謂釋迦佛初出家修行時之像，或謂文殊、普賢之像，或謂是代表一切出家行者之像，皆誤也。聖僧者，乃憍陳如尊者之像也，釋迦佛得道之後，第一箇隨佛出家修行者爲憍陳如，故塑其像以紀念之，並爲一切出家人楷模。

頭陀

與留頭髮無關，一般人認爲留髮乃修頭陀行，錯也。如釋迦佛、迦葉、摩騰、竺法蘭、達摩、善導、高峯、雪嶠皆曾留髮也。

不布施

龐居士明心見性後，將家財投諸海中，人問：「何不布施？」龐曰：「吾多劫爲布施所累。」此乃明心見性後境界，普通人不可學也。因爲佛性中無罪福，布施行善受福報，反爲成佛之累。然未明心見性時，布施爲六波羅蜜之首，豈可廢耶！

開建叢林

《大智度論》云：「『僧伽』秦言衆多，比丘一處和合會名『僧伽』，譬如大樹叢是名爲林，僧聚處得名『叢林』。」我國叢林之制創於馬祖，古人開建叢林多是明心見性之後，爲便於領導學人修行而設。今人未明心見性，自己大事未了，胸中毫無把握，亦開建叢林，聚集徒衆盲修瞎練，其生活則靠拜懺誦經打水陸，招待客人募化功德，或蒔花植木以供遊觀，形同公園，叢林意義盡失矣。

宗門傳法

宗門傳法，其初本極嚴謹，必擇其已明心見性、能荷擔大法者方予印證，傳授衣鉢以爲證明，所謂「以心印心」是也。自初祖達摩來中國，在嵩山九年，然後得二祖慧可大師以傳衣鉢，至五祖弘忍大師傳六祖惠能，因當時惠能已明心見性而聲望未孚，神秀未明心見性而素著聲譽，恐起誤會，故於中夜背人傳法於六祖，囑其遠去以免滋事，可見傳法之謹慎。而後人誤以爲五祖中夜傳法乃祕密傳授，成佛之事不能公開，此乃大錯。六祖門下，明心見性者一百一十三人，開堂說法者四十二人，明心見性者既多，不能單傳法一人，故衣止不傳，但一一予以印證，俱承法裔，續佛慧命，其悟道因緣載在《傳燈錄》，歷歷可考。宋元之際，五家特盛，明心見性者肩摩踵接。迨及明清，宗風日墜，祖庭荒蕪，惟臨濟、曹洞、潙仰獨存，其裔孫能通祖意者亦鮮，而葉葉相傳、代代相繼，仍沾舊規傳法之時，傳者受者，皆不解宗風爲何物，書宗派源流一幀，上列歷代傳法者之法名，末繫偈語一首，其語皆陳腔舊調，傳法循例登堂說開示，或廣設筵席招待客人，耗費不貲，殊無謂也。竊謂宗門古祖師傳法，必擇明心見性者，非欲分門別戶也，倘確遇明心見性者，則凡人而可傳法；倘不得其人，則傳法之舉自可不必，宗派源流亦可取消，藉資保存「以心印心」之遺旨也。

結蓮社

晉朝時，慧遠法師在廬山東林寺結白蓮社，專修淨土同志往生，一時名流高僧參和者一百二十三人，是爲修淨土宗者結社念佛之始。今之佛徒結社念佛者所在都有，其旨本善，但或有男居士與女居士同社者，日久弊生，致失淨業本意，殊爲可惜。竊謂結蓮社念佛者，應男女分開各成一社方爲妥善，或曰：「佛家無男女相，似此未免拘迂？」曰：「無男女相者，乃悟後境界，初心仍以拘謹爲宜。」

登堂傳戒

在印度古時佛家傳戒，係用摩頂之法，中土隋唐以前亦用摩頂，唐道宣律師始創新制，凡登堂傳戒者，必聘請年高望重、戒行精嚴之大律師。傳至晚近，戒法日濫，僻地無大叢林開戒，於是私家小廟亦集衆傳戒，戒和尚既非素具德行者，禮節亦多不完備，或藉以斂取財物博竊聲譽，殊屬非是。三壇大戒者，沙彌戒、比丘戒、菩薩戒是也，佛制年未滿二十者不准受戒，受沙彌戒之後，必須經過相當時間，具功夫品行者方得受比丘戒；至於菩薩戒，必卓道著行方能傳授。今之傳戒，三壇同時舉行，未成年之沙彌亦得受菩薩戒，戒期不定，多者五十三天，或三十五天、十八天、七天，最短者僅有三天，戒壇有莊嚴堂皇者，亦有簡陋不堪者，則或橫加吵駡板打，草草了事，故受具足戒之後，對於佛之儀制仍未明瞭。至於燒頂之制，乃起於元朝，元朝壓迫民衆過甚，一般志士或穿僧人衣服，混迹叢林中，以作反抗之運動，元朝爲易於識別真僞計，故創燒頂之制，目的在肅清反抗之義民也。

其實焚香燒頂有傷腦力，其用意既不良，似應加以改革。至於傳戒和尚最爲重要，亟須慎重聘請，自問德利未孚者，切不可姑且受聘，不但貽誤學人，抑且有損陰德也。

開堂說法

古人開堂說法皆是明心見性，或精通教理圓通無礙者，〈證道歌〉所謂「獅子吼，無畏說，百獸聞之皆腦裂。香象奔波失卻威，天龍寂聽生欣悅」是也。獅子吼者，謂說最上乘法，有如獅子之吼也；百獸腦裂者，謂外道摧伏也；香象失威者，謂小乘、中乘人，聞之皆去小向大也；天龍欣悅，謂具大乘相器之人，聞之皆能承當而生欣悅也。故知古人說法非同小可。今之開堂說法者，佛理精通固有之，而濫學充數者亦不少，既未明四乘之理，胡說一場，增人疑惑，罪業不淺。或因身居方丈住持之位，故亦强爲登堂，以示自己本領學問，自亦大可不必。任方丈住持者，倘自問於佛理尚未圓通，則專管理事務、領導僧衆即可；至於開堂說法，應廣聘明眼善知識，方能裨益學人。至應聘之人，應自問確有把握，無愧爲師，然後接受也。

叢林規矩

馬祖開叢林，百丈立清規，傳至元朝，百丈清規經過修改，本意漸失。叢林之設乃為便利學人用功，老病者得所養息，大衆得互相參究勉勵，其方丈必聘請明眼善知識擔任，選賢任能，以賢傳賢，所謂「叢林保於道德，道德保於衲子」是也。今之叢林多為有力者把持，其道德學問如何不問也，或私相傳法授受有如私產，規矩蕩然，對於僧衆則刻薄蔑待，無所不用其極，大失叢林本意，有志復興佛教者應為注意。願身任住持方丈者，多讀《禪林寶訓》，當獲益無量也。

朝山

古來一般明眼善知識大事已了之後，多居名山之間，隨緣度日，以待此有漏之身。故學人朝山行腳，目的在參訪善知識，以求用功門徑，或印證心得，萬水千山徧歷險阻，不過為生死大事耳。參訪既多，學問日廣，道理日明，謂之行腳眼，並非遊山玩水、娛樂性情之謂也。今人朝山，目的不在參訪而在娛樂心情，或以為四大名山乃菩薩顯靈之地，朝山拜佛所以得佛之保祐，可以積來生之福，於是有發願每年必徧朝四大名山者，遷徙跋涉，年復一年，而於明心見性之法則毫無所曉。胼手胝足，宿露餐風，徒然自苦，有何益耶？或有以曾朝某某名山，便可誇示儕輩，以爲朝山多便是資格老、功夫熟者，尤爲可笑！此等錯誤見解至須改正。凡佛徒朝山應以參訪善知識爲目的，如《華嚴經》所記善財童子五十三參徧歷諸方，方可謂之真正朝山也。

黃檗禪師云：「今時纔有一箇半箇行腳，衹去觀山觀景，不知光陰能有幾何？一息不回便是來生，未知甚麼頭面？嗚呼！勸你兄弟家，趁色力康健時，討取箇分曉，不被人瞞底一段大事。這關棙子甚是容易，自是你不肯去下死志做功夫，衹管道難了又難，好教你知那得樹上自生的木杓，便也須自去做箇轉變始得。」

燒拜香

今之出家人，每於朝山時攜一枝香上供佛像燃香，每行三、五步一拜，口念「南無阿彌陀佛」，一直拜上山，謂之「燒拜香」，有過州越縣、跋涉數千里者。查燒拜香，不見於經典，古祖師亦無此規矩，不知起於何時？夫修行念佛自有祖師所立各種法門規矩可循，禮拜誦讚自可在佛堂行之。

放釣

古人上堂，先提大法綱要，然後審問大衆，爲之決疑，學者出來請益，遂行問答。今四川叢林中，上堂時，杜撰四句落韻詩，喚作「放釣」，一人突出衆前，高吟古詩一聯，喚作「罵陣」。夫上堂説法爲衆決疑，意在發明心地，如此放釣、罵陣形同戲劇，可笑孰甚！

刺血寫經

《華嚴經．普賢行願品》云：「復次，善男子！言常隨佛學者，如此娑婆世界毗盧遮那如來從初發心精進不退，以不可説不可説身命而爲布施，剝皮爲紙，析骨爲筆，刺血爲墨，書寫經典積如須彌，爲重法故不惜身命。」此乃發揮法身之理，譬喻之言也。毗盧遮那如來爲法身佛，一切山河大地皆其身體、皮骨、血液也，以法身説法弘法，故有此譬語。今人不解法身妙理，亦作刺血寫經之事，有刺舌血、指血者，出血過多致生疾病，反礙修行。出家人「爲重法故不惜身命」者，乃因法身不壞，而此肉身終有一日敗壞，故不重身命而重法身；然欲得無漏法身，仍須靠此有漏之身以修行，古人所謂「人身難得，佛法難逢」是也。與其毀身以寫經，何如保身以參學？如認經中寓言爲實而照行，則何不剝皮爲紙、析骨爲筆，而祇是刺血爲墨耶？

出家人字派

字派者，世俗之制，非佛制也。釋迦佛諸大弟子，如舍利弗、摩訶目犍連、摩訶迦葉、摩訶迦旃延、摩訶俱絺羅、離婆多、周利槃陀伽、難陀、阿難陀、羅睺羅、憍梵波提、賓頭盧、頗羅墮、迦留陀夷、摩訶劫賓那、薄拘羅、阿㝹樓陀，並無字派。佛法始來中土，僧猶稱俗姓，或稱竺，或弟子依師之姓。如支遁本姓關，學於支謙，故爲支；帛道猷本姓馮，學於帛尸梨密多，故爲帛。晉道安始云：「佛以釋迦爲氏，今爲佛弟子者，宜從佛之氏，即姓釋。」及後《阿含經》渡來，經說果然。《阿含經》云：「四河入海，無復河名，四姓沙門，皆稱釋名。」自是遂爲定式，然並無字派。慧文、慧思、高峯、中峯，皆師徒同名，可見古制並無字派。迨元朝時，始有字派之制，因此門戶之見日深，俗氣日重，宗派源流有如世俗之族譜，然是出家而又立家，大不可也。

拄杖拂子

古祖師年老多扶拄杖，以便步趨，又因山中多蚊蠅，故手執拂子以便驅遣，遇有學人來參時，則隨手以拂子、拄杖說法表示佛性，不過爲手頭方便而已，久之成爲風氣。豎拂、行棒即是說最上乘法，但並非拄杖、拂子本身有特別價值也。今之方丈多不懂宗門棒喝豎拂道理，亦備有拄杖、拂子擺在座位左右，有若衙門中之儀仗，其講究者，或價值不貲以爲光耀，若問豎拂、舉杖是何意旨，則茫然莫解，可悲可痛！

佛、菩薩、羅漢造像

佛、菩薩、羅漢，皆人類修行而成，其所修法門不同，故其所得之果互異，至其狀貌衣飾則同爲人類、同爲佛徒，自不至相差過遠。觀中國佛寺造像，佛與菩薩狀貌不同，羅漢則相差更遠，其實同是印度人，其狀貌衣飾何至懸殊若此耶？此皆中國自創之作風，附會佛經傳說想像而造者。印度現存佛像，佛、菩薩、羅漢狀貌衣飾大略相同，可參也。

封龕、舉龕、舉火

一般出家人或居士圓寂後，依舊規必須請大德説法，有封龕、舉龕、舉火三種。古制儀式先念〈爐香讚〉，念畢説法，説法畢念迴向偈：「願以此功德，普及於一切，我等與衆生，皆共成佛道。」今人多不遵古制，念香讚〈往生咒〉、《心經》、《彌陀經》、〈彌陀讚〉、念佛號、説法，又念〈願生西方迴向偈〉，禪淨混合，殊非念佛正理。念佛求生西方則不必説法，説法則不必念佛，説法者應説明心見性之語，然後能提起死者正念，轉箇面孔時不至墮落，仍可繼續修行。

拜經

古人修行法門，拜佛、誦經乃普通之儀式，然無拜經之制。拜佛者專誠觀像禮拜誦讚俾獲加持；誦經者明白佛理以求解悟；拜經者既無佛像可觀，又無文字般若可解，兩失其意，最無意義。問其拜經目的？則曰：「求來生福根，今生智慧開悟耳。」夫智慧開悟者必參禪，安有拜經而能開悟者哉？如此虚度光陰切不可學。

盟誓

出家人盟誓乃在佛前發。四宏誓願云：「衆生無邊誓願度，煩惱無盡誓願斷，法門無量誓願學，佛道無上誓願成。」外道收徒弟，亦先令發盟誓，作如有叛道則雷打火燒等語，此乃詛咒也。今之出家人收徒弟，亦多有令發誓如外道者，非禮也。

三世佛

佛刹中大殿多供三世佛，一般人每誤爲三世佛者乃過去燃燈佛、現在釋迦佛、未來彌勒佛；或誤爲清淨法身毗盧遮那佛、圓滿報身盧舍那佛、千百億化身釋迦牟尼佛，皆屬錯誤。三世佛者，中間娑婆世界釋迦牟尼佛，右邊極樂世界阿彌陀佛，左邊滿日世界藥師佛也。

偶像崇拜

佛刹中佛像其意在紀念先哲，以寄景仰敬慕之思，一如文明都市中立偉人之銅像然。惟末流所被未免龐雜，自三世佛、西方三聖，以至四金剛、韋陀、彌勒、地藏、十八羅漢、五百羅漢，紛然雜陳，甚至以玉皇、關聖並列一堂，舊習日深，變本加厲，人遂有目佛教爲多神教或偶像崇拜者，良可慨也！夫佛教乃智信而非迷信，釋迦佛乃一無神論者，特達通人多能知之。佛乃覺義，即心即佛，非心外別有一佛可以禍福羣生也，況衆生皆有佛性、皆可成佛，與佛平等，故人人自身即佛，其爲無神論可證也。昔馬祖創叢林、百丈定清規，禪堂中不立佛像，乃爲避免偶像崇拜之誤會。丹霞和尚冬日燒木佛取暖，人或責之，曰：「我燒舍利。」曰：「木佛豈有舍利？」霞曰：「無則再取一箇來燒。」趙州和尚云：「佛之一字，我不喜聞。」又曰：「念佛一聲，漱口三日。」《金剛經》云：「若以色見我，以音聲求我，是人行邪道，不能見如來。」由是觀之，佛教豈崇拜偶像者哉？豈迷信多神者哉？我謂爲避免世俗誤會，佛堂塑像應略加改良，最好僅塑本師釋迦牟尼佛像足矣，三世諸佛同一法身，一佛即可以代表無量劫諸佛。釋迦佛曾云：「拘留孫佛是我。」然則謂「彌陀佛是我」、「藥師佛是我」亦無不可也。至於帝釋天神之像切勿混入堂中，天神乃屬六道衆生，未可與諸佛把臂也。

立寺造像

漢明帝時，楚王英爲浮屠齋戒祭祀（見〈詔書〉），又漢桓帝宮中立黃老浮屠祠，然並非佛寺。當時佛教附庸於神道，視爲方術神仙之流，故黃老、浮屠並稱。楚王英及桓帝所立之祠，乃以祠老子爲主，而以佛爲陪也。我國造佛像、立佛寺最初見於記載者，爲獻帝時之笮融事佛。《吳志・劉繇傳》云：「笮融者，丹陽人。初裴衆數百，往依徐州牧陶謙，謙使督廣陵丹陽運漕，遂放縱擅殺坐斷三郡委輸以自入，乃大起浮圖祠，以銅爲人，黃金塗身，衣以錦采，垂銅槃九重，下爲堂樓閣道，可容三千餘人，悉讀佛經。今界內及旁郡人有好佛者聽受道，復其他役以招致之，由此遠近前後至者五千餘人事。每浴佛，多設酒飯，布席於路，經數十里，人民來觀及就食且萬人，費以巨億計。」

又，《道行經》後記洛陽城西有菩薩寺，《般舟三昧經》記言「於洛陽佛寺校定」，則漢末時東都確已有寺。而同記中謂經在許昌寺校定，又《水經》汲水注襄鄉浮圖，漢熹平中某君所立，死因葬之，其弟刻在樹碑。

然立寺造像乃佛法之微末。《達摩破相論》云：「竊見今時淺識，唯知事相爲功，廣費財寶，多傷水陸，妄營像塔，虛促人夫，積木疊泥，圖青畫綠，傾心盡力，損己迷它，未解慚愧，何曾覺知？見有爲則勤勤愛著，說無相則兀兀如迷，且貪現世之小慈，豈覺當來之大苦？此之修學，徒自疲勞，背正歸邪，誑言獲福。但能攝心內照，覺觀外明，絕三毒永使銷亡，閉六賊不令侵擾，自然恆河功德、種種莊嚴、無數法門，一一成就。」

不二法門

不二法門者，言佛性絕對不二是也。昔毗耶之會，文殊菩薩倡不二之旨，一時三十二哲之說皆非，獨維摩詰默然無言，文殊師利讚曰：「善哉！善哉！乃至無有文字語言，是真入不二法門。」故知絕對佛性非文字語言所能及，所謂「言語道斷，心行處滅」是也。今之佛刹，其小山門上皆冠以「不二法門」四字，相沿甚久，經云：「無門爲法門。」小山門安足以當之耶？

出家人別號

巧立別號乃文人惡習，末流所被，出家人亦染其風，雖高僧亦不能免。甚矣！

風俗之移人也。

別號至數

文人畫家中，金農有「心出家僧」，羅聘「花之寺僧」。竹禪有「王子出家」章，張大千有「摩登戒禮」章，潘天壽有「心阿蘭若」，偉大之佛法變爲文人玩具矣。

禪寺、講寺、律寺

佛住世時設精舍，教弟子持戒、講法、參禪，三者一以貫之。我國佛教有禪寺、講寺、律寺之分，禪寺專修參禪，講寺專主講經，律寺專主持戒、傳戒，謂之宗下、教下、律下，各不相謀，互爲雄長，此大不可。夫持戒、講經、參禪，鼎足而三，缺一不可，各持己見則門戶隨分，如病偏枯，如鼎折足，非佛本旨，應加改正。

開宗祖師不一定是明心見性

中國古來各開宗祖師，其道德學行當然超越常流，然不一定是明心見性者。每見一般學者一見是開宗之祖，便以過來人目之，非也。如祖師之遺著語句尚存，欲知其是否明心見性，但考其語言便可明白，有如按圖索驥。因爲明心見性者，如人曾遊杭州西湖，其所述西湖風景極爲真切；至若未明心見性者，雖述其景，未能真也。故未明心見性之祖師，吾人但師其品行可也，至其所言修習用功之法未可必從，以免貽誤。古來或有著述豐富之大德，名震宇宙，貴師七帝，但考其言語其實未明心見性，亦不可盲從。故德行還歸德行，學問還歸學問，明心見性還歸明心見性，不可混爲一談。學者或師其言、或師其行、或師其心，要在以師明心見性爲主，非此無以了生死也，宜三致意焉！

禪堂念佛

馬祖建叢林設禪堂，有轉凡成聖之功。今每見人或設禪堂而修念佛者，不合也。念佛應設念佛堂，或結白蓮社方爲合則，因參禪、念佛方法不同，參禪注重自己智慧、重自力，故古制禪堂不立佛像以免分心；念佛則注重他力，其法爲持名、觀想、觀像，故應立西方聖像及淨土極樂國圖，兩者不可混，應加以釐定也。

打七

打七不是古制，明蓮池大師取《阿彌陀經》「若一日，若二日，若三日，若四日，若五日，若六日，若七日，一心不亂，專持名號，以稱名故，諸罪消滅，即是多善根福德因緣」之意，創七日念佛之儀，謂之「打念佛七」，乃淨土法門也。其後禪堂亦有打禪七之法，不知起自何時，大概模仿念佛七而立。每逢打禪七之時，坐香、跑香皆加倍，食品亦較平時爲佳，此實徒勞無益。參禪者行住坐臥皆可用功，最重要在用智慧力以打破無始無明，荷澤大師所謂「以智慧劍斬斷諸住地煩惱」是也。多坐兩枝香、多跑兩枝香，實與明心見性無干，亦無經典可據，大可不必。至若打餓七者，則更爲無謂矣。

一日不做，一日不食

古云真正修行者，多係自食其力，耕田種菜澹泊度日，無求於人，故人品自高，爲世所尊重敬仰。今之出家人，每有託修廟做法會募化加德，招待香客希求布施，念經拜懺形同稗販；其不守本分者，或揑造神話騙取財物，飽食終日，嬌懶成性，依賴社會以生存，爲人輕視良有以也。百丈禪師領衆，耕作自給，有「一日不做，一日不食」之語，最可爲法。勞動束作並不妨礙用功，且可提起精神，免流惰懶；至若證悟之後，隨緣度日更屬無礙。如疏山賣布、船子撐渡、龐居士做竹器、香巖種地，不可數舉。以有漏之力，養有漏之身，免爲腹所累，最堪爲法。

大隱居廛，小隱居山

古人云：「大隱居廛，小隱居山。」此乃悟後境界。明心見性之後，穢土即是淨土，世間即是出世，山林、鬧市一樣安閑，隨緣度日，和光混俗。如二祖慧可悟道之後，出入茶樓酒肆，人或詰之，曰：「我自調心。」即此謂也。今之出家人大事未了，正當及時參訪修行，亦學古人混迹市廛，結習日深，動輒曰「大隱居廛，小隱居山」以爲掩飾，欺人欺己，入地獄速如箭。嗚呼哀哉！

批評過來人言語舉動

明心見性之人，其一言一語，無非自如來藏中流出，其一舉一動，無非佛性之妙用，惟證與證乃能知之，非普通人所能承擔。故〈證道歌〉云：「或是或非人不識，逆行順行天莫測。」如丹霞燒木佛、南泉斬貓、德山呵佛罵祖等是也。未能承擔之人，或妄加批評，萬萬不可。古人云：「毀謗般若，罪過無邊。」宜切戒之。

假明心見性

古人明心見性之後，隨拈一法皆是佛法，喝棒痛罵無非親切爲人，《楞伽經》所謂「或以揚眉瞬目、嘻笑怒罵，而作佛事」是也。今人或未明心見性，而冒充明心見性，未得謂得，故弄玄妙，使人莫測高深，盲棒瞎喝、西扯東拉，不但聽者益增迷悶，自己亦莫明所爲之謂何。以此博得善知識之美名，徒使學人入於歧途，對此等人宜敬而遠之，切勿親近。

僧人學醫、卜、星相、書符、咒水

出家人本分大事在修行參學，以求明心見性，除此以外皆不可學。今之出家人，或學醫、卜、星相、書符、咒水，爲人卜休咎、驅邪鬼者，此皆菩薩戒律所禁止者。説有種種神通，顯異惑衆，誑惑世人，空腹高心；見有德高僧講經説法，生憎恨心，切宜戒之（出《梵網經》）。

不問世間法

或謂出家人不應問世間法，故而拋棄父母妻孥；妻孥而可拋棄，父母及衆生更可拋棄矣，非正理也。大乘佛法利己利他，不問世間法，則慈悲喜捨乎？何有未能事父則安能事佛乎？佛制出家人不畜妻孥，爲免影響淨業用功耳，有父母妻孥者欲出家，應先將父母妻孥安置妥當，衣食無慮方可。如六祖出家時，以十兩銀作爲母生活費，五祖有養母堂是也。倘無法安置而真心向佛者，則在家亦可修行、亦能成佛，如龐居士合家共説無生話，亦未始不可也。有志出家者，宜慎思之。《菩薩戒經》云：「孝名爲戒。」孝順父母師長乃正理也。

弘揚佛法

一般出家人或有能琴棋書畫、吟詩作對者，以此與名流顯宦交遊，藉以維持廟宇出出鋒頭，認爲此乃弘揚佛法，實屬錯誤。弘揚佛法者，欲使衆生明白佛法、入於佛之知見是也，與交遊何關？又有一般善於逢迎之出家人，招攬經懺法事，日無暇晷，認爲此乃佛法興盛山門光寵者，亦屬錯誤。超度亡魂雖屬法施之一，但專靠死人來活命，不爲生人做事，非能弘揚佛法也，非能續佛慧命也。

出家人藐視師父

出家人之師父譬若父母，宜加孝敬。每有出家人因師父智識較低，佛法不懂，遂加以藐視者，非正理也。昔福州古靈神贊禪師參方悟道後，歸度其師以報育之恩，學者宜以爲範。

冒難遊行

出家人置死生於度外，遂好冒難遊行，或不顧身體安全健康者，此乃《菩薩戒經》所禁也。出家人雖不必重視生死，但人身難得，佛道難逢，此生既得人身且已出家學佛，實屬難得，學佛未成，自宜保重身體以便修持，豈可冒難輕生，自墮幻滅耶？

車林軍

僧問師：「『車林軍』經中有此名字，《教乘法數》、《佛學小辭典》、《佛學大辭典》都考查不出來，究竟是甚麼道理？」師答云：「車林軍，釋迦佛住世，皇帝出宮列在後面的軍人。譬喻無始無明，佛性後面，妄念前面。出《百論疏．卷八》。」

出家人自認根鈍

中國人之大乘根器出自天稟，故大乘法傳入中國之後，隨即發揚光大，若禪宗、若華嚴、若天台、若法相、若淨土、若律宗、若三論，皆以天竺之種子移植中土，而別開燦爛之奇葩者也，故達摩東來自謂見東土神州有大乘氣象。現印土佛法夕微沈寂千餘年，所存者小乘而耳，東亞各佛教國所存亦小乘爲多，獨中國繼承大乘法門，勿墮此中國人天賦獨厚之明證也。今之出家人每自認根鈍，謂成佛須歷三大阿僧祇劫修練，此生無望，遂自打退堂鼓，不肯發勇猛心，因循過日，此種錯誤觀念亟須打破。應知三大阿僧祇劫者不過譬喻之言而已，迷雖累劫而悟則須臾，倘能發心精進，一刹那即可度過三大阿僧祇劫矣。況自己天賦根器乃天公特別施與之好田地，當努力開闢以利己利人，方不負此天賦，方是真正的佛子；倘任其荒蕪，則來生實不得人身，連此一片田地亦得不到矣。

發大乘心，修小乘行

晚近一般出家人或信佛居士，每有「發大乘心，修小乘行」一語，意謂末世衆生根淺障深，雖應發大乘心，仍須修小乘行方切實際，方不爲好高騖遠之累，此乃大錯。發大乘心便應修大乘行，發小乘心者則修小乘行，中國人向多大乘根器，切毋長他人志氣，損自家威儀也。

〈永嘉證道歌〉與《永嘉集》之辯論

〈永嘉證道歌〉不是著《永嘉集》之人著的。以前緣在西安講經，臥龍寺中有宋朝之古本，寫明〈荷澤禪師證道歌〉，不知何故，荷澤的名改爲永嘉的名?是有兩方面辯論證明。《永嘉集》與〈永嘉證道歌〉說的話意思是兩樣，〈證道歌〉與《荷澤神會語錄》（商務印書館出版）意思是一樣。《永嘉集》的話是二乘老莊的話，〈證道歌〉與《荷澤語錄》是明心見性後說上乘的話，你們拿這幾種書自己參考都能明白。

敖世、憤世、遁世、出世、入世、出入世

人之處世有數種：一爲敖（傲）世。敖世者，自命清高，立於世外，玩世嘲俗，爲懷僻繩異之行，以爲韻事佳話，所謂俗中實俗是也。二爲憤世。憤世者，懷才不遇，衆醉我醒，睹一世之瞶瞶，不忍揚波醊醨，乃甘與世絕，葬身魚腹，此三閭大夫之徒是也，君子哀之且深敬之。三爲遁世。遁世者，本性清淑，厭薄名利，不樂與人間世交涉，放浪形骸之外，友禽鳥而侶麋鹿，巢父、許由之徒是也，古今高流詩人亦往往有之。如李白詩所謂：「問吾何事棲碧山，笑而不答心自閑。桃花流水杳然去，別有天地非人間。」此等人超塵絕俗，與世界無甚關係，雖欲遁世而終未能完全超出於世界之外也。四爲出世。出世者，感生老病死、頭出頭没之苦，欲求超出於六道輪迴之外，苦行制欲斷滅六根以求涅槃，雖獲羅漢果受三昧禪味之樂，亦與世界無關也，故名自了漢，佛常斥爲焦芽敗種，戒人勿效之。五爲入世。

對人生抱有愛好與希望，如快樂主義者、社會主義者、人道主義者，各依其自己之信仰，願爲自己或他人或國家社會服務是也。六爲出入世。出入世者，修菩薩行，具大悲心，既已出世，又能入世度人，利己利他，出入無礙，功德圓滿是也。由是觀之，爲常人能入世而不能出世，高流能出世而不能入世；能出世而又能入世者，惟大乘菩薩能之。最圓滿之人生意義，其在斯乎！

不信因果

真如佛性體中無因無果，故明心見性者超出因果輪迴之外，不受後有，此惟漏盡成佛者能之。今之修行者每見悟道祖師說因果相空，不見罪性了不可得，遂不信因果，此乃大錯。須知諸漏未盡未出三界，仍受因果輪迴之支配無法逃脫，所謂種瓜得瓜、種豆得豆是也。已見性者，雖行畜生道而無礙；未見性者，一語便墮五百年野狐身。可不慎哉！

比丘常帶三分病

語云：「比丘常帶三分病。」意謂比丘出家修行爲了生脫死，生死乃人之大病，生死未除大事未了，十二時中不忘了此病，故比丘居室名「寮房」，寮者醫寮也，欲有勿忘生死大病之宜寮也。今之出家人不解此緣，以爲比丘應信窮餓其身，使面黃骨瘦，常帶三分病容，然後纔算有功夫、纔算修苦行；或有故意穿襤褸衣履鶉衣百結，囚首垢面，蟣虱滿身，使人莫測，以爲非此不足爲高僧大德者，不但自欺欺人，實亦違背佛制。出家人雖應抱樸居素，澹泊自甘，衣不求美，食不求精，但亦應整齊清潔，營養充足，然後身安體健，可以肆力用功，到處不致被人輕視。現今社會皆以保持清潔爲增進健康要素，比丘爲度衆生計，對於此點亦應適應俗情，方能與人接近，而收化他之效，以往陋習實須痛除。樸素、整齊、簡單、清潔，爲比丘衣、食、住、行之良規，身體健康精神飽滿正好修行；病夫之態祇令人可憐，不會受人尊敬也。

發心度衆生

一般人每謂能發心度衆生是大乘，不能發心度衆生則是小乘，此語未盡當。修行人須先通達大乘明心見性，先自度方能度衆生；倘未通大乘、未明心見性，未能自度便欲發心度衆生，無有是處。於佛法不過一知半解，便欲爲人講說，以一盲引衆盲，雖云我度衆生，其實則反誤衆生矣。故發願自可發願，度衆生則須萬分慎重。維摩詰云：「若自有縛，能解彼縛，無有是處。」

六祖與神秀

神秀「身是菩提樹」與六祖之「菩提本無樹」兩偈，可以代表頓、漸兩教。或謂六祖「本來無一物」是落空，而神秀「時時勤拂拭」則不落空；又謂六祖得體不得用，而神秀體用具足，此乃錯誤。六祖已明心見性，故其偈乃表示佛性無生無滅、不垢不淨、不受薰染、本來成佛，乃站在真如果位上而言也；神秀尚未見性，故尚須拂拭，乃站於衆生因地上而言也。倘六祖落空，五祖安肯授以衣缽耶？

出家人本分大事

出家人本分大事在自度度人，「明心見性」爲自度，「領導衆生」爲度人。欲明心見性必先修行，欲修行必先參訪善知識，故出家人之本分大事乃在參訪善知識，以求明心見性之方，見性之後利己利他。臨濟云：「夫出家人，須辨得平常真正見解，辨佛、辨魔、辨真、辨僞、辨凡、辨聖，辨若如是辨得，名其出家，利己利他。」每有一般出家人，以爲修造廟宇、誦經禮懺就是本分大事，甚或爾爭我奪結黨相傾，而參學修行反置而不顧，是棄本而逐末也。德山宣鑑禪師云：「比丘行腳當具正眼，誦經禮拜乃是魔民，營造殿宇又造魔業。」百丈大智禪師云：「爲求無上菩提涅槃，故名出家，猶是邪願，況乎世間諍論、覓勝負、說我能我解、貪一門徒、愛一弟子、戀一住處、結一檀越、一衣一食、一名一利？」正是一針見血之語。

講經說法

講經說法利益衆生，乃佛徒盛事也，但講經法師須博覽三藏、貫通八宗，明達佛之本意，爲人講說方不貽誤衆生。故祖師云：「依文解義，與佛作寃；離經一字，即同魔說。」講經法師應依照佛臨涅槃時所付囑之四不依：一、依智不依識。二、依義不依語。三、依法不依人。四、依了義經不依不了義經。依智不依識者，謂說法應以如來藏中流出，勿用腦筋見聞覺知發揮也；依義不依語者，勿以辭害義也；依法不依人者，依法之本意，勿依人之主張也；依了義經不依不了義經者，謂大乘爲了義，小乘、中乘乃不了義，故不可依也。

未明心見性說法

《達磨血脈論》云：「不能分別皂白，妄言宣佛敕，謗佛忌法，如斯等類，說法如雨，盡是魔說，即非佛說，師是魔王，弟子是魔民，迷人任他指揮，不覺墮生死海。」「若不見性，說得十二部經教盡是魔說，魔家眷屬，不是佛家子弟，既不辨皂白，憑何免生死？」

假使說得千經萬論，若不見本性，祇是凡夫見，非是佛法。

誤認行善為佛法

一般在家人、出家人誤認行善便是佛法，此乃錯誤。行善雖是好事，但與明心見性成佛無甚關係，種善因者可得善果，善果乃世間福根，非成佛之果也。欲成佛者須修行參禪，參禪所以養育菩提心者也，故《華嚴經》云：「忘失菩提心修諸善法，是爲魔業。」可不慎哉！《六祖壇經．無相頌》云：「迷人修福不修道，祇言修福便是道。布施供養福無邊，心中三惡元來造。擬將修福欲滅罪，後世得福罪還在。但向心中除罪緣，各自性中真懺悔。忽悟大乘真懺悔，除邪行正即無罪。學道常於自性觀，即與諸佛同一類。吾祖惟傳此頓法，普願見性同一體。若欲當來覓法身，離諸法相心中洗。努力自見莫悠悠，後念忽絕一世休。若悟大乘得見性，虔恭合掌至心求。」

知佛恩、報佛恩

釋迦佛創明心見性法門及種種方便以濟度衆生，使超出輪迴苦海，衆生應知佛恩、應報佛恩，此理所當然。惟今之佛徒以爲修建寺廟、印送佛經、喫素行善便是知佛恩、報佛恩，此乃錯誤。昔梁武帝問達摩祖師曰：「朕即位以來，造寺寫經，度僧不可勝紀，有何功德？」祖曰：「並無功德。」帝曰：「何以無功德？」祖曰：「此但人天小果、有漏之因，如影隨形，雖有非實。」帝曰：「如何是真功德？」祖曰：「淨智妙圓，體自空寂，如是功德，不以世求。」又《報恩經》云：「知恩者，自發菩提心，菩提報恩，教一切衆生令發菩提心。」由是觀之，能修大乘明心見性法門者，方可謂之知佛恩；能自己明心見性後再教導衆生修行明心見性者，方可謂之報佛恩也。

比丘夢遺

出家人夢遺精，自己以為持戒不嚴，心中常生苦惱，此乃誤解。遺精乃生理作用，非出故意，無礙戒行。《四分戒》云：「除夢遺，不犯戒。」《大般涅槃經》云：「迦葉菩薩白佛言：『若有比丘，夢行淫欲，是犯戒否？』佛曰：『否也，醒時應生懺悔。』」

達摩拿數珠

世俗畫達摩像，或作手拿數珠之狀，此乃錯誤，達摩乃禪宗初祖，非修念佛法門及數息之禪也。人或而誤謂達摩祖師修念佛者，非也。其作面壁像亦不妥，禪宗不主空心靜坐，斥靜坐是病非禪，且達摩早已明心見性不必再修，何須面壁？良以初來東土言語不通，禪理深微一時無可與語，故終日宴坐以待傳人，非習禪也。倘靜坐是禪，則舍利弗宴坐林中，不應被維摩詰呵責也！

出家人鬧派頭

出家人以恬澹自甘爲本分，古德如趙州和尚四十年穿一衲衣、慧琳和尚三十年著一輛鞋、明教嵩禪師做一紙被數年方成，非欲以此博美名，乃不欲爲生活所累耳。現每見一般法師、方丈當家之輩，食則珍饈美味，衣則狐貉綾羅，住則高堂大廈，出則前呼後擁，與古人之一瓶一缽、竹杖芒鞋，爲一句「隨他去」而歷徧萬水千山者，豈可同日而語耶?昔有某國師入京，行李多至數十擔，致爲司馬溫公所輕視，真心學佛者可不慎哉！

楊岐禪師云：「楊岐乍住屋壁疏，滿牀盡撒雪珍珠。縮卻項，闇嗟吁，翻憶古人樹下居。」棲賢禪師偈云：「莫謂棲賢窮，身窮道不窮。草鞋獰如虎，拄杖活如龍。渴飲曹溪水，饑吞栗棘蓬。銅頭鐵額漢，盡在我山中。」龍山和尚詩云：「一池荷葉衣無盡，滿地松花食有餘。剛被世人知住處，又移茅屋入深居。」古德高風，令人孺慕不已。

出家人不結婚

人或譏出家人不結婚爲不當，謂如全世界之人皆出家，人類必將絕種，此語未當。釋迦佛並不勉人人皆出家，在家亦可修行、亦可成佛。出家者，乃爲擔荷大法，弘揚宗旨，故不畜妻孥以免牽掛，非謂學佛信佛者皆不可結婚也。世俗之人爲專心致志於其事業計，亦多有獨處終身者，如歐洲史學家吉朋、謙謨、柏格兒，哲學家之笛卡兒、巴士卡爾、斯賓諾莎、康德、霍布士、德克、邊沁、斯賓塞、叔本華、尼采，科學家之奈端、斯密應丹，文學家福錄特爾、格黎，政治之維廉鱉特、加富爾、梅馬，皆終身獨居之人，而其思想之貢獻於世界，豈不偉耶？

佛教之信仰乃智信非迷信，佛法是積極不是消極

人每誤認佛教爲消極，此乃錯誤。小乘佛教雖近消極，但大乘則是積極也，其所以有消、積極之別，乃其方法不同所致。小乘修四諦斷六根、中乘修十二因緣斷一念無明，皆是厭苦而求樂、厭煩惱而求涅槃。斷六根者，乃將感覺之門關閉，使煩惱不能侵入而得清淨快樂；斷一念無明者，乃將思想完全停止，入於寂滅禪定之

境得涅槃之樂，然此乃箇人之快樂，與他人無關，故謂之自了漢、謂之消極可也，故佛斥爲「焦芽敗種」。至若大乘菩薩，其所修者爲六波羅蜜：一、布施。二、持戒。三、忍辱。四、精進。五、禪那。六、般若。其目的在明心見性，自己成佛之後再化度衆生。「菩薩」兩字是「菩提薩埵」之簡稱，「菩提」者，乃自覺之道；「薩埵」者，覺有情之義，即自覺覺他之意也。菩薩本願是若有一衆生未滅度，自己則不願成佛，其目的在度盡衆生，使世界變爲淨土而自由平等，此豈消極者哉？菩薩之所以起積極之願行，是因爲明心見性之後大覺大悟，十方世界皆變爲淨土，宇宙萬物皆是法身，故世界並不被取消，以同體之慈悲作度人行願，故曰：「世間法即佛法，佛法即世間法。」不能於此世界外另覓法界，因其體一也。或誤以爲出家學佛，乃離開世界、逃避世間者，此大錯也。菩薩者，先度己後度人，先出世後入世，不先度己則無力度人，不先出世則無法入世，故佛云：「我不入地獄，誰入地獄？」菩薩云：「非度盡一切衆生，決不成佛。」此豈消極之人所能辦耶？

《莊子・大宗師》篇

顏回曰：「回益矣。」仲尼曰：「何謂也？」曰：「回忘仁義矣。」曰：「可以，猶未也。」他日復見，曰：「回益矣。」曰：「何謂也？」曰：「回忘禮樂矣。」曰：「可矣，猶未也。」他日復見，曰：「回益矣。」曰：「何謂也？」曰：「回坐忘矣。」仲尼蹙然，曰：「何謂坐忘？」顏回曰：「墮肢體，黜聰明，離形去知，同於大通，此謂坐忘。」仲尼曰：「同則無好也，化則無常也，而果其賢乎？丘也請從而後也。」」坐忘的道理，就是佛家的無始無明境界。

佛法非唯心，亦非唯物

有認華嚴宗爲客觀唯心論（馮友蘭著，《中國哲學史》，第七四九頁），認法相宗爲主觀唯心論（向林冰著，《中國哲學史綱要》，第三一七頁）者，此皆錯誤。「華嚴四法界觀」雖近似客觀唯心論，但法界觀之最高境界「一真法界」則是絕對者，所謂真如本體是也。真如本體非思辨所能及，非言語所能道，既非心之所謂能觀，則豈可謂之客觀唯心論耶？華嚴宗之緣起法門或可謂爲客觀唯心論，至其性起法門則非心非物，非主觀亦非客觀者也。法相宗之「八識三自性」，或可謂之主觀唯心論，至於「四智三無性」，則是絕對真如境界，言忘慮絕，亦非心之所能觀，非主客之可別也。大凡哲學上所以分主客兩觀、心物之論皆相對者也，佛法中可以言詮之部份亦相對者也，相對者可以思辨領會；至若最後絕對本體，則離於言說，衹可證悟，不能分析也。向來哲學家們研究佛法是當做學問來研究，沒有當作了生脫死的法門來研究，故衹能在相對之範圍內尋枝摘葉，推至絕對之門便無法前進。但佛法之最重要、最究竟部份在於絕對，非在相對也，故哲學家衹能懂佛法之皮毛，不能得佛法之骨髓；衹能採其枝葉，不能得其根本，以皮毛之見解來推測佛之最高根本境界，自然易陷於錯誤之武斷也。故凡以主觀、客觀、唯心、唯物評佛法本體者無有是處。豈不聞馬祖云「不是心，不是佛，不是物」耶？哲學家如要知道「究竟」是甚麼？請先抛開書袋，把那些唯心、唯物的名詞，主觀、客觀的概念投向大海、投向糞坑，然後向那黑黑闇闇的地方看去，看到山窮水盡時，或有些兒消息來也。

佛法不落空

普通一般哲學家皆認爲小乘是：一、我有法空，二、我空法有；大乘是我、法皆空。到這箇「空」字，便認爲是佛法止境，所以把佛法看成落空，此乃大錯。我、法皆空者，是整箇相對宇宙（由腦筋知覺而存者）已結束，於是接著便有一箇絕對的、真實的宇宙出現，永恆不易，圓滿無缺，無生無滅，超越時空，所以佛法是最究極的實在，並非落空。

印度信佛亡國

佛法創始於印度，印度亡國，人遂謂印度因信佛亡國，此乃錯誤。佛法在印度沒落已千餘年，其國人信婆羅門教（即印度教）、回教爲多，當印度佛教旺盛之時，正是印度阿育王朝最富强之時代，猶如中國唐朝最富强，其時中國佛教亦最盛。印度亡國之日，正是其國佛教極衰微之時期，故我謂印度乃因不信佛而亡國。

悟道是悟理

悟道者，明心見性成佛之謂也；悟理者，明白道理之謂也。明白道理並非成佛，悟道是證悟，悟理是解悟，頭腦清楚之人懂得經教道理，但仍須參禪修行，向心內用功打破無始無明，方能明心見性證悟佛道。故世人常謂「悟道是悟理」者，非也。佛性是絕對的，理是相對的，不能用理字來代表佛性本體，修行不在悟理而在證入佛性本體了生脫死。宋儒理學便是把相對的理當做絕對的本體，所以没有究竟，如果悟道是悟理，則佛法變成理學矣！

杲日當空，秋月如鏡

「杲日當空，秋月如鏡」兩語，乃譬喻明心見性之後，真如佛性光明普照也，此境須打破無明窠臼方能證得。今人每以爲一念不動，心境如海水無波，便是「杲日當空，秋月如鏡」，非也。一念不動，仍是「見聞覺知」之靈性境界，非真如佛性境界也。

超出無邊識處

《涅槃經》云：「超出無邊識處。」無邊識處者，無色界四天之一，無始無明範圍是也，能超過無始無明範圍，便是超出三界進入佛性境界。今人每誤爲能斷不想之念，便是超出無邊識處，非也。不想之念亦斷，乃於非想非非想處，無色界最後之一天，仍是無始無明範圍，非佛性境界也。

當淨其意如虛空

《華嚴經》云：「若人欲知佛境界，當淨其意如虛空。」意謂明心見性之後，得絕對之「常樂我淨」，六根皆變爲佛性，如《圓覺經．普眼菩薩分》所云：「眼根清淨者。」《圓覺經》云：「八萬四千塵勞，一切平等清淨不動。」其理相同。今人誤以爲心中清清淨淨、妄念不生便是佛境界，實爲大錯。心中清清淨淨是阿賴耶識中之淨緣，非佛性也。淨緣一受薰染，妄念復生仍爲染緣，淨而又染，染而又淨，便是生滅輪迴；佛性不受薰染，無有生滅輪迴，故不同。

認大手印為禪宗

所謂大手印者，即一切衆生之本心體性與佛平等無別，平等之本性清淨常住，雖忽然不覺而起無明，然其真心體性仍自明淨，縱在六道輪迴，終仍不增不減。此妙明淨性之本體，有時稱之爲「本覺如來」、「普賢如來」、「本清淨見」等等，名異實同，即此一心即是根本大手印。舊派有說，以此普賢如來爲元始佛，無庸積集資糧淨除業障，如彼海水，因風掀動而生波浪，若更加以攪動，則更無寧息澄清之時；又如空中雲霧散去空淨自見，雲霧遮空空性仍在，毫未減損。若吾人之心本無明淨之體性者，則以任何方便不能淨之，心本具妙明淨體故，斯可以方便，拂去背覺合塵之妄念，而得背塵合覺以成佛也。

元本清淨是佛性，佛性不會起無明，起無明根本是見聞覺知靈性，非佛性。如彼海水因風掀動而生波浪，海水是見聞覺知和靈性，波浪是無明，將見聞覺知靈性認爲是佛性，根本認錯，修亦無用。

認大乘佛經為神話

一般人讀《華嚴經》、《維摩詰所說經》及其他發揮絕對妙理之經典，見其中所語皆詫異莫測，非世間所有，遂疑佛經爲神話或不實之語，甚有目《維摩詰經》、《法華經》爲小說者（胡適認《維摩詰經》是小說，袁子才認《法華經》為小說），此乃大錯。蓋因法身妙理非言可宣，故借種種喻以異表其萬一。印度人善說寓言，富於文藝天才，佛徒利用此種特長以說法宣教，蓋亦有之然。佛乃真語者、實語者，絕非神話無稽之談。若讀者係明心見性或已解悟之人，自能領其奧旨，欣悅讚歎也，千萬毋以神話視之，更千萬勿以常理揆之。

古來成佛唯釋迦一人

一般人每謂：「古來成佛，祇有釋迦一人。」此乃大錯。佛乃覺義，凡人皆有佛性，皆可成佛，但能覺悟明心見性，便與諸佛無異。古來祖師證悟如來境界者甚多，皆有事迹語句可考，豈可謂之非成佛耶？《梵網經》云：「一切衆生皆有佛性，我是已成之佛，汝等是未成之佛。」寒山和尚云：「嘗聞釋迦佛，親受燃燈記。燃燈與釋迦，祇論前後智。」在釋迦佛以前古佛極多，與釋迦佛同時證等覺、妙覺者亦不爲少，釋迦佛爲一大事因緣出世，發明種種方法以引導於衆生，使見性成佛，故釋迦佛之後成佛者更多。倘謂「古來成佛唯釋迦一人」，則直把釋迦佛當做「上帝」、「天主」矣，使釋迦佛聞此語，必斥其爲外道邪見也。且衆生修行用功目的在見性成佛耳，如成佛祇有一人，餘皆無望，則辛苦修持者果將奚圖耶？

密在汝邊

惠明問六祖曰：「上來密語密意外，還更有密意否？」祖曰：「與汝説者，即非密也；汝若返照，密在汝邊。」一般人遂誤謂佛法乃祕密傳授不可告人，此乃大錯。六祖之所謂「密」即佛性是也，凡人皆有佛性，無假外求，故曰：「汝若返照，密在汝邊。」釋迦佛的種種法門皆爲普度衆生而設，故不但無祕密可言，抑且愈公開愈好，惟恐衆生不能承當耳，豈有不可告人者哉？語云：「事無不可對人言。」《維摩詰經》云：「不諂是道場。」釋迦佛云：「我是真語者、實語者、如語者。」何祕密之可云耶？至若密宗之「三密加持」，乃受婆羅門神祕作風之影響，又當別論。

終日喫飯，未曾咬著一粒米

黃檗禪師《傳心法要》云：「終日喫飯，未曾咬著一粒米；終日行，未曾踏著一片地。」此乃悟後境界也。明心見性者，三身俱足，終日不離一切事，不被諸境惑，行住坐臥佛性如如，行路喫飯相同然無相關耶！今人誤以爲喫飯時不要執著喫飯，走路時不要執著走路便是悟道，實屬大錯。夫喫飯時不執著喫飯，則飯菜一定會錯往鼻孔裏送；走路時不執著走路，則一定會跌下糞坑去，安能成佛耶？智門祚禪師云：「所以道：『若是得的人，道「火」不燒口，道「水」不溺身，你每日喫飯，還少得一粒麼？』」又古人云：「終日著衣喫飯，未曾咬著一粒米，未曾掛著一縷線。雖然如此，又須實到此裏始得；若未到此田地，且莫掠虛。」

我不入地獄，誰入地獄

經云：「我不入地獄，誰入地獄？」乃指法身也。法身充滿於世界，無所不在，地獄、天宮皆爲淨土是也。人或誤謂佛入地獄者，非也。

心無罣礙

心無罣礙者，謂明心見性之後超出三界，不爲萬法所阻障，得大自在是也。達天或誤爲不掛念富貴名利、死生禍福，便是心無罣礙，非也。不掛念富貴等等，乃達天之命而已，非了生脫死、超出三界之無罣礙也。

一塵不染

人每以爲將妄念斷除乾淨便是一塵不染，或以爲逃遁深山遠離紅塵，便是一塵不染，皆非也。一塵不染者，乃真如佛性之中，著一點生死煩惱不得是也。

印可

宗門不立文字，惟以心印心。以心印心者，已明心見性之明眼善知識，印證後學心得是也，必須同是證悟方予印可，故所印者乃佛性真心，非普通見解也。今人彼此俱未明心見性，一語相投便互相印可，徒增我慢習氣，不但無益，是爲修行之礙。大慧禪師所謂「爛冬瓜印子」，不知印壞了多少人的心也。悲乎！

超出三界

超出三界者，明心見性之後，欲界、色界、無色界皆變爲佛性，無有生死輪迴，不受後有，故名超出三界。今之修行人，或逃遁深山遺世獨立，以爲便是超出三界，祇怕臘月卅日到來，閻羅老子不肯相饒耳！或有認爲將思想妄念斷盡、一無所有便是超出三界，此小乘之見也。思想斷盡入於無色界、無所有處，未出三界也。

王英孫，宋季人，所藏有《雪竇和尚卷》云：

「有無盡是兩頭話，諸祖因不立言詮。末代兒孫立戶牖，一花五葉天真傳。

永嘉雖向曹溪路，畢竟惟聞自己禪。根器警拔誠難遇，鑿透高原始及泉。」

寂滅為樂

《涅槃經》云：「諸行無常，是生滅法；生滅滅已，寂滅爲樂。」諸行無常者，即十二因緣是也。由無明而至老死，循環返復，生滅無常，故謂之生滅法。要破此生滅法，要先打破無明。十二因緣之無明乃一念無明，一念無明不可破，祇有一念無明之根本種子名無始無明者可以打破；無始無明打破，則看見佛性本來無生無滅、常樂我淨，故曰：「生滅滅已，寂滅爲樂。」乃謂打破無始無明見性成佛之後，無生無滅、自在快樂也。今人誤解此意，有謂諸行無常者，乃謂人有生必有死，生時是無常，死了便寂滅快樂。又有謂一念生滅是無常，把一念斷了便是寂滅爲樂，此乃外道斷常之見也，不宜從。

三毒

三毒者，貪、瞋、癡是也，乃煩惱之根源。修小乘者斷貪、瞋、癡，修大乘行菩薩道者則不斷，反可用以度生。貪者，貪度衆生，使成佛道；瞋者，呵罵小乘，讚歎大乘；癡者，視衆生爲子。《涅槃經》云：「我愛一切衆，皆如羅睺羅。」《華嚴經》：「一念瞋心起，百萬障門開。」乃指不行菩薩道之人而言。若菩薩者，乃「不斷煩惱而入涅槃」（出《維摩經》），轉三毒爲三聚淨戒，轉煩惱爲菩提，以三毒爲如來種（出《六祖壇經》）者也。

僧肇《無名論》

僧肇著《涅槃無名論》，以老子「無名天地之始」與佛之「涅槃」並論，實爲大謬。老子之無名乃無始無明也，豈可與涅槃妙心、真如實相並論耶？其言曰：「夫涅槃之爲道也，寂寥虛曠，不可以形名得；微妙無相，不可以有心知。超羣有以出昇，量太虛，而永久隨之，弗得其蹤，迎之罔眺其首，六攝不能攝其生，力負無以化其體，眇奔恍惚若存，若往五目莫睹，其容二聽不聞，其響窈窈冥冥，誰見誰曉彌論？靡所不在而獨曳於有無之表。然則言之者，失其真知之者返其愚。有之者，乘其性；無之者，傷其軀。」由此而觀，僧肇明明把無始無明境界當做涅槃境界，認老子「惚兮恍兮，其中有象；恍兮惚兮，其中有物；渺兮冥兮，其中有精」與涅槃同境，實屬大錯。書成更表上於秦主姚興以希光寵，尤非出家人所宜有之事也。

《傳燈錄．南泉傳》：「德亘炎問師道：『肇法師甚奇特，道萬物同根，衆生一體。』師指庭前牡丹云：『大夫！時人見此一株華，如夢相似。』」

《古尊宿語錄．百丈廣錄》云：「肇云：『菩提之道，不可圖度，高而無上，廣不可極；淵而無下，深不可測。』語也，垛生招箭。」

用《老》、《莊》、《周易》道理釋佛經

佛法以真如實相爲最究極之本體，而《老》、《莊》及《周易》則以無始無明爲最究極之本體，其源不同故宗致各異，已另有文辨之。昔漢明帝時，佛經初傳入中國，簡陋淺缺，學者未能窺其精義所在。迨苻秦什師廣譯大乘經論，印度空宗般若思想始入中國，然真如實相之要旨人尚未盡明瞭，其時適承老莊思想盛極漸衰之際，一班聰慧睿哲之士多去老而歸佛，故佛法獲得迅速之發展。當時一般高僧多先學老莊之說，及其發揮般若性空之理，遂多引用《老》、《莊》、《周易》以爲註腳，每以老子之所謂「無」，用來解釋般若之所謂「空」。「無」之與「空」表面雖若近似，而意義則完全不同。蓋空宗初入中國，一般人尚未完全懂得「空」字之妙義也。老子之「無」即「無極」、「虛無」之義，佛家所謂「無始無明」是也，是一種空洞冥

渺境界；而般若之「空」乃第一義「空」，非「虛空」之空、空洞之「空」，而是佛性徧滿虛空、圓滿現成、如如不動、妙用恆沙之義也。老莊之本體既是「虛無」，宇宙萬物不過是由無生有，由有歸無，衹好讓它自然流行，不必分別好了，所以老莊變成虛無主義、自然主義。佛法之本體是「真如」，體用具足，欲達「真如」必須修行打破無始無明，故產生六波羅蜜之積極思想，又以真如自性之一體同悲，故產生利己利人之大乘思想，其源不同故，其致各異。然當時學者尚未察此，以「無」與「空」等視而觀，因此兩種根本思想之混淆不清，遂陷一般後學於拖泥帶水之境，千載之下尚無爲之明白指出者，良可慨也。

《老子》、《莊子》、《周易》三書，六朝時稱爲「三玄」，用「三玄」及儒書以解佛經，謂之「格義」。例如一、劉虬〈無量義經序〉云：「玄圃以東，號曰太一；罽賓以西，字爲正覺。希無之與修真，其揆一也。」二、范曄《後漢書·西域傳》論佛教云：「詳其清心釋累之訓，空有兼遺之宗，道書之流。」三、《高僧傳·卷六》有云：「釋慧遠……雁門樓煩人也。……博綜六經，尤善《莊》、《老》……年二十一。……時沙門釋道安立寺於太行恆山……遠遂往歸之……年二十四便就講說，嘗有客聽講，難實相義，往復移時，彌增疑昧，遠乃引《莊子》義爲連類，於是惑者曉然。」四、《高僧傳．卷四》有云：「法雅，河間人。……少長外學，長通經義。……時依門徒，並世典有功，未善佛理，雅乃與康法朗等以經中事數，擬配外書，爲生解之例，謂之『格義』，乃毗浮相曇等，亦辯格義以訓門徒。雅丰采灑落，善於樞機，外典佛經，遞互講說。」五、道安〈安般經德序〉云：「安般（即呼吸或出入息）者，出入也。道之所寄，無往不因，德之所寓，無往不託，是故安般寄息以成守，四禪寓骸以成定也；寄息故有六階之差，寓骸故有四級之別。階差者，損之又損，以至於無爲；級別者，忘之又忘，以至於無欲也。無爲，故無形而不因；無欲，故無事而不適。無形而不因，故能開物；無事而不適，故能成務。成務者，即萬有而自彼；開物者，使天兼忘我也。彼我雙廢者，寄於唯守也。」（損之又損，是老子忘之又忘、莊子開物成務、用《易》之理）。六、吉藏《中觀論疏．卷二》有云：「本無者，未有色法，先有於無，故從無出有，即無在有先，有在無後，故稱本無。」又云：「釋道安以本無義，謂無在萬化之先，空爲衆形之始，夫人之所滯在未有，若託本無則異想便息。一切諸法本性空寂，故云：『本無者，與方等經論，什肇山門，故無異也，後故稱本無。』」此乃用老子「天地萬物生於有，有生於無」以解釋道安所立「本無」之義。其實空宗之所謂「本無」即本際之義，本際即本來真際，真如佛性無生無滅是也，與老子之『無極』不同。

又僧肇《寶藏論》云：「夫本際者，即一切衆生無礙涅槃之性也。何謂忽有如是妄心及以種種顛倒者？但爲一念迷也。又此一念從一而起，又此一者從不思議起，不思議者即無所起。故經云：『道始生一，一爲無爲，一生二，二爲妄心，以知一故，即分爲二，二生陰陽，爲動也；以陽爲清，以陰爲濁，故清氣內虛爲心，濁氣外凝爲色，即有心、色二法；心應於陽，陽應於動，色應於陰，陰應於靜，靜乃與玄牝相通，天地交合。故所謂一切衆生，皆稟陰陽虛氣而生，是以由一生二，二生三，三即生爲法也。』既緣無爲而有心，復緣有心而有色，故經云：『種種色心，是以心生萬意，色起萬端，和合業因，遂成三界種子。』夫所以有三界者，爲以執心爲本，迷真一故，即有濁辱，生其妄氣。心妄氣澄清爲無色界，所謂心也；澄濁現爲色界，所謂身也；敬滓穢爲欲界，所謂塵境也。故經云：『三界虛妄不實，唯一心變化。』夫內有一生，即外有無爲；內有二生，即外有二爲；內有三生，即外有三界。既內外相應，遂生種種諸法及恆沙煩惱也。」

道安解「諸法皆空」之義，並非否定現象之存在，而謂一切現象故爲因緣和合所生之範疇，此種由因緣和合而生的萬物之相，乃時刻變化永不休止之範疇，故非萬物之本性；萬物本性爲不變不易之範疇，所以超越人類的認識。如此說法並非錯誤，但既知萬物本性（即真如）爲不變不易、不可認識之範疇，則真實之本性乃無生無滅、非有非無可知矣；而老子之所謂有，乃生於無，有復歸無，一生一滅循環返復，便是生滅輪迴之法，既知其由無生有，便是可認識之範疇；夫有無生滅輪迴可認識之法，豈可與離有無、不生滅、超輪迴、不可以眼根認識之法相提並論耶？此理極明，而諸師不察，深爲惋惜！世尊所據以破外道邪說者，即憑此生滅法與非生滅法一點也。生滅乃起於腦筋揣量妄計，有生滅即有輪迴，不能超出三界，是相對而非絕對；無生無滅，即無輪迴，離於腦筋思量計度，超出時空三界之外，是絕對而非相對也。故老子之「無」是生死本，而般若之「空」是了生脫死之體，不可同日語也。知乎者然後可與談。

印度祖師撰集經典認為佛說

印度習慣，凡撰集典籍多託名古仙人聖示所造或國王所製，藉便流通，傳之既久，真僞莫辨。佛經中亦多項託名典籍，見於《大藏經》中者，有《賢愚因緣經》十三卷、《佛使比丘迦旃延說法沒盡偈經》、《亦菩薩名亦當盡持經》、《付法藏因緣經》六卷、《達摩多羅禪經》二卷、《禪法要解經》二卷、《佛所行讚經》五卷、《法句譬喻經》四卷、《百喻經》二卷、《法句經》二卷、《迦丁比丘說當來變經》。其他尚多，略舉數種以概其餘。閱《大智度論》云：「如是我聞，中外佛法有五種人說：一者佛自說，二者弟子說，三者諸天說，四者仙人說，五者他人說，等皆名佛說，然說於衆生有益者皆是佛說，萬無益者。」

陳白沙讀佛經入詩

陳白沙絕句詩云：「道人本自畏炎炎，一榻香風畫卷簾。無奈華胥留不得，起憑香几讀《楞嚴》。」又有句云：「天涯放逐渾閒事，消得《金剛》一卷經。」白沙理學家也，喜讀佛經，既不怕人知道，更形諸歌詩，較之朱晦庵關門讀《黃檗傳心法要》生怕人曉得，其心胸襟相去遠矣。一切可惜者，皆未有讀懂耳。白沙之學以虛無爲根本，清靜爲門戶；晦庵之太極乃誤認無明爲本體，皆生滅法也。《大般涅槃經》謂外道竊佛法，如以醍醐加水，本味盡失，理學家之謂歟！

蘇東坡以禪語入詩

東坡稟性聰慧過人，崇信佛法，修淨土念佛法門，「西方正據」即其所創之念佛方法也。喜與方外交遊，與佛印禪師過從尤密，故東坡於禪宗道理稍解一、二，好採禪語入詩，而實未悟道。世或謂其參佛印證悟者，誤也。其有〈遊靈山〉詩云：「橫看成嶺側成峯，遠近高低各（或作「了」、「總」）不同。不識靈（或作「廬」）山真面目，祇緣身在此山中。」又云：「溪聲便是廣長舌，山色無非清淨身。夜來八萬四千偈，他日如何舉似人。」〈贈潤信長老〉詩云：「優鉢曇花豈有花，問師此曲唱誰家；已從子美得桃竹，不向安期覓棗瓜。燕坐林間時有虎，高眠粥後不聞鴉；勝遊自古兼支許，爲採松脂寄一車。」亦頗可喜，然非悟道語也。

誤認玄奘法師集藏經

玄奘法師周遊西域有十七年，所得大乘經六百五十七部，後譯出佛經七十六部，計一千三百四十七卷，與姚秦羅什先後相映，厥功偉矣。今之僧徒或謂《大藏經》乃奘師所集者，誤也。中文《大藏經》之集始於宋太祖，後明永樂又刻，書論則紫柏大師所爲刻者也。

註疏經典應慎重

古今學者大事未明，見理不徹，便喜探觚註疏經典，曲解佛意，貽誤來者，不可不慎。六朝時有所謂「格義」者，以《老子》、《莊子》、《周易》名「三玄」道理解釋佛經，以老子之「無」字釋般若佛經之「空」，相隔天淵，不可不知；又有以小乘、中乘宗旨解釋大乘者，亦極舛謬；最誤人者，乃以外道斷常之見解釋佛性，謂真如能起妄念，使真如變爲生滅輪迴之法；又如不執著有無真妄、不分別是非善惡，乃外道四句百非道理，是相對的，而誤認爲這樣做便是修行、便可悟道，既然黑白不分、是非不別，豈非愈弄愈糊塗？做箇俗人尚須腦筋清楚，方能應付世務，這種説法實在害人不淺！又有將佛性比作一面鏡子，無明妄念比作灰塵，灰塵去一點鏡子亮一點，破一分無明證一分法身，此亦生滅之法。如妄念從外來，則與你無干，不必破它；如妄念從內出，則如龍潭出水，斷了又生，無法斷除；灰塵除鏡子亮，灰塵生鏡子又闇，拭了又生，生了又拭，便是生滅輪迴，無有了期。此乃外道道理，學者拿來解釋真如實相佛性，拔舌地獄有分！又有學佛毫無心得，亦欲註疏經典，於是搜羅古人註疏數十種湊集，拉扯成書，謂是己作，誤人誤己，罪過不淺。故從事著述應胸中有把握，七通八達，出諸謹嚴，方免罪過。

印度哲人撰譬喻經典

印度人好作幻想撰寓言，寓言者，寓道德教訓於故事、譬喻之中，起源甚古，在《奧義書》中已保存有最古之譬喻。佛教在很早時期，便利用此種形式來宣教，故佛經中寓言成份極多，藉以啓發智慧、唱出真理，宣教度生之方便也。絕對之理本非言詮所能表示，不得已而在寓言譬喻中予以啓示。《楞嚴經》云：「佛言：『阿難！如來今日實言告汝，諸有智者，要以譬喻而得開悟。』」在中國三藏中所藏尚多，屬於本生經之《六度集經》、《菩薩本生經》等皆是；屬譬喻經者有《百喻經》、《雜譬喻經》、《大莊嚴經》、《撰集百緣經》、《賢愚因緣經》、《雜寶藏經》等都是寓言之作，其他大小乘經典亦多有寓言故事摻入。一般讀經者每誤認寓言故事爲事實，因而發生迷信之見解或疑團，故讀佛經者對於此點不可不知。參考《龍藏經》目錄，那些經是佛說的，那些經是印度哲人撰的，一看便知。

用佛法解釋《中庸》

憨山大師解《中庸》「天命之謂性」，即佛性在先天一念不起；「率性之謂道」，即佛性起一念落於後天，此乃大錯。佛性不變不易，無所謂先天、後天，亦不起念。起念者，乃屬於腦筋之見聞覺知（靈性），非佛性也。儒家誤認無始無明爲生命之源、宇宙之體，「天命之謂性」實際上是指無始無明，無始無明是先天的；「率性之謂道」是一念發作，便是一念無明，一念無明是後天的。先天和後天便是相對，佛性乃絕對者，不可同日而語也。憨山大師於此最緊要之點未能瞭解，故常有「三教同源」之議論調，若明乎者，則不敢謂三教爲同源矣。

刪集佛經

宋時王龍舒居士尊弘淨土，曾將《無量壽經》、《觀無量壽經》、《平等清淨覺經》、《佛說阿彌陀經》四經刪改集湊，成爲《大阿彌陀經》，此實不可。古制佛說者爲經，祖師闡明經理者爲論，解釋論者爲廣論，未聞有擅將佛經刪改湊成經者，不可爲訓也。

閱讀註疏應加揀擇

後人註疏佛經如汗牛充棟，收入《藏經》及《續藏經》中者，何止數千百種。明心見性人所註者，固不背佛之本旨，其未明心見性人所註者，則錯謬百出，玉石雜陳，學者倘不細加揀擇，必爲所誤。故讀《藏經》者寧可多讀本文，勿濫閱註疏；或先請教善知識，擇其確屬可靠者閱之，方免誤入歧途。

未明心見性人語錄

語錄者，古祖師悟道因緣及接引後學之語句也。古時唯明心見性祖師，其後輩方爲收集語錄以利益後學。後人或未明心見性，亦模仿祖師言句湊成語錄，或法語連篇纍牘，魚目混珠，災梨行世；察其語，則多光影門頭，毫無心得，貽誤非淺。出家人修行用功應腳踏實地，未悟謂悟，貽誤何極！凡我佛徒切宜戒之。

文人學佛

古今文人學佛者甚多，乃因文人智慧較一般普通人爲高，故易與佛接近，但真能具有心得者甚少，能明心見性者尤少，乃因文人尋章摘句、舞文弄墨習氣極深，少能腳踏實地用功夫也。文人之明心見性有事迹可考者，如梁朝傅大士、唐朝裴公美、李通玄、龐蘊、宋朝楊大年、黃魯直、馮濟川、張功甫、李漢老、元朝耶律楚材。至若蘇東坡、尤西堂等輩，乃詞章佛法；姚廣孝、康有爲等是政治佛法；梁啓超是宣傳佛法；章炳麟是老莊佛法；歐陽竟無是學問佛法；胡適之是考據佛法；謝無量、蔣維喬、范古農是編輯佛法；梁漱溟、熊十力是外道佛法。然皆能篤信或重視佛法，亦可佩也。

詩僧畫僧

古來詩僧極多，略可分爲兩類：其一乃明心見性之後，水邊林下，自性流露，發爲詩篇，全在天真，不加一字一句，皆自如來藏中流出，雖名爲詩，實同偈語，如寒山、拾得、石屋、雪峯、中峯等之詩是也。其一爲專以詩爲業，刳心剖腎使句騁辭，與秀才爭一日之短長，如宋之九僧、清之蒼雪、近代八指頭陀是也，其詩亦自成一格，然其格韻皆高，生修輩以禪入畫故也。綺語本爲十戒之一，出家人以明心見性、度己度人爲本分大事，詩詞書畫本非正務，倘大事已了，藉以排遣歲日未曾不可；若大事未了，終日指句尋章、含毫吹墨，致誤向上大事，則大可不必也。

改佛經為道經

昔有道士杜光庭將《地藏菩薩本願經》改爲《高上玉皇本行集經》，世稱問碧虛撰爲杜撰者即起於此。又有類此者甚多不勝枚舉，將佛教焰口改爲道教焰口。

以佛法釋老莊

以佛法釋老莊者，古有呂純陽、張三峯，近世有章太炎。純陽、三峯遺集，恍惚禪宗語錄，然其語多未能透徹，蓋未能盡得佛家三昧也。太炎註《道德經》、《南華經》，參以佛理，然未能合，乃因佛以絕對真如爲本體，而老莊乃以相對之無始無明爲體，其源不同，不能互通而無礙也，余另有〈三教同源辨〉闡明之。

語錄用白話

禪宗以不立文字、教外別傳爲綱要，語錄之集已嫌蛇足。人或謂語錄用白話無文字意味，不能行遠者，此乃大錯。語錄者，爲記錄祖師悟道因緣，以利益後來之學者耳，爲避免因辭害意故採用白話，使本意易見也，豈亦須學秀才們吊書袋耶？

梁漱溟論佛教

梁漱溟《印度哲學概論》中論佛法與宗教有云：「西方宗教以科學之發明、哲學之推論，而搖動其根本教理信仰者，使在佛教則絕無其事。『無神論』於彼則涉及上章，於此適符其主張；『進化論』於彼則破其創造之談，於此正可歌取於緣起說中。即假設如科學之雜想，宗教已於斯滅，猶且無與於佛教，以所爲生滅本空之原理，與出生滅之宗旨，無論何時不受變動影響故。一般宗教所以不能圖存者，以彼之教化不復適於現代思潮，即現代思想已通過之，其詘抑人之己性，正爲漸成長之人所不能止。而佛之教化任思想界變遷已涉地步，祇其中無由想過，其爲己性過量之發揮，但念非過量英豪不能承當，無所謂詘抑，使不能堪也。佛法之實體雖在無盡之未來可以無變，即是無時而變佛法之權用，即方便教則不待至今日而已，屬變不一，即是無時不可變。方便教之所說多關涉世間，在當時既出於因緣襲本土之俗傳，在今日即不妨符順今日世界之通義，在將來又不妨符順將來世界之通義。初無關乎根本教理，則何以爲佛法者因猶是也，此與亦不可期諸通常諸宗教者。」此語極有見地，然佛法所以不詘抑人之己性，及不爲世界潮流乃所思過者，其關而世界潮流，乃思想變遷之產物，則何由能過耶？人性亦然，佛法已達何在，梁氏未能明白指也。蓋佛法乃達於極，極之實在者也，最極之境無能過者，思想不能及也；究極實性，任靈性如何發揮終不能到，故無所詘抑也。

普庵咒

《普庵咒》者，乃宋時普庵禪師（孝乾道五年考，江西人，事見《續指月錄》）住山中，聞山泉滴瀝聲，依其聲調造成咒語，朝朝自誦，人或學之，名《普庵咒》，非佛、菩薩所傳也。後人編入《禪門日誦》中，亦不解何意？佛傳咒語義爲總持，乃佛經之精華也，《普庵咒》究有何功德而獲人信仰，如此異哉？

周濂溪《太極圖說》

宋儒理學開山祖周濂溪《太極圖說》乃以道家「先無後有」爲基礎，配以《易》陰陽五行之理，以說明宇宙萬物化生循環返復之體系者也。「無極而太極」者，蓋與老子之「無名天地之始，有名萬物之母」以及「無爲而無不爲」同旨。儒家本祇說

「太極」，「無極」乃道家之說，《老子・知雄章》「復歸於無極」、《莊子・大宗師》篇「撓挑無極」、〈刻意〉篇「澹然無極」、〈在宥〉篇「遊於無極之野」。《道藏》中有《太極先天圖》，相傳出自道家之陳圖南。周子曾師事鶴林寺僧壽崖，得《太極先天圖》，遂加以修改以建立理學體系，如其圖：

無極而太極

無極、太極

水　金

土

火　木

乾道成男　坤道成女

萬物化生

照佛的看法，無極者，無始無明是也；太極者，一念無明是也。何以言之？無極本無，而能生有，一念已生便是太極，念有靜動便分陰陽，陰陽分而兩儀立，變合而生五行，二五之精妙合有乾男坤女，二氣五行萬物化生，萬物復歸於五行，五行歸於陰陽，陰陽歸於太極，太極歸於無極，一降一升循環返復，便是輪迴生滅之法，起於無明，入於無明，如佛學家之十二因緣然。十二因緣祇是說無始無明與一念無明之輪迴作用，換言之，即是腦筋思想作用，不能說明佛性作用也。佛性超於輪迴生滅，無因無緣，不動不靜，本來無生故無滅，本來無有故無無；有無生滅皆腦筋相對作用，與真如本體無關也。《太極圖說》謂無極能生太極，太極又生陰陽萬物，因其有生故有滅，有生滅便有輪迴，有輪迴便非絕對者，故知無極、太極之理，乃憑見聞覺知觀察宇宙變幻之現象而建立假設者，凡觀察之所能及絕非絕對本體也。絕對真如本體「言語道斷，心行處滅」，既不可用思想去測度，亦不可用語言來表現，祇有直接證入者方能知之，能證入者則無輪迴生死矣，故名「見性成佛」。成佛之後不再變爲衆生，不再受輪迴；而太極則是輪轉不息者，雖然做到「天人合一」至聖地步，仍不免於輪迴生死。因爲「無極而太極」，不過是由一念無明入於無始無明，「無始無明」正是生死的根本也。

關於太極就是一念無明之說，現在再提出幾箇證據。周濂溪以爲欲進於「天人合一」的太極境界，祇有「誠」和「一」，「誠」究爲何物耶？《通書》說：「大哉乾元！萬物資始，誠之源也。……元亨，誠之通也。利貞，誠之復也。大哉易也！性命之源乎？」又說：「寂然不動，誠也。」又云：「誠無爲，幾善惡。」、「誠是有無之間」。由以上幾句話而觀，可見「誠」本來寂然不動、無善無惡，正是無始無明境界，但又能通能復，便是一念無明境界。周子之說蓋本於《易》之「易無思也，無為也，寂然不動，感而遂通天下之故」，這是描述無始無明與一念無明之作用，無思、無為、寂然不動，正是無始無明；而遂通天下之故，便是一念思起，擴而成整箇相對宇宙，換言之，就是腦筋的作用，腦筋的作用當然不能說是最究極之本體也。

陽明學不可比於佛法

人或以陽明學比佛法者，實為大錯。陽明之學以四句教法為綱領，即「無善無惡心之體，有善有惡意之動，知善知惡是良知，為善去惡是格物」是也，此四句乃是「無始無明」與「一念無明」之作用，與真如佛性體用不可同日而語。陽明之學未能超出「無明」範圍，仍在三界輪迴之中，病在用腦筋推測度量，腦筋乃虛幻不實者，故其所得亦虛幻不實，非最後真實體用也。真如佛性非思想度量所能及，不受薰染，無有變易，惟證與證乃知。佛家以真如佛性為本源，而儒家以無始無明為本源，其源不同無法相及。人多未明佛性與無始無明之分別，故每誤認無始無明為佛性，而謂儒、佛同源，是以九州之鐵鑄成大錯也。

或謂「無善無惡之心體」即佛家之「真如佛性」，「有善有惡意之動」即佛家之「無明煩惱」，非也。「無善無惡心之體」者乃佛家所謂「無始無明」是也（即六祖所謂「無記空」）；「有善有惡意之動」者乃佛家所謂「一念無明」是也；「知善知惡是良知」者乃佛家所謂「見聞覺知」，即腦筋靈性是也；「爲善去惡是格物」者乃佛家所說四禪病中之「作病」是也。無始無明是靜的，而一念無明是動的，故有根本與枝末之稱。無始無明本來昏昧不明、無知無覺，故初無善惡之分，及其受薰染刺激生出一念無明，遂有見聞覺知分別善惡好醜，一念無明動而復靜則返於無始無明。周濂溪《太極圖說》闡明之無極生太極、太極生陰陽、以至於萬物復歸於無極，便是無始無明與一念無明之循環輪轉作用，一念無明已動，然後有見聞覺知，有見聞覺知然後分別善惡好醜，凡屬含識無不知善知惡者，故陽明之「良知」乃腦筋作用，凡腦筋作用者皆以無明爲主，非佛性也。

一念無明有淨、染兩方面，善是淨緣，惡是染緣，染之與淨同是一念無明，不能單把淨緣當做佛性、當做本體，如不可單把善當做本體一樣。而陽明則曰：「無善無惡理之靜，有善有惡氣之動，不動氣即是善，是謂至善。」夫動、靜、善、惡同出於一源，安可單把善當做本體？「不動氣」時並無善惡，所謂「喜、怒、哀、樂之未發謂之中」是也。「發而皆中節謂之和」，和纔是好的、善的，若不中節則不和便是惡的，可見善惡皆出於「中」，在「中」裏面已含有善惡的種子或善惡之理，而陽明獨謂不動氣是善、是至善，可乎？故宋儒「理善氣惡」之說，清儒已表示不滿。習齋〈存性篇〉云：「若謂氣惡，則理亦惡；若謂理善，則氣亦善。蓋氣即理之氣，理即氣之理，烏得謂純一善而氣質偏有惡哉？譬之目矣，眶皰睛，氣質也，其中光明能見物者，性也，將謂光明之理專視正色，眶皰睛乃視邪色乎……惟因有邪色行動障蔽其明，然後有淫視而惡者視名焉。然其爲之行動者，性之咎乎？氣質之咎乎？若歸咎於氣質，是必無此目，然後可全目之性矣。」

陽明把「爲善去惡是格物」一語做爲修養之方法，此乃修養之大病。善惡既同出於一念無明（即虛妄之心），善念與惡念出没無常，「爲善去惡」是要把惡的念頭去掉，而把善的念頭保留，於是善惡二念在心中不斷爭鬥，惡念雖除仍能再起，於是終日惶惶汲汲不敢放鬆，已心勞日拙而惡念仍不可盡滅，佛家所謂「作病」是也。夫用腦筋感覺推想而知之物，必非物之本相也，腦筋感覺變幻不實，則用腦筋思想去「格物」而得之「知」當然靠不住，反爲明心見性之障，即佛家所云「所知障」，況物無窮而腦力有限，莊周所謂「以看經隨無盡殆矣」是也。

總而言之，陽明之所謂「心」乃無明妄心，非佛性真心也；陽明之所謂「良知」，乃見聞覺知，非佛性真如也；陽明之所謂「格物」乃修養之病，非見性之方也。凡用腦筋思想者所見到無非「無始無明」與「一念無明」之作用，不能見真如佛性也，道家之錯誤亦在乎此。陽明雖曾涉獵佛家藩籬而未得其竅妙，誤認「無始無明」爲體，「一念無明」爲用，實與認賊作父無異。昔有盜夜入富者之室，欲偷其寶而誤攜夜壺以出，竟有購之以爲茶具者，偷者既可悲，購者尤可笑也，千載之下尚有欲以夜壺爲茶具者，則不爲痛哭流涕矣！

李翺之〈復性書〉

真爲宋明道學先驅者，應推唐之韓愈、李翺，李翺之〈復性書〉對於宋明理學影響尤大。李翺認爲性本清明，爲七情所惑故變爲昏濁，故主張「制情復性」。〈復性書〉云：「人之所以爲聖人者，性也；人之所以惑其性者，情也。喜、怒、哀、樂、愛、惡、欲七者，皆情之所爲也，情既昏，性斯溺矣，非性之過也。七者循環而交來，故性不能充也。水之滓也，其流不清；火之煙也，其光不明，非水火清明之過。水不滓，流斯清矣；煙不鬱，光斯明矣；情不作，性斯充矣。」又云：「性與情不相無也，雖然，無性則情無所生矣，是情由性而生，情不自情，因性而情；性不自性，由情以明。」馮友蘭氏評之曰：「此雖仍用韓愈〈原性〉中所用之『性』、『情』二名詞，然其意義中所含之佛學的分子灼然可見，『性』當佛學中所說之本心，『情』當佛學中所說之無明煩惱，衆生與佛皆有淨明圓覺之本心，不過衆生之本心為無明煩惱所覆，故不能發露耳，如水因有沙而滓，然水之為水固自若也。然無明煩惱亦非淨明圓覺之本心，立於對待之地位，蓋無明煩惱亦須依淨明圓覺之本心而起也。」（《中國哲學史》，第八〇五頁）

李翱曾參藥山禪師，對於佛學頗曾涉獵乃無可置疑，然李翱實為僞佛經所誤，即誤於「淨明圓覺本心（佛性）能起無明煩惱」一語是也。此語出《大乘起信論》，所謂「真如緣起」之說。《大乘起信論》是外道所作，託馬鳴之名以傳者，乃生滅法，非佛法也。何以言之？真如佛性不受薰染，恆守本性，無有變易（出《華嚴經·十迴向品》）；無明本無體性，如空花夢影，非由真如而起也。如說無明依真如而起，除去無明回復真如佛性，便是見性成佛，既然則當初能起，將來當然亦能再起，無明再起之時又變為衆生，忽而成佛忽而又衆生，則佛亦有輪迴生滅，仍在三界之中，不能說是超出三界輪迴之外，成佛有何價值？天臺宗認為「真如能受薰染」，故有

「十界在具」之說，就是硬要把佛拉來和畜生、餓鬼一樣受輪迴，非佛法也。但李翺說，情與性原是相通者，情不生時是性是聖人，及情之生又是凡夫，豈非忽而聖人又忽而凡夫，便是輪迴生滅。蓋李翺所謂「性」乃無始無明，李翺所謂「情」乃一念無明，俱是腦筋作用，腦筋靜時是無始無明，腦筋動時是一念無明，同是一箇範圍。「制情復性」是欲使一念無明回返無始無明，無始無明正是生死根源，是妄心的本體，無始無明未破，不能見性成佛。李翺以爲欲復性惟有「誠」，〈復性書〉云：「是故誠者，聖人也，寂然不動，廣大清明，照乎天地，感而遂通天下之故。」誠是一念無明之靜的方面，故寂然不動，但具有「見聞覺知」靈性，故能「照乎天地」。「感而遂通天下之故」是一念無明發作，是把子思所謂「唯天下至誠爲能盡其性」、「誠則明」及《易》之「易無思也，無爲也，寂然不動，感而遂通天下之故」配在一起。

溈山禪師云：「夫道人之心，質直無僞，無背無面，無詐無妄，一切時中視聽尋常，更無委曲，亦不閉眼塞耳，但情不附物即得。從上諸聖祇說濁邊（即相對的）過患，若無如許多惡覺情見想習之事，譬如秋水渟渟，清淨無爲，澹渟澗無礙，喚他作道人，亦名無事人。」此說明悟後境界也。明心見性之後，宇宙萬物皆是佛性，一切時中惟一直心，故無詐妄虛僞，因佛性中本無詐妄虛僞也，故能視聽尋常。當此之時，根、塵、識界皆是佛性妙用，故無須閉眼塞耳。經云：「若能轉物，即同如來。」昔之虛妄七情亦皆變爲佛性，故曰：「情不附物。」因絕對之佛性，與相對之萬物本不相附也。今人或謂「情不附物」，是不執著一切相、不住一切相，非也。佛性中根本無所謂執著與不執著，情與物是兩頭話，祇因衆生在濁邊（在相對宇宙中生活），故說濁邊過患；倘衆生已經在佛性這邊，在絕對宇宙中生活，則一切濁邊過患、虛妄詐僞執著之話，皆須根本取消矣。

唐李翺著〈復性書〉主張「滅情復性」，以爲七情滅盡便可見本性，可返於喜怒哀樂未發之「中」。彼之謂「情」乃佛家所謂一念無明是也，彼之謂「性」乃佛家所謂無始無明是也，兩者其動爲一念無明，其靜爲無始無明，動之與靜乃一物之存於腦筋靈覺之中，非最真實之體也。真實之性與七情無關，非因七情之發而滅，亦非因七情之滅而增，七情未發是無記性，即無始無明；七情滅盡是返於無記性。換言之，即一念無明返歸於無始無明本來面目，是無始無明範圍，故其所謂「復性」者，乃復於無明之性，非真如佛性也。向林冰《中國哲學史綱要》中謂：「李翺所謂『性』，等於佛教所謂本心，唯識家所謂慧；其所謂『情』，則等於佛教所謂無明煩惱，唯識家所謂智。」此是門外語。李翺常參藥山，不無受佛法影響，然實未悟真實之理。其〈復性書〉中有「物至之時，其照之然，明辨而不著山物」之語，亦是誤解情不附物之理也，學者識之。

理學家之天理

天理兩字是宋明理學家惟一最上宗主，千數百年來深思苦索强採力辨，祇求所以體貼此天理而存守之耳。程明道云：「天理二字是我自家體貼出來。」程伊川云：「人祇有箇天理，卻不能存得，更做聖人。」「去人欲之私，存天理之正」二語是宋明理學家修養之鵠的。故周敦頤主「誠」、唐時李翺〈復性書〉主「滅情復性」，而以「誠」爲「性」之極則、程伊川主「整齊嚴肅」、上蔡之「常惺」、龜山主「靜坐中觀喜怒哀樂未發前」作爲氣象、和靖之「其心收斂不容一物」、王陽明之「至善」，謂涵養須用敬，進學則在致知，其實出於一源，誠、敬、靜、至善，到底還是一色，惟字面不同耳。

其實宋明理學家之所謂天理，一念無明是也，即喜、怒、哀、樂未發前之「中」是也。一念無明乃一念寂然未動，無善無惡。周敦頤以「誠」爲「無極」，以「一」爲「太極」，所以「太極」便是一念無明。其《通書》之言「誠」曰：「大哉乾元！萬物資始，誠之源也。」又云：「寂然不動者，誠也。」程明道云：「天地設位，而易行乎其中，衹是敬也。敬則無間斷，體物而不可遺者，誠敬而已矣，不誠則無物也。」曰：「所以謂萬物一體者皆有此理，號爲從那意來。」一念無明未動，衹是寂然一體；及其動也，則陰陽互門，喜、怒、哀、樂生，整箇相對宇宙完成矣。又言：「中庸之言，放之則彌六合，卷之則退藏於密。」乃一念無明動靜之作用也。又云：「天者理也。」一念無明生而後有相對、有善惡，陰陽增減，故又云：「天地萬物之理，無獨必有對，皆自然而然，非有安排也。」「萬物莫不有對，一陰一陽，一善一惡，陽長則陰消，善增則惡滅，斯理也，推之其遠矣，人衹要知此耳。」無始無明受刺激生一念無明，一念無明動極而靜，復歸於無始無明，便有輪迴生死。故伊川云：「物極必反，其理須如此，有生便有死，有始必有終。」又云：「道二，仁與不仁而已，自然理如此。道無無對，有陰則有陽，有善則有惡，有是則有非。」又云：「有理則有氣，有氣則有理。」

凡出自腦筋思想度量者，其理必相對，相對者必有生滅變幻，而非究極之實性，釋迦佛之斥外道即在以其爲腦筋度量之生滅法，而非最究極真實之法也。故宋明理學家其所謂「天理」，乃對「人欲」而言；所謂「性」，乃對「情」而言；所謂「理」者，乃對「氣」而言，俱是相對的。作爲儒家思想泉源之「易」，便是先民用腦筋觀察宇宙幻變不居之象而想出來的理則，由陰陽而至八卦，無非相對者也。

張橫渠《易說》云：「有兩則有一，是太極也。一物而兩體，其太極之謂歟。」《正蒙・太和篇》云：「兩不立，則一不可見，一不可見，則兩之用息。兩體者，虛實也、動靜也、聚散也、清濁也，其究一而已。」張子之所謂「一」，乃與「多」爲相對，彼以充滿之氣之太虛爲本體，而此本體之中則有一、多、有、無之對立變化，故《正蒙・參兩篇》云：「一物兩體，氣也，一故神，兩故化。」又《正蒙・太和篇》云：「氣本之虛，則湛本無形，感而生，則聚而有象，有象斯有對，對必反其爲，故愛惡之情同出於太虛，而卒歸於物欲。」又《正蒙・動物篇》云：「物無孤立之理，非同異屬伸終始以發明之，則雖物非物也；事有始卒乃成，非同異有無相感，則不見其成，不見其成，則雖物非物。」

總上而觀，可見宋儒之宇宙乃相對者，由於腦筋度量之所得；宇宙真實之本體非腦筋所能度量，愈加度量則去真實本體愈遠。六祖所謂：「任伊盡思共推，轉加懸遠。」《圓覺經》所謂：「以有思惟心測度如來圓覺境界，如取螢火燒須彌山，終不能著。」蓋腦筋者變幻者也，以變幻者看物，則物皆變幻；以變幻者測不變幻者，則不變化者亦隨之而變幻矣，故《圓覺經》云：「未出輪迴而辨圓覺，彼圓覺性即同流轉。」是也。

祖師後身

祖師大徹大悟之後，與諸佛把臂偕行，超出三界輪迴不受後有，設再入世度生，亦必爲大善知識。世或謂五祖戒禪師身後爲蘇東坡、草堂清禪師身後爲曾魯公者，不可信也。蘇、曾二公雖天賦過人，然皆世俗之慧，充其量不過文章方伯、風流名士而已，非能度生善知識也。查考《五祖》、《草堂》語錄，並無身後之說，必後人附會無疑。如謂曾魯之降生時，夢中看見一和尚來，夫世俗之人醒中亦夢，況夢中之話安能置信？又謂夢見五祖禪師來，醒了卻見是蘇東坡，亦是夢人說夢話，古人云：「處世如大夢。」況夢中之夢耶？阿誰信之？

佛不能免定業

《涅槃經》謂佛有三不能度：一、無緣不能度。二、不信不能度。三、定業不能免。定業者乃報身之定業，祇能減輕不能全免也。人或謂既已明心見性，業障已空，何定業不能免除？如印度禪宗二十四祖師子尊者、中土初祖達摩、二祖慧可皆死於非命，既已見性成佛，能知過去未來，何以不能避此定業耶？此乃誤解。夫明心見性之後，與諸佛同一法身，報身已屬無關重要，如大海一漚若存若亡。就法身而觀，不見罪性，業障了不可得，其報身所受之生死禍福，與佛性了不相干。古人云：「四大原無主，五陰本來空。將頭臨白刃，猶如斬春風。」又云：「假使鐵輪頭上旋，定慧圓明終不失。」釋迦成佛之後，尚有孫陀羅利旃遮女之毀謗、調達推山之害、金槍馬麥之險，然此皆不礙其爲佛也。至若「能知過去現在未來」者乃謂佛性本體超越時間、空間，過去、現在、未來皆是一樣，不變不動，在此世界如此，在另一世界亦無非如此，在過去如此；在未來亦無非如此，所謂六通者亦不外此理，幸毋以神通視之。佛乃真語者、不誑語者，應篤信勿疑。

誤傳釋迦、彌陀、彌勒投生中國

世傳智者大師是釋迦牟尼佛下生，又傳永明壽禪師、蓮池大師是阿彌陀佛下生、布袋和尚是彌勒佛下生。夫修行者明心見性大徹大悟之後，與諸佛同一法身，此身即佛，謂其與佛無異固無不可，但必指定爲某佛下生則未免無聊。智者大師實未證悟，故臨終求生西方，豈有釋迦佛下生而不能明心見性者哉？蓮池大師爲人最著實，臨終自言：「我實未悟。」豈有彌陀下生，而不能證悟者哉？凡此種種諸佛下生傳說，皆世人欽仰智者、永明、蓮池、布袋和尚諸大師之德行，故附會以美之也。吾人但明乎見性之後與諸佛同一法身可矣，毋再作此種無聊之附會，以增衆生之迷，而重口舌之業。

相傳六朝有高僧在峨嵋山住茅蓬，每晚見一披髮菩薩身騎一大白象，走路經過茅蓬面前，僧乃隨其後，看菩薩走到山頂，向山後面直下去（峨嵋山高一百二十里，後山是懸直無路），後乃相傳普賢菩薩到此。相傳漢摩騰法師隨漢明帝遊五台山，謂帝曰：「昔文殊菩薩與一萬眷屬在此山説法。」帝遂建寺供養，蔚爲大道場。臨濟曰：「有一般學人，向五台山裏求文殊，找錯了也，五台山無文殊。你欲識文殊麼？衹你目前用處，始終不異，處處不疑，此箇是活文殊；你一念心無差別，處處總是普賢；你一念心自能解縛，隨處解脫，此是觀音三昧法。互為主伴，出則一時出，一即三，三即一，如是解得始好看教。」

延摩羅密窟

《華嚴經》裏邊說：「震旦國有延摩羅密窟，有菩薩在此修行，與眷屬說法。」非青島嶗山延摩羅窟也，是指敦煌的延摩羅窟也。

飛來峯

晉朝天竺慧理法師遊杭州西湖，見其山崛謂極似印度靈鷲山，人遂稱為飛來峯，靈隱寺即慧理所創建者。

燒香拜佛

《法華經》云：「舉首低頭，皆當成佛。」謂人敬仰如來，舉首低頭之際已生正念，在心田中栽下種子，此種子將來緩緩成長，故終有成佛之一日也。今燒香禮佛，即在種下成佛之種子，應同時發願以求成佛，切勿作他想。世俗之人燒香拜佛時，常禱佛冥祐或求升官、或求發財、或求生子，皆非正理也。

未悟道者死後亦可燒得舍利

曹山本寂禪師，曾令侍者送袴與一住菴道者，道者曰：「自有孃生袴。」竟不受。師再令侍者問：「孃未生時著箇甚麼？」道者無語。後遷化有舍利，持似於師，師曰：「直饒得八斛四斗，不如當時下得一轉語好。」觀者是見未悟道者，死後亦可燒得舍利，蓋道心堅固、行願真摯者亦可得之。每見世俗僧人平生不懂佛法，死後燒化亦可得舍利，人或疑其悟道者，非也。或有謂拜經、拜佛、沐浴而得舍利者，則直同妖言惑衆矣。

誤認幻術為佛法

古代印度風俗喜演幻術，末流佛徒或染其風氣，能吞刀吐火，愚夫驚其神異，誤認幻術即是佛家之所謂神通，此乃大誤。正派學佛者最鄙薄此輩，古祖師云：「正法眼藏，不著神通。」蓋指此也。倘以幻術爲悟道而得之神通，則今之馬戲班演員，箇箇可以成佛矣。老龐云：「神通並妙用，運水及搬柴。」此真明心見性者之神通也，阿誰識之？

韓愈闢佛未可全非

韓文公闢佛，佛徒多斥之以爲非是，余則以爲韓公之爲未可全非，但其立論較偏、所見較狹耳。我國思想文明向不重迷信，當愈之時，不肖僧徒藉佛以招搖、騙財，闢之宜也。佛制修行者死後焚化，收舍利建塔，爲紀念有道者耳，非謂死之骨可以降福顯靈也。而有僧徒遂謂藉之可以得福，愚民斂財，設吾正當佛徒見之，亦應鳴鼓攻之，擯而斥之諸佛門外。雖然如此，不能以少數僧徒之不肖謂佛爲不肖也，故闢不肖之僧則可，闢佛則不可也。韓公初實不知佛法爲何物，其推佛之論僅限於政治倫理而未嘗涉及哲理之域，其〈陳佛表〉（〈諫迎佛骨表〉）中的排佛理論，不外乎狹隘種族主義思想，未認清是非邪正，而遂明損斥毀謗則失之偏狹矣。其〈原道〉所謂「退之分心其外而遺其中」，是知石而不知韞玉也，「退之所謂者其迹也」；又謂其後貶處潮州，與大顛爲友，始稍明佛理，不無惚悔，倘早遇大顛，則必不多此一舉矣。其〈與香尚書〉云：「潮州時有一著號大顛，頗聰明識道理，實能外形骸，以理自勝，不爲文物侵亂，與之語雖不盡解，要自胸中無滯礙。」又《五燈會元》載潮州靈山大顛寶通禪師：「韓文公一日相訪，問師：『春秋多少？』師提起數珠曰：『會麼？』公曰：『不會。』師曰：『晝夜一百八。』公不曉，遂回。次日再來，至門前，見首座，舉前話，問：『意旨如何？』座扣齒三下。及見師，理前問，師亦扣齒三下，公曰：『元來佛法無兩般。』師曰：『適來問首座，亦如是。』師乃召首座，問：『是汝如此對否？』座曰：『是。』師便打趁出院。文公又一日，白師曰：『弟子軍州事繁，佛法省要處乞師一語。』師良久，公罔措。時三平爲侍者，乃敲禪牀三下，師曰：『作麼？』平曰：『先以定動，後以智拔。』公乃曰：『和尚門風高峻，弟子於侍者邊得箇入處。』」

降鸞

近士大夫間多好作降鸞之術，請某神仙下降以問休咎禍福，或請濟公臨壇，不肖之徒藉以斂財，乃迷信之尤，凡吾佛徒切不可信，亦不可爲也。

專制之宗教

世界之宗教多借神權以專制人類之思想，如上帝、天主等等，皆能加人以禍福，信之則得救，否則獲譴。人升上天堂或入地獄一任獨裁，此專制低級之宗教也。佛教則不然，謂人人皆有佛性、皆可成佛，成佛與否應視自己之業力意志而定。《梵網經》云：「一切衆生皆有佛性、皆當作佛，我是已成之佛，汝等是未成之佛。」「自由平等」四字，最早見於佛經，佛性乃絕對平等自由者也，不但有情界平等，即無情界亦皆平等也。佛徒修行成佛，與諸佛同一法身把臂偕行，絕對平等，但未聞耶教徒箇箇可爲上帝、箇箇可與上帝平等也。故佛教實爲民主式之宗教，即人所以迷信，同之可悲也。

康南海欲於世間造佛界

康南海頗信佛法，自命救主，其平生提倡佛法不無可取，惜未遇真正善知識，憑其俗慧推測揣量，故始終未得入門。其所著《大同書》，乃採華嚴法界平等之理，及其闡大同之說以成者也。其門徒梁任公爲述行傳，謂南海理想非因承中國古書，及非剿襲泰西今籍，乃憑其佛學功夫以成者也。余謂南海實未明華嚴法界之竅妙，故其法界理想近於不倫不類。華嚴法界觀乃相對宇宙之最高範疇，由實相之平等推及因相無礙，將六相融爲一相，復將此一相銷歸於絕對之一真法界，既達一真法界，則超出三界輪迴之外矣。一真法界乃諸佛聖覺內自證之所能達，非腦筋揣量所得到也，而南海欲憑其腦筋想像，冀將世間變爲法界，欲藉政治教育之力量以達絕對真如之境，是同緣木以求魚。然其事雖迂，而其心則大也，當今之世，欲求如南海之能發大心思奇想，亦殊不可多睹矣！

錯解辯正

「真空妙有，妙有真空」，佛經中無此話，是從老子《道德經》中來的。「孔德之容，惟道是從，道之惟物，惟恍惟惚，惚兮恍兮，其中有象；恍兮惚兮，其中有物；窈兮冥兮，其中有精。」

「小乘執有，二乘非空非有」，佛經中亦無此話。此段亦從老子之「窈兮冥兮，其中有精」中來。

六朝高僧僧朗法師用空、假、中解釋佛性，佛經中無此解釋，是從莊子《南華經》中道脫胎出來。《南華經》對中道解釋「不要善，不要惡，要中間」爲中道。

「緣督以爲經，緣是順，督是中，經是常道。」

「前念已滅，後念未起，中間是」，佛經中無此說，是從莊子《南華經》脫胎而來。

「寂然不動，感而遂通天下」，佛經中無此語，是從《周易》脫胎而來。

《大般涅槃經》云：「中道者，名爲佛性，以是義故，佛性常恆，無有變易。」「不得第一義空故，不行中道。」得第一義空，即明心見性，佛性偏虛空中，名爲中道。第一義空就是見佛性，出《楞伽經》。

莊子說的中道「善惡生就不是中，善惡滅是中」，這是生滅法相對的；佛家所說中道是見佛性後說的，是佛性偏虛空中的中，山川草木、石頭瓦塊皆是佛性、皆在佛性中，是絕對的。

普通所講中道「中因邊有，不落二邊，名爲中道」，這又分兩方面講法。《大智度論》裏說：「因緣所生法，我說即是空，亦屬是假名，亦屬中道義。」這幾句解釋，因緣所生是空是假，離開空、假便是中，空、假與中是相對的，離空、假便是中，空、假不分離，這就不是中。假如見佛性後，因緣所生的、空的、假的、中的皆變爲佛性。

六祖云：「實性者，處凡愚而不減，在聖賢而不增，住煩惱而不亂，居禪定而不寂，不斷不常，不來不去，不在中間及其內外，不生不滅，性相如如，常住不遷，名之曰道。」

「佛性譬如水，妄念譬如波浪」，佛經中並無此言。水與波之喻，是從莊子《南華經》脫出來。曇遵大師借馬鳴之名作《大乘起信論》，以「真如」比水，以「生滅」比波，此乃錯誤。真如乃佛性作用，生滅乃腦筋妄想作用，兩不相干。真如乃如如不動、無有變易、不起妄念，《華嚴經．十迴向品》言之極詳，倘真如起生滅妄念，如水之起波，則真如亦有生滅輪迴，非最究極之實性矣！《楞伽經》則以海水比阿賴耶識，以波瀾比七識，乃正理也。人謂《大乘起信論》是外道僞造，不爲無因也。後來圭峯大師以冰、水喻妄心與佛性亦是錯誤，源本於《起信論》也。

《大乘起信論》之真如門、生滅門，佛經裏無此二門。真如門比水，生滅門比波，真如門、生滅門是從《易經》之太極圖脫胎而來，陰靜陽動，陰不起念，陽起念，《大乘起信論》之文從《楞伽經》附會出來。

「以妄除妄」，佛經無此說，從《南華經》脫胎出來。《南華經》說「遣之又遣」

即此意也。

「心法雙忘，人法雙泯，人法雙忘」，佛經無載，乃從《南華經》「善惡兩忘」脫胎出來。

「似有非有，似空非空」，佛經中無說，從老子《道德經》「窈兮冥兮，其中有精」脫胎出來。

「隨緣不變，不變隨緣」，佛經無此話，從《南華經》「真人不變」脫胎出來。

「寂寂惺惺，惺惺寂寂，寂而常照，照而常寂」，佛經無此話，從《南華經》「動寂」脫胎出來的。

「祇要我無心於萬物，不怕萬物常圍繞」，佛經無此說，乃莊子《南華經》裏脫胎來的。

「事理無礙」，佛經裏無此話，乃從《南華經》「生死無礙」脫胎而來。

《永嘉禪宗集》：「恰恰用心時，恰恰無心用，無心恰恰用，常用恰恰無。」佛經中無此話，乃從《南華經》脫胎來的。

「不怕妄起，祇怕覺遲」，佛經無此說，從孟子之「良知良能」脫胎而來。

「不執著一切相，不住一切相，對境無心，一切無礙」，佛經無說，乃從《南華經》「天地與我並生，萬物與我爲一」脫胎來的。

「聖人之心如明鏡現前，胡來胡現，漢來漢現」，佛經無說，亦從《南華經》脫胎出來。

慧思禪師曰：「天不能蓋，地不能載，無去無來無障礙，無長無短無青黃，不在中間及內外，超羣出衆太虛玄，指物傳心人不會。」是從《南華經》脫胎出來。

傅大士偈曰：「有物先天地，無形本寂寥，能為萬象主，不逐四時凋。」亦從莊子《南華經》來的。

「妄念從無生」，佛經無此說，乃從老子《道德經》中「天下萬物生於有，有生於無」脫出來的。

「一念覺、一念迷」，佛經中無此說，從孟子「良知良能」脫胎來的。

「始覺、本覺」佛經中無說，始覺起念落於九界衆生，本覺不起念入佛界，乃從《周易》、《太極圖》脫胎來的，一陰一陽謂之曰道，陰是不起念，謂之本覺；陽是起念，謂之始覺。

「佛性比鏡子，妄念比灰塵」，佛經中無有如此說，乃從婆羅門之「冥諦」脫胎出來。

中國的佛學家古今很多高僧大德，將冥諦認爲是佛性，冥諦是非空非有，世間本性起一念生覺，由覺生二十五諦，由二十五諦反歸冥諦本體就是。中國人講的「佛性起無明，斷無明歸佛性」，根本就錯，修行無益。

婆羅門的冥諦就是佛家講的無始無明，生覺就是見聞知覺起一念，由一念生八萬四千念，二十五諦寫在下面。（見次頁圖表）

「真如受薰染」，佛經中無此說，乃從老子《道德經》脫胎而來。

「真如不守本性」，佛經中無此說，乃從老子《道德經》脫胎出來。

「知之一字，眾妙之門，眾福之門」，佛經中無此說，乃從老子《道德經》得來的。

「破一分無明，證一分法身」，佛經中無此說，從老子《道德經》脫胎而來。

依《百論．結頌》曰：一墮冥初生覺，從覺生我心過，我心則生五塵，五塵生於五大，五大生十一根。

「真如緣起」，佛經中無有此說，亦從老子《道德經》出來。

以上五節皆從老子《道德經》「道生一，一生二，二生三，三生萬物，萬物負陰而抱陽」來。《華嚴經》云：「真如不受薰染，真如恆守本性。」《維摩詰經》說：

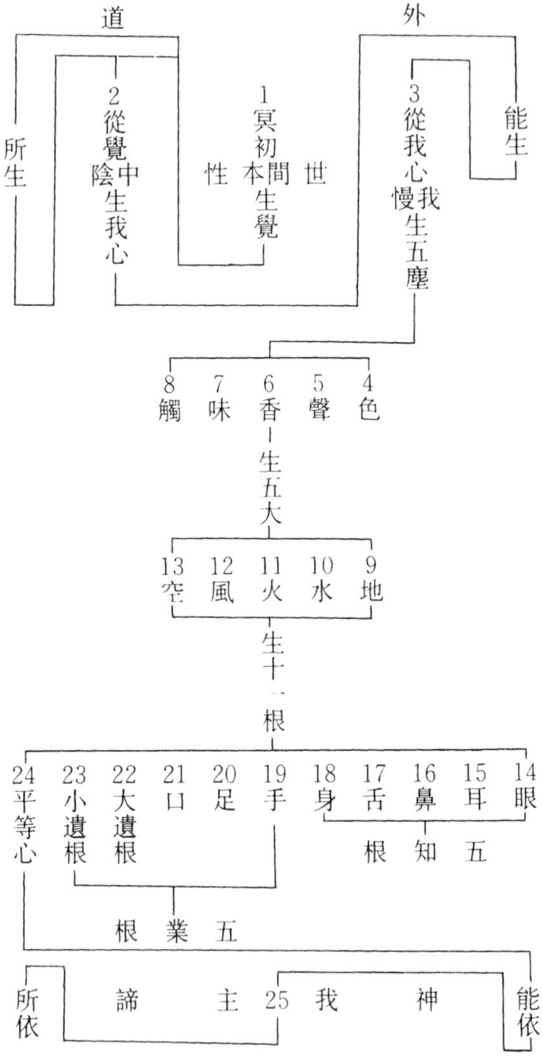

「真如無緣起。」

「起念是識，不起念是智」，佛經中無此說，乃從《易經》中「陰不起念，陽起念」脫胎來的。

藏——經律論三，條然不同，三人修諦緣，度析色入空。

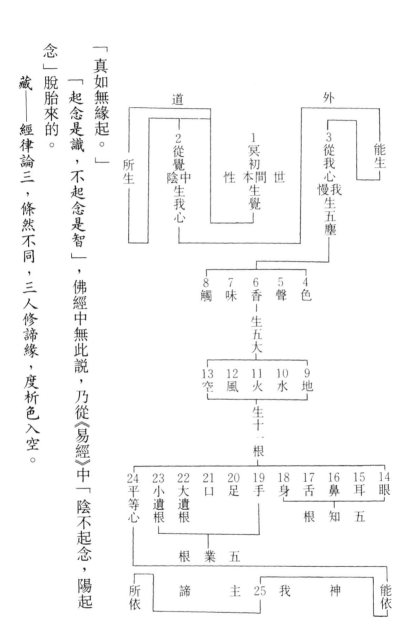

通——通前藏教，通後別圓，三人同以無言說，道體色入空。

別——別前藏通，別後圓教，界外獨菩薩法，修行位次，互不相攝。

圓——明不思議因緣二諦中道事理具足，但化最上利根之人。

查佛經中無「藏、通、別、圓」名詞，乃六朝時僧人將莊子之道理解釋，如中道是莊子《南華經》「善惡兩忘名曰中道」，詳查《南華經》便能明白（即「緣督以為經，緣是順，督是中，經是常道」）。

小——是有

始——是空。

終——不有不空。

頓——即有即空。

圓——不有而有，不空而空。

小、始、終、頓、圓五教義，查各佛經無有載及，考其源乃唐時一般僧人所著而已。有、無、非有非無、亦有亦無，此乃印度婆羅門四句外道。「不有而有、不空而空」，此即老子《道德經》：「道之惟物，惟恍惟惚，惚兮恍兮，其中有象；恍兮惚兮，其中有物；渺兮冥兮，其中有精。」詳查老子《道德經》便可明晰。

所分判而已。

《圓覺經》說：「頓機衆生，從此開悟，亦攝漸修。」慧觀法師分「頓、漸、不定」三教爲判教之說，佛經中無有此說，乃慧觀一人所分判而已。

六朝高僧支道林法用「小頓悟、大頓悟」，經中無此說，乃支道林創造出來。

「理即佛、名字即佛、觀行即佛、相似即佛，分證即佛、究竟即佛」，查佛經無有六即佛，乃後來和尚僞造出來。

「染是識，淨是智」，佛經中無此話，乃從《易經》得來。

「陰是智，陽是識」，佛經中無此話，乃從《易經》、《太極圖》而來。

三藏中最後一藏是論藏，「阿毗曇磨」舊譯意作「對法」，以現代名詞譯當作形而上學（即我國老子、莊子之哲學）。

龍樹菩薩中觀派的作品，所有他的著作，並非龍樹所著，實是釋迦密多羅著的，用龍樹之名所著；《瑜伽師地論》託彌勒菩薩底名，是無著底著作也未可知。以上見許地山著《印度文學》。

我們研究法相宗以《楞伽經》爲主，《瑜伽師地論》、《成唯識論》、《唯識三時頌》祇可作參考。

我們研究三論宗，以《大般若經》爲主，《大智度論》、《中論》、《百論》、《十二門論》祇可作參考，後來學者宜當注意焉。

示眾參公案

釋迦牟尼佛在靈山會上拈花示衆，迦葉微笑，佛云：「吾有正法眼藏，涅槃妙心，實相無相，微妙法門，不立文字，教外別傳，直指人心，見性成佛。」此段公案出《大梵天王問佛決疑經》。古人參公案先明白公案歷史，再擇一、二句話下疑情參究，始參拈花示衆公案，祇參「涅槃妙心」一句，時機成熟便可證悟。下疑情與大乘用功，名雖不同，意思則一。

又梁武帝問達摩祖師曰：「朕即位以來，造寺寫經，度僧不可勝數，有何功德？」祖曰：「並無功德。」帝曰：「何以無功德？」祖曰：「此但人天小果、有漏之因，如影隨形，雖有非實。」帝曰：「如何是真功德？」祖曰：「淨智妙圓，體自空寂，如是功德，不以世求。」帝又問：「如何是聖諦第一義？」祖曰：「廓然無聖。」帝曰：「對朕者誰？」祖曰：「不識。」帝不悟。如參此一公案，可下疑情參「不識」二字，功夫一到便可證悟。

參偈語亦可以悟道，復禮法師〈真妄偈〉云：「真法性本淨，妄念何由起？從真有妄生，此妄何所止？無初即無末，有始應有終。無始而無終，長懷懵茲理。」參此偈下疑情在「真法性本淨」一語，昔鳥窠道林禪師即參此偈悟道。

寶誌禪師偈云：「大道常在目前，雖在目前難睹。若欲悟道真體，莫除聲色言語。言語即是大道，不假斷除煩惱。煩惱本來空寂，妄情遞相纏繞。一切如影如響，不知何惡何好？有心取相爲實，定知見性不了。若欲作業求佛，佛是生死大兆。生死業常隨身，黑闇獄中未曉。悟理本來無異，覺後誰晚誰早？法界量同太虛，衆生智心自小。但能不起吾我，涅槃法食常飽。衆生不解修道，便欲斷除煩惱。煩惱本來空寂，將道更欲覓道。一念之心即是，何須別處尋討？大道祇在目前，愚倒迷人不了。佛性天真自然，亦無因緣修造。不識三毒虛假，妄執浮沈生老。昔時迷日爲晚，今日始覺非早。」此一段下疑情在「佛性天真自然」一語。

傅大士偈曰：「夜夜抱佛眠，朝朝還共起。起坐鎮相隨，語默同居止。纖毫不相離，如身影相似。欲識佛去處，祇這語聲是。」此偈下疑情在「祇這語聲是」一語，功夫純熟便可悟道。

慧思禪師偈曰：「頓悟心源開寶藏，隱顯靈通現真相。獨行獨坐常巍巍，百億化身無量數。縱令逼塞滿虛空，看時不見微塵相。可笑物兮無比況，口吐明珠光晃晃。尋常見說不思議，一語標名言下當。」又偈曰：「天不能蓋，地不能載，無去無來無障礙，無長無短無青黃，不在中間及內外。超羣出衆太虛玄，指物傳心人不會。」前偈下疑情在「獨行獨坐常巍巍」或「看時不見微塵相」均可，後偈下疑情在「無去無來無障礙」。

布袋和尚歌曰：「祇箇心心心是佛，十方世界最靈物。縱橫妙用可憐生，一切不如心真實。騰騰自在無所爲，閑閑究竟出家兒。若睹目前真大道，不見纖毫也大奇。萬法何殊心何異，何勞更用尋經義？心王本自絕多知，智者祇明無學地。非聖非凡復若何？不强分別聖情孤。無價心珠本圓淨，凡名異相妄空呼。人能弘道道分明，無量清高稱道情。攜錫若登故國路，莫愁諸處不聞聲。」「我有一布袋，虛空無罣礙。展開徧十方，入時觀自在。吾有三寶堂，裏空無色相。不高亦不低，無遮亦無障。學者體不如，來者難得樣。智慧解安排，千中無一匠。四門四果生，十方盡供養。吾有一軀佛，世人皆不識。不塑亦不裝，不雕亦不刻。無一滴灰泥，無一點彩色。人畫畫不成，賊偷偷不得。體相本自然，清淨非拂拭。雖然是一軀，分身千萬億。」此偈下疑情在「體相本自然」一句。

世尊於涅槃會上以手摩胸，告衆人曰：「汝等善觀吾紫磨金色之身，瞻仰取足，勿令後悔。若謂吾滅度，非吾弟子；若謂吾不滅度，亦非吾弟子。」時百萬億衆悉得契悟。此公案下疑情在「吾不滅度」一語。

世尊示隨色摩尼珠問五方天王：「此珠作何色？」時五方天王互說異色，世尊藏珠，復擡手曰：「此珠作何色？」天王曰：「佛手中無珠，何處有色？」世尊曰：「汝何迷倒之甚！吾將世珠示之，便強說有青黃赤白色；吾將真珠示之，便總不知。」時五方天王悉自悟道。此公案下疑情參「甚麼是真珠」。

慧可大師問達摩祖師曰：「我心未寧，乞師與安。」祖曰：「將心來，與汝安。」可良久，曰：「覓心了不可得。」祖曰：「我與汝安心竟。」參此公案下疑情在「甚麼是安心竟」。

六祖告惠明曰：「汝既爲法來，可屏息諸緣，勿生一念，吾爲汝說。」明良久，祖曰：「不思善，不思惡，正與麼時，那箇是明上座本來面目？」惠明言下大悟。參此公案下疑情在「善惡不思量，那箇是本來面目」。

僧問六祖：「黃梅意旨甚麼人得？」祖曰：「會佛法人得。」曰：「和尚還會否？」祖曰：「我不會佛法。」參此公案下疑情在「我不會佛法」一語。

南獄懷讓禪師參祖，祖曰：「甚處來？」曰：「嵩山。」祖曰：「甚麼物恁麼來？」曰：「說似一物即不中。」祖曰：「還可修證否？」曰：「修證即不無，污染即不得。」祖曰：「祇此不污染，諸佛之所護念。汝既如是，吾亦如是。」此段公案下疑情在「污染即不得」一語。

青原行思禪師參祖，問曰：「當何所務，即不落階級？」祖曰：「汝曾作甚麼來？」曰：「聖諦亦不爲。」祖曰：「落何階級？」曰：「聖諦尚不爲，何階級之有？」祖深器之。此公案下疑情在「聖諦尚不爲」一語。

僧問石頭禪師：「如何是解脫？」師曰：「誰縛汝？」問：「如何是淨土？」師曰：「誰垢汝？」問：「如何是涅槃？」曰：「誰將生死與汝？」僧問：「如何是西來意？」師曰：「問取露柱。」曰：「學人不會。」師曰：「我更不會。」道悟問：「如何是佛法大意？」師曰：「不得不知。」曰：「向上更有轉處也無？」師曰：「長空不礙白雲飛。」問：「如何是禪？」師曰：「碌磚。」問：「如何是道？」師曰：「木頭。」師示衆曰：「吾之法門，先佛傳授，不論禪定、精進，唯達佛之知見。即心即佛，心、佛、衆生、菩提、煩惱，名異體一。汝等當知，自己心靈，體離斷常，性非垢淨，湛然圓滿，凡聖齊同，應用無方，離心意識，三界六道，惟自心現，水月鏡裏，豈有生滅？汝能知之，無所不備。」此段公案下疑情在「即心即佛」一語。

鳥窠道林禪師，有侍者會通。一日欲辭去，師問曰：「汝今何往？」對曰：「會通爲法出家，和尚不垂慈誨，今往諸方學佛法去。」師曰：「若是佛法，吾此間亦有少許。」曰：「如何是和尚佛法？」師於身上拈起布毛吹之，通遂領悟玄旨。古人云：「若明吹毛利，西來第一諦。」此公案下疑情在「吹毛是西來第一諦」，與釋迦佛拈花同旨。

南陽慧忠國師問禪客：「從何方來？」禪客曰：「南方來。」師曰：「南方有何智識？」曰：「智識頗多。」師曰：「如何示人？」曰：「彼方知識直下示學人：即心是佛，佛是覺義。汝今悉具見聞覺知之性，此性善能揚眉瞬目，去來運用，徧於身中，挃頭頭知，挃腳腳知，故名正徧知，離此之外，更無別佛。此身即有生滅，心性無始以來未曾生滅，身生滅者，如龍換骨、蛇脫皮、人出故宅，即身是無常，其性常也。南方所說，大約如此。」師曰：「若然者，與彼先尼外道無有差別。彼云：『我此身中有一神性，此性能知痛癢，身壞之時神則出去，如舍被燒舍主出去，舍即無常，舍主常矣。』審如此者，邪正莫辨，孰爲是乎？吾比遊方，多見此色，近尤盛矣，聚卻三、五百衆，目視雲漢，云是南方宗旨，把《壇經》改換，添糅鄙談，削除聖意，惑亂後徒，豈成言教？苦哉！吾宗喪矣。若以見聞覺知是佛性者，《淨名》不應云：『法離見聞覺知，若行見聞覺知，是則見聞覺知，非求法也。』」此段下疑情在「法離見聞覺知」，即離卻見聞覺知參。

僧問慧忠禪師：「古德云：『青青翠竹盡是法身；鬱鬱黃花無非般若。』有人不許，云是邪說；亦有信者，云不思議。不知若為？」師曰：「此蓋普賢、文殊境界，非諸凡小而能信受，皆與大乘了義經意合。故《華嚴經》云：『佛身充滿於法界，普現一切眾生前，隨緣赴感靡不周，而常處於菩提座。』翠竹既不出於法界，豈非法身乎？又《般若經》云：『色無邊，故般若亦無邊。』黃花既不越於色，豈非般若乎？深遠之言，不省者難為措意。」此段下疑情在「佛身充滿於法界」一語。

西京荷澤神會禪師。一日鄉信至，報二親俱亡，師入堂白槌曰：「父母俱喪，請大眾念摩訶般若。」眾纔集，師便打槌曰：「勞頓大眾。」下座。此段疑情在「甚麼處念摩訶般若」。

南泉和尚示衆云：「亮座主是蜀中人，解講三十二本經論，於江西講次，來見開元寺老宿，宿問：『見說座主解講經，是否？』主云：『不敢！』宿云：『將甚麼講？』主云：『將心講。』宿云：『心如工伎兒，意如和伎者，爭解講得？』主云：『莫是虛空講得？』宿云：『卻是虛空講得。』主拂袖便行，宿召座主，主回首，宿云：『是甚麼？』主便開悟。」此段下疑情在「是甚麼」。

黃蘗禪師，曾散衆於洪州開元寺。裴相國休一日入寺行次，見壁畫，問寺主：「這畫是甚麼？」寺主曰：「高僧真儀。」公曰：「真儀可觀，高僧何在？」寺主無對。公曰：「此間有禪人否？」曰：「近有一僧，投寺執役，頗似禪者。」公遂請相見，曰：「休適有一問，諸德吝辭，今請上人代酬一語。」師曰：「請相公垂問。」公舉前語，師朗聲曰：「裴休！」公應諾，師曰：「在甚麼處？」公當下知旨，如獲髻珠。此段下疑情「在甚麼處」。

又，裴相國延黃蘗禪師入府，執弟子禮。一日托一尊佛禮師，前跪曰：「請師安名。」師召曰：「裴休！」公應諾，師曰：「與汝安名竟。」此段下疑情在「與汝安名竟」。

福州長慶大安禪師造百丈，禮而問曰：「學人欲求識佛，如何即是？」丈曰：「大似騎牛覓牛。」師曰：「識得後如何？」丈曰：「如人騎牛至家。」師曰：「未審始終如何保任？」丈曰：「如牧牛人，執杖視之，不令犯人苗稼。」師自兹領旨，更不馳求。此段下疑情在「騎牛覓牛」一語。

大愚一日辭智常禪師，師問：「甚麼處去？」愚曰：「諸方學五味禪去。」師曰：「諸方有五味禪，我這裏祇有一味禪。」愚便問：「如何是一味禪？」師便打，愚忽然大悟。此段下疑情在「祇有一味禪」一語。

夾山參船子，子纔見，便問：「大德住甚麼寺？」山曰：「寺即不住，住即不似。」子曰：「不似似箇甚麼？」山曰：「不是目前法。」師曰：「甚麼處得來？」山曰：「非耳目之所到。」師曰：「一句合頭語，萬劫繫驢橛。」師又曰：「垂絲千尺，意在深潭。離鈎三寸，子何不道？」山擬開口，被師一橈打落水中，山纔上船，師又曰：「道！道！」山擬開口，師便打，山豁然大悟，乃點頭三下，師曰：「竿頭絲線從君弄，不犯清波意自殊。」山遂問：「拋綸擲釣，師意如何？」師曰：「絲懸綠水，浮定有無之意。」山曰：「語帶玄而無路，舌頭談而不談。」師曰：「釣盡江波，金鱗始遇。」山乃掩耳，師曰：「如是！如是！」此段下疑情在「竿頭絲線從君弄，不犯清波意自殊」。

婆子供養一僧，常令二八女子送供。一日令女抱住僧，問曰：「正恁麼時如何？」僧云：「枯木倚寒岩，三冬無暖氣。」婆子聽得云：「我二十年衹供養箇俗漢。」遂將菴燒卻，遣出。其僧去二十餘里忽然大悟，疾回舊處打坐，婆復令女亦如前商，僧云：「你知我知，莫與你阿娘知。」此段下疑情在「你知我知」一語。

明州大梅山法常禪師，初參大寂，問：「如何是佛？」寂曰：「即心即佛。」師即大悟，遂至四明梅山真舊隱，縛茅燕處。寂聞師住山，乃令僧問：「和尚見馬大師得箇甚麼，便住此山？」師曰：「大師向我道：『即心即佛。』我便向這裏住。」僧曰：「大寂近日佛法又別。」師曰：「作麼生？」曰：「又道：『非心非佛。』」師曰：「這老漢惑亂人未有了日，任他『非心非佛』，我祇管『即心即佛』。」其僧回舉似寂，寂曰：「梅子熟也。」此段下疑情在「即心即佛」一語。

越州大珠慧海禪師，建州朱氏子。初參馬祖，祖問：「從何處來？」曰：「越州大雲寺來。」祖曰：「來此擬須何事？」曰：「來求佛法。」祖曰：「我這裏一物也無，求甚麼佛法？自家寶藏不顧，拋家散走作麼？」曰：「阿那箇是慧海寶藏？」祖曰：「即今問我者，是汝寶藏，一切具足，更無欠少，使用自在，何假外求？」師於言下自識本心，不由知覺。此段下疑情在「自家寶藏不顧」一語。

信州鵝湖大義禪師，唐憲宗詔入麟德殿論義，有法師問：「如何是四諦？」師曰：「聖上一帝，三帝何在？」法師無語，又問：「欲界無禪，禪居色界，此土憑何而立？」師云：「法師祇知欲界無禪，不知禪界無欲。」曰：「如何是禪？」師以手點空，法師又無對，帝曰：「法師講無窮經論，祇這一點尚不奈何。」師卻問諸碩德曰：「行住坐臥，畢竟以何爲道？」有對：「知者是道。」師曰：「不可以智知，不可以識識，安得知此是道乎？」有對：「無分別是道。」師曰：「善能分別諸法相，於第一義而不動，安得無分別是道乎？」有對：「四禪八定是。」師曰：「佛身無爲，不墮諸數，安在四禪八定耶？」衆皆杜口。此段下疑情參「佛身無爲」一語。

趙州和尚問南泉曰：「如何是道？」泉曰：「平常心是道。」師曰：「還可趣向也無？」泉曰：「擬向即乖。」師曰：「不擬爭知是道？」泉曰：「道不屬知，不屬不知，知是妄覺，不知是無記。若真達不疑之道，猶如太虛，廓然蕩豁，豈可强是非耶？」師於言下悟理。此段下疑情在「平常心是道」一語。

僧問趙州禪師：「狗子還有佛性也無？」州云：「無。」此案參一「無」字，便可明心見性。

有一婆子令人送錢與趙州禪師請轉藏經，師受施利了，卻下禪牀轉一匝，乃曰：「傳語婆子，轉藏經已竟。」其人回舉似婆，婆曰：「比來請轉全藏，如何祇爲轉半藏？」此公案要知「如何是半藏」，應在未起禪牀時參。

溈山禪師上堂：「老僧百年後，向山下作一頭水牯牛，左脇下書五字曰：『溈山僧某甲。』當恁麼時，喚作溈山僧，又是水牯牛；喚作水牯牛，又是溈山僧。畢竟喚作甚麼即得？」仰山出禮拜而退。雲居述偈曰：「不是溈山不是牛，一身兩號實難酬。離卻兩頭應須道，如何道得出常流？」此段下疑情在「離卻兩頭」一語。

澧州龍潭崇信禪師，渚宮人也，其家賣餅，師少而英異。初悟和尚爲靈鑑潛請居天皇寺，人莫之測。師家於寺巷，常日以十餅饋之，天皇受之。每食畢，常留一餅曰：「吾惠汝，以蔭子孫。」師一日自念曰：「餅是我持去，何以反貽我耶？其別有旨乎？」遂造而問焉，皇曰：「是汝持來，復汝何咎？」師聞之頗曉玄旨，因投出家，皇曰：「汝昔崇福善，今信吾言，可名『崇信』。」由是服勤左右。一日問曰：「某自到來，不蒙指示心要。」皇曰：「自汝到來，吾未嘗不指示汝心要。」師曰：「何處指示？」皇曰：「汝擎茶來，吾爲汝接；汝行食來，吾爲汝受；汝和南時，吾便低頭。何處不是指示心要？」師低頭良久，皇曰：「見則直下便見，擬思即差。」師當下開解，復問：「如何保任？」皇曰：「任性逍遙，隨緣放曠，但盡凡心，別無聖解。」此段下疑情在「直下便見」一語。

天皇道悟禪師，謁馬祖，祖曰：「識取自心，本來是佛，不屬漸次，不假修持，體自如如，萬德圓滿。」師於言下大悟。此段下疑情在「本來是佛」一語。

香嚴禪師上堂：「若論此事，如人上樹，口銜樹枝，腳不踏枝，手不攀枝，樹下忽有人問：『如何是祖師西來意？』不對他，又違他所問；若對他，又喪身失命。當恁麼時，作麼生即得？」時有虎頭招上座出衆云：「樹上即不問，未上樹時請和尚道。」師乃呵呵大笑。此段下疑情參「未上樹時」一語，上樹是一半，未上樹又是一半。

德山禪師因疾，僧問：「還有不病者也無？」師曰：「有。」曰：「如何是不病者？」師曰：「阿哪！阿哪！」師復告衆曰：「捫空追響，勞汝心神；夢覺覺非，竟有何事？」言訖，安坐而化。此段下疑情在「如何是不病者」一語。

筠州九峯道虔禪師，爲石霜侍者。洎霜歸寂，衆請首座繼住持，師白衆曰：「須明得先師意始可。」座曰：「先師有甚麼意？」師曰：「先師道：『休去歇去，冷湫湫去，一念萬年去，寒灰枯木去，古廟香爐去，一條白鍊去。』其餘即不問，如何是一條白鍊去？」座曰：「這箇衹是明一色邊事。」師曰：「原來未會先師意在。」座曰：「你不肯我那？但裝香來，香煙斷處若去不得，即不會先師意。」遂焚香，香煙未斷，座已脫去，師拊座背曰：「坐脫立亡即不無，先師意未夢見在。」此段下疑情在「一條白鍊去」一語。

袁州仰山南塔光涌禪師，依仰山剃度，北遊謁臨濟，復歸侍山。山曰：「汝來作甚麼？」師曰：「禮覲和尚。」山曰：「還見和尚麼？」師曰：「見。」山曰：「和尚何似驢？」師曰：「某甲見和尚亦不似佛。」山曰：「若不似佛，似箇甚麼？」師曰：「若有所似，與驢何別？」山大驚曰：「凡聖兩忘，情盡體露，吾以此驗人二十年，無決了者。子保任之！」山每指謂人曰：「此子肉身佛也。」此段下疑情在「亦不似佛」一語。

潭州石霜楚圓禪師，出全州清湘李氏，少爲書生。年二十二，依城南湘山隱靜寺得度，其母有賢行，使之遊方。師連眉秀目，頎然豐碩，然忽繩墨，所至爲老宿所呵，以為少叢林，師崖柴而笑曰：「龍象蹴踏，非驢所堪！」嘗槖骨董箱，以竹杖荷之，遊襄沔間，與守之、谷泉俱結伴入洛中，聞汾陽昭禪師道望為天下第一，決志親依。時朝廷方問罪河東，潞澤皆屯重兵，多勸其無行，師不顧，渡大河，登太行，易衣類廝養，竄名火隊中，露眠草宿。至龍川，遂造汾陽，昭公壯之。經二年，未許入室，師詣昭，昭揣其志，必詬罵使令者，或詆毀諸方，及有所訓，皆流俗鄙事。霜一夕訴曰：「自至法席已再夏，不蒙指示，但增世俗塵勞，念歲月飄忽，己事不明，失出家之利。」語未卒，昭公熟視罵曰：「是惡智識，敢裨販我！」怒舉杖逐之，師擬伸救，昭公忽掩其口，師大悟。此段下疑情在「昭公掩其口」一語。

南康軍雲居曉舜禪師，參洞山。一日如武昌行乞，首謁劉居士，士曰：「老漢有一問，若相契，即請開疏；若不相契，即請還山。」遂問：「古鏡未磨時如何？」師曰：「黑似漆。」「磨後如何？」師曰：「照天照地。」士長揖曰：「且請上人還山。」師懡㦬而歸。洞山問其故，師述前語，山曰：「汝問我。」師舉前問，山曰：「此去漢陽不遠。」進後語，山曰：「黃鶴樓前鸚鵡洲。」師於言下大悟。此段下疑情在「此去漢陽不遠」及「黃鶴樓前鸚鵡洲」兩語。

百丈云：「汝等爲我開田，吾爲汝說大義。」僧開田了，白云：「開田已竟，請和尚說大義。」百丈行數步而立，展開兩手。此公案下疑情在「行數步而立，展開兩手」。

隆興府黃龍慧南禪師。造石霜，中途聞慈明不事事，慢侮少叢林，遂登衡嶽，謁福巖賢，賢命掌書記。俄賢卒，郡守以慈明補之，師心喜，且欲觀其人，以驗雲峯之言。明既至，貶剝諸方，件件數爲邪解，而泐潭密付之旨皆在所斥中，師爲之氣索，遂造其室。明曰：「書記已領徒遊方，借使有疑，可坐而商略。」師哀懇愈切，明曰：「公學雲門禪，必善其旨，如云『放洞山三頓棒』，是有喫棒分？無喫棒分？」師曰：「有喫棒分。」明色莊曰：「從朝至暮，鵲噪鴉鳴，皆應喫棒。」明即端坐，受師炷香作禮。明復問：「脫如汝會雲門意旨，則趙州道：『臺山婆子，我爲汝勘破了也。』且那裏是他勘破婆子處？」師汗下不能答。次日又請，明詬罵不已，師曰：「罵豈慈悲法施耶？」明曰：「你作罵會那？」師於言下大悟，作頌曰：「傑出叢林是趙州，老婆勘破没來由。而今四海明如鏡，行人莫與路爲讎。」明以手指「没」字，師爲易「有」字，明頷之。此段下疑情在「汝作罵會耶」。

袁州楊歧方會禪師，袁州宜春冷氏子。少警敏，不事筆研。及出家，閱經典輒自神會，折節參老宿。慈明自南源徙道吾、石霜，師皆佐之總院事，依之雖久，然未有省發。每咨參，明曰：「庫司事繁，且去。」他日又問：「監寺異日兒孫徧天下在，何用忙爲？」一日明適出，雨忽作，師偵之小徑，既見，遂攔住曰：「這老漢今日須與我說，不說打你去！」明曰：「監寺知是般事便休。」語未卒，師大悟，即拜於泥塗。此段下疑情在「知是般事便休」。

清獻公趙抃，字悅道。年四十餘，擯去聲色，繫心宗教。會佛慧來居衢之南禪，公日親之，慧未嘗措一詞。後典青州，政事之餘多宴坐，忽大雷震驚，即契悟。作偈曰：「默坐公堂虛隱几，心源不動湛如水。一聲霹靂頂門開，喚起從前自家底。」慧聞笑曰：「趙悅老撞彩耳！」公嘗自題偈，齋中曰：「腰佩黃金已退藏，箇中消息也尋常。世人欲識高齋老，祇是柯村趙四郎。」後曰：「切忌錯認。」

漳州保福本權禪師。黃山谷初有所入，問晦堂：「此中誰可與語？」堂曰：「漳州權。」師方督役開田，山谷同晦堂往致問曰：「直歲還知露柱生兒麼？」師曰：「是男是女？」黃擬議，師揮之，堂謂曰：「不得無禮。」師曰：「這木頭不打更待何時？」黃大笑。上堂，舉寒山偈曰：「『吾心似秋月，碧潭清皎潔。無物堪倫比，教我如何說？』老僧即不然，『吾心似燈籠，點火內外紅。有物堪比倫，來朝日出東。』」傳者以爲笑，死心和尚見之，歎曰：「權兄提唱若此，誠不負先師所付囑也。」此段下疑情在「吾心似燈籠」。

左丞范仲居士，字致虛，由翰苑守豫章。過圓通謁旻禪師，茶罷曰：「某行將老矣，墮在金紫行中，去此事稍遠。」通呼內翰，公應諾，通曰：「何遠之有？」公躍然曰：「乞師再垂指示。」通曰：「去此洪都有四程。」公佇思，通曰：「見即便見，擬思即差。」公豁然有省。此段下疑情在「見即便見」一語。

莫將尚書，字少虛，官西蜀時，謁南堂咨決心要，堂使其向好處提撕。適如廁，聞穢氣，急以手掩鼻，遂有省，即呈偈曰：「從來姿韻受風流，幾笑時人向外求。萬別千差無覓處，得來元在鼻尖頭。」堂答曰：「一法纔通法法周，縱橫妙用更何求？青蛇出匣魔年伏，碧眼胡僧笑點頭。」此段下疑情在「得來元在鼻尖頭」。

龍圖王蕭居士，字觀復。留昭覺日，聞開靜板聲有省，問南堂曰：「某有箇見處，纔被人問，卻開口不得，未審過在甚處？」堂曰：「過在有箇見處。」堂卻問：「朝旆幾時到任？」公曰：「去年八月四日。」堂曰：「自按察幾時離衙？」公曰：「前月二十。」堂曰：「爲甚麼道『開口不得』？」公乃契悟。此段下疑情在「開口不得」與「爲甚麼道開口不得」兩語。

大慧禪師問僧曰：「一切智智清淨，無二無二分，無別無斷故。作麼生會？」曰：「一切智智清淨，無二無二分，無別無斷故，某但恁麼會。」師曰：「抱取貓兒來。」僧無語，師便喝出。又云：「但得本，莫愁末，空卻此心是本。既得本，則種種語言、種種智慧、日用應物隨緣、七顛八倒、或喜或怒、或好或惡、或順或逆，皆末也。於隨緣處能自覺知，則無少無剩。」此段下疑情在「一切智智清淨，無二無二分，無別無斷故」數語。

道一禪師曰：「悟自本性，一悟永悟，不復更迷。如日出時，不合於闇，智慧日出，不與煩惱闇俱。了心境界，妄想即除，妄想既除，即是無生。法性本有，有不假修，禪不屬坐，坐即有著。若見此理，真正合道，隨緣度日，坐起相隨，戒行增薰，積於淨業。但能如是，何慮不通？」此段參「法性本有」一語。

道信祖師告牛頭禪師，祖曰：「夫百千法門，同歸方寸；河沙妙德，總在心源；一切戒門、定門、慧門、神通變化，悉自具足，不離汝心；一切煩惱業障，本來空寂；一切因果，皆如夢幻；無三界可出，無菩提可求；人與非人，性相平等。大道虛曠，絕思絕慮，如是之法，汝今已得，更無闕少，與佛何殊？更無別法。汝但任心自在，莫作觀行，亦莫澄心，莫起貪瞋，莫懷愁慮，蕩蕩無礙，任意縱橫，不作諸善，不作諸惡，行住坐臥，觸目遇緣，總是佛之妙用，快樂無憂，故名為佛。」師曰：「心既具足，何者是佛？何者是心？」祖曰：「非心不問佛，問佛非不心。」師曰：「既不許作觀行，於境起時，心如何對治？」祖曰：「境緣無好醜，好醜起於心。心若不强名，妄情從何起？妄情既不起，真心任徧知。汝但隨心自在，無復對治，即名常住法身，無有變異。」此段下疑情在「河沙妙德，總在心源」。

天臺雲居智禪師，嘗有華嚴院僧繼宗，問：「見性成佛，其義云何？」師曰：「清淨之性，本來湛然，無有動搖，不屬有無、淨穢、長短、取捨，體自翛然，如是明見，乃名見性。性即佛，佛即性，故曰『見性成佛』。」此段下疑情參「本來湛然」一語。

司空山本淨禪師偈曰：「見聞覺知無障礙，聲香味觸常三昧。如鳥空中祇麼飛，無取無捨無憎愛。若會應處本無心，始得名爲觀自在。」此段下疑情在「若會應處本無心」一語。

無業禪師告弟子等曰：「汝等見聞覺知之性，與太虛同壽，不生不滅，一切境界，本自空寂，無一法可得。迷者不了，即爲境惑，一爲境惑，流轉不窮。汝等當知，心性本自有之，非因造作，猶如金剛，不可破壞。一切諸法，如影如響，無有實者。經云：『惟此一事實，餘二則非真。』常了一切空，無一物當情，是諸佛用心處。汝等勤而習之。」言訖跏趺而逝。此段下疑情在「無一法可得」。慧忠國師曾說：「見聞覺知不是佛性。」又《維摩詰經》說：「法離見聞覺知，若行見聞覺知，是則見聞覺知，非求法也。」乃指未明心見性而言，若明心見性，則見聞覺知皆是佛性。

溈山禪師上堂云：「夫道人之心，質直無僞，無背無面，無許妄心，一切時中，視聽尋常，更無委曲，亦不閉眼塞耳，但情不附物即得。從上諸聖，祇說濁邊過患，若無如許多惡覺情見想習之事，譬如秋水澄渟，清淨無爲，澹渟無礙，喚他作道人，亦名無事人。」此段下疑情在「情不附物」一語。

杭州興教洪壽禪師，同國師普請次，聞墮薪有省，作偈曰：「撲落非他物，縱橫不是塵。山河及大地，全露法王身。」此偈下疑情參「全露法王身」一語。

佛果禪師示衆云：「直下如懸崖撒手，放身捨命，捨卻見聞覺知，捨卻菩提涅槃、真如解脫，若淨若穢，一時捨卻，令教淨裸裸、赤灑灑，自然一聞千悟，從此直下承當。卻來反觀佛祖用處，與自己無二無別，乃至鬧市之中，四民浩浩，經商貿易，以至於風鳴鳥噪，皆與自己無別。然後佛與衆生爲一，煩惱與菩提爲一，心與境爲一，明與闇爲一，是與非爲一，乃至千差萬別，悉皆爲一。方可攪長河爲酥酪，變大地作黃金，都盧渾成一片，而一亦不立，然後行是行、坐是坐、著衣是著衣、喫飯是喫飯，如明鏡當臺，胡來胡現，漢來漢現，初不作計較，而隨處現成。」此段下疑情參「令教淨裸裸、赤灑灑」一語。

世尊因外道問：「不問有言，不問無言？」世尊良久，外道歎曰：「世尊大慈大悲，開我迷雲，令我得入。」作禮而去。阿難問佛：「外道得何道理，稱讚而去？」世尊曰：「如世良馬，見鞭影而行。」

世尊一日陞座，迦葉白椎曰：「世尊說法竟。」下座。

世尊一日，因文殊在門外立，乃曰：「文殊！文殊！何不入門來？」文殊曰：「我不見一法在門外，何以教我入門？」

世尊嘗在尼律樹下坐次，因二商人問：「世尊還見車過否？」曰：「不見。」「還聞否？」曰：「不聞。」「莫禪定否？」曰：「不禪定。」「莫睡眠否？」曰：「不睡眠。」商人乃歎曰：「善哉！善哉！世尊乃覺而不見。」世尊說偈曰：「諸行無常，是生滅法；生滅滅已，寂滅爲樂。」

世尊嘗於阿難行次，見一古佛塔，世尊便作禮，阿難曰：「此是甚麼人塔？」世尊曰：「過去諸佛塔。」阿難曰：「過去諸佛是甚麼人弟子？」世尊曰：「是吾弟子。」阿難曰：「應當如是。」

世尊一日陞坐，大衆集定，文殊白椎曰：「諦觀法王法，法王法如是。」世尊便下座。

世尊一日敕阿難：「食時將至，汝當入城持鉢。」阿難應諾，世尊曰：「汝既持鉢，須依過去七佛儀式。」阿難便問：「如何是七佛儀式？」世尊召阿難，阿難應諾，世尊曰：「持鉢去！」

懶殘禪師云：「饑來喫飯，睏來即眠。愚人笑我，智乃知焉。不是癡鈍，本體如然。要去即去，要住即住。」

法順大師頌曰：「嘉州牛喫草，益州馬腹脹。天下覓醫人，灸豬左膊上。」

阿難尊者白佛言：「今日入城，見一奇特事。」佛曰：「見何奇特事？」尊者曰：「入城見一攢樂人作舞，出城總見無常。」佛曰：「我昨日入城，亦見一奇特事。」尊者曰：「未審見何奇特事？」佛曰：「我入城時見一攢樂人作舞，出城時亦見樂人作舞。」

者一日問迦葉曰：「師兄！世尊傳金縷袈裟外，別傳箇甚麼？」迦葉召阿難，阿難應諾，迦葉曰：「倒卻門前剎竿著。」

永嘉玄覺禪師，對祖曰：「生死事大，無常迅速。」祖曰：「何不體取無生，了無速乎？」曰：「體即無生，了本無速。」祖曰：「如是！如是！」覺方具威儀禮拜。須臾告辭，祖曰：「返太速乎？」曰：「本自非動，豈有速耶？」祖曰：「誰知非動？」曰：「仁者自生分別。」祖曰：「汝甚得無生之意。」曰：「無生豈有意耶？」祖曰：「無意誰當分別？」曰：「分別亦非意。」祖歎曰：「善哉！」

祖告眾曰：「我有一物，無頭無尾，無名無字，無背無面，諸人還識否？」神會出曰：「是諸佛之本源、神會之佛性。」

南嶽禪師告道一禪師曰：「汝學坐禪？為學坐佛？若學坐禪，禪非坐臥；若學坐佛，佛非定相。於無住法，不應取捨。你若坐佛，即是殺佛；若執坐相，非達其理。」

荷澤神會禪師參青原禪師，師問：「甚麼處來？」曰：「曹溪。」師曰：「曹溪意旨如何？」會振身而立，師曰：「猶帶瓦礫在。」曰：「和尚此間莫有真金與人麼？」師曰：「設有，汝向甚麼處著？」

僧問青原禪師：「如何是佛法大意？」師曰：「廬陵米作甚麼價？」

僧問道一和尚：「為甚麼說即心即佛？」曰：「為止小兒啼。」曰：「啼止時如何？」師曰：「非心非佛。」曰：「除此二種人來，如何指示？」師曰：「向伊道：『不是物。』」曰：「忽遇其中人來時如何？」曰：「且教伊體會大道。」

問：「如何是西來意？」師曰：「祇今是甚麼意？」

僧問：「如何是西來意？」師便打曰：「我若不打汝，諸方笑我也。」

問：「如何得合道？」師曰：「我早不合道。」

百丈問：「如何是佛法旨趣？」師曰：「正是汝放身命處。」

僧那禪師曰：「祖師心印，非專苦行，但助道耳。若契本心，發隨意真光之用，則苦行如握土成金；若惟務苦行而不明本心，爲憎愛所縛，則苦行如黑月夜履於險道。汝欲明本心者，當審諦推察，遇色遇聲，未起覺觀時，心何所之？是無耶？是有耶？既不墮有無處所，則心珠獨朗，常照世間，而無一塵許間隔，未嘗有一刹那頃斷續之相。」

僧問天柱禪師：「達摩未來此土時，還有佛法也無？」師曰：「未來且置，即今事作麼生？」曰：「某甲不會，乞師指示。」師曰：「萬古長空，一朝風月。」

安國玄挺禪師，初參威禪師。侍立次，有講《華嚴經》僧問威禪師曰：「真性緣起，其義云何？」威良久，師遽召曰：「大德！正興一念問時，是真性中緣起。」其僧言下大悟。

道欽禪師。馬祖令人送書到，書中作一圓相，師發緘，於圓相中作一點，卻封回。

溈潭準和尚。因侍者告辭，書偈授之云：「鳥窠吹布毛，老婆爲侍者。今古道雖同，寶峯不然也。二月三月時，和風滿天下。在處百花開，遠近山如畫。岐路春禽鳴，高巖春水瀉。頭頭三昧門，虛明周大野。好箇真消息，書送汝歸舍。」

坦然、懷讓二僧問嵩嶽慧安國師：「如何是祖師西來意？」師曰：「何不問自己意？」曰：「如何是自己意？」師曰：「當觀密作用。」曰：「如何是密作用？」師以目開合示之，然於言下知歸，讓乃即謁曹溪。

南陽慧忠國師，肅宗問：「如何是十身調御？」師乃起立，曰：「會麼？」帝曰：「不會。」師曰：「與老僧過淨瓶來。」又曰：「如何是無諍三昧？」師曰：「檀越蹋毗盧頂上行。」帝曰：「此意如何？」師曰：「莫認自己清淨法身。」

師問紫璘供奉：「佛是甚麼義？」曰：「覺義。」師曰：「佛曾迷否？」曰：「不曾迷。」師曰：「用覺作麼？」

供奉註《思益經》，師曰：「凡註經須會佛義始得。」曰：「若不會佛意，爭解註經？」師令侍者盛一碗水，中著七粒米，碗面安一隻箸，問奉：「是甚麼義？」

奉無語，師曰：「老僧意尚不會，何況佛意？」

老宿有偈曰：「五蘊山頭一段空，同門出入不相逢。無量劫來賃屋住，到頭不識主人翁。」

昔有二菴主，旬日不相見，忽相會，上菴主問下菴主：「多時不相見，向甚麼處去？」下菴主曰：「在庵中造箇無縫塔。」上菴主曰：「某甲也要造一箇，就兄借取塔樣子。」下菴主曰：「何不早說，卻被人借去了也。」

處州法海立禪師，因徽宗革本寺作神霄宮，師陞座謂衆曰：「都緣未徹，所以說是說非；蓋爲不真，便乃分彼分此。我身尚且不有，身外烏足道哉？正眼觀來，一場笑具。今則聖君垂旨，更僧寺作神霄，佛頭添箇冠兒，算來有何不可？山僧今日不免橫擔拄杖、高挂鉢囊，向無縫塔中安身立命，於無根樹下嘯月吟風，一任乘雲仙客，來此咒水書符，叩牙作法，他年成道，白日上昇，堪報不報之恩，以助無爲之化，祇恐不是玉，是玉也大奇。然雖如是，且道山僧轉身一句，作麼生道？還委悉麼？」擲下拂子，竟爾趨寂。郡守具奏詔，仍改寺額曰「真身」。

老宿示衆曰：「佛法在日用處、行住坐臥處、喫茶喫飯處、語言相問處、所作所爲處。」

百丈禪師謂衆曰：「有一人長不喫飯，不道饑；有一人終日喫飯，不道飽。」師有時說法竟，大衆下堂，乃召之，大衆回首，師曰：「是甚麼？」上堂：「靈光獨耀，迴脫根塵，體露真常，不拘文字，心性無染，本自圓成，但離妄緣，即如如佛。」問：「如何是大乘頓悟法要？」師曰：「汝等先歇諸緣，休息萬事，善與不善、世出世間、一切諸法，莫記憶，莫緣念，放捨身心，令其自在，心如木石，無所辨別，心無所行，心地若空，慧日自現，如雲開日出相似。」

黃檗禪師上堂，大衆纔集，師拈拄杖一時打散，復召大衆，衆回首，師曰：「月似彎弓，少雨多風。」問：「如何是西來意？」師便打。問：「何者是佛？」師云：「汝心是佛，佛即是心，心、佛不異，故云『即心即佛』。若離於心，別更無佛。」云：「若自心是佛，祖師西來如何傳授？」師云：「祖師西來，惟傳心佛，直指汝等，心本來是佛，心心不異，故名爲祖。若直下見此意，即頓超三乘一切諸位，本來是佛，不假修成。」云：「若如此，十方諸佛出世說於何法？」師云：「十方諸佛出世，祇共說一心法，所以一切聲色，是佛之慧目，法不孤起，仗境方生，爲物之故，有其多智。終日說，何曾說？終日聞，何曾聞？所以釋迦四十九年說法，未曾說著一字。語默動靜、一切聲色，盡是佛事，何處覓佛？不可更頭上安頭、嘴上加嘴，心外無法，滿目青山。」又云：「是法平等，無有高下，是名菩提。即此本源清淨心，與衆生諸佛、世界山河、有相無相，徧十方界，一切平等，無彼我相。此本源清淨心，常自圓明徧照，世人不悟，祇認見聞覺知爲心，爲見聞覺知所覆，所以不睹精明本體。但直下無心，本體自現，如大日輪，升於虛空，徧照十方，更無障礙。故學道人惟認見聞覺知、施爲動作，空卻見聞覺知，即心路絕無入處，但於見聞覺知處認本心；然本心不屬見聞覺知，亦不離見聞覺知，但莫於見聞覺知上起見解，亦莫於見聞覺知上動念，亦莫離見聞覺知覓心，亦莫捨見聞覺知取法，不即不離，不住不著，縱橫自在，無非道場。」

問：「如何是見性？」云：「性即是見，見即是性，不可以性更見性；聞即是性，不可以性更聞性。祇你作性見，能聞能見性，便有一異法生。他分明道：『所可見者，不可更見。』你云何頭上更著頭？迦旃延祇為以生滅心傳實相法，被淨名呵責。分明道：『一切法本來無縛，何用解他？本來不染，何用淨他？』故云：『實相如是。』豈可說乎？汝今祇成是非心、染淨心，學得一知一解。」

上堂云：「即心是佛，上至諸佛，下至蠢動含靈，皆有佛性，同一心體。所以達摩從西天來，惟傳一心法，直指一切衆生本來是佛，不假修行。但如今識取自心，見自本性，更無別求。云何識自心？即如今言語者正是汝心，若不言語又不作用，心體如虛空相似，無有相貌，亦無方所，亦不一向是無，有而不可見。故祖師云：『真性心地藏，無頭亦無尾，應緣而化物，方便呼為智。』故佛言：『我於菩提實無所得。』默契而已。」

「凡人臨欲終時，但觀五蘊皆空，四大無我，真心無相，不去不來，生時性亦不來，死時性亦不去，湛然圓寂，心境一如，但能如是，直下頓了，不為三世所拘繫，便是出世人也。切不得有分毫趣向，若見善相、諸佛來迎及種種現前，亦無心隨去；若見惡相種種現前，亦無心怖畏。但自忘心，同於法界，便得自在，此即是要節也。」

洛京佛光如滿禪師，唐順宗問：「佛從何方來，滅向何方去？既言常住世，佛今在何處？」師答曰：「佛從無爲來，滅向無爲去。法身等虛空，常住無心處。有念歸無念，有住歸無住。來爲衆生來，去爲衆生去。清淨真如海，湛然體常住。智者善思惟，更勿生疑慮。」帝又問：「佛向王宮生，滅向雙林滅，住世四十九，又言無法說？山河與大海，天地及日月，時至皆歸盡，誰言不生滅？疑情猶若斯，智者善分別。」師答曰：「佛體本無爲，迷情妄分別。法身等虛空，未曾有生滅。有緣佛出世，無緣佛入滅。處處化衆生，猶如水中月。非常亦非斷，非生亦非滅。生亦未曾生，滅亦未曾滅。了見無心處，自然無法說。」帝聞大悅，益重禪宗。

五洩山靈默禪師，沐浴焚香，端坐告衆，曰：「法身圓寂，示有去來，千聖同源，萬靈歸一。吾今漚散，胡假興哀，無自勞神，須存正念。若遵此命，真報吾恩；倘固違言，非吾之子。」時有僧問：「和尚向甚麼處去？」師曰：「無處去。」曰：「某甲何不見？」師曰：「非眼所睹。」言畢，奄然而化。

寶積禪師示衆：「全心即佛，全佛即人，人佛無異，始爲道矣。」

水潦和尚問馬祖：「如何是西來的的意？」祖乃當胸踏倒，師大悟，起來拊掌呵呵大笑云：「也大奇！也大奇！百千三昧、無量妙義，祇向一毫頭上，一時識得根源去。」乃作禮而退。師後告衆曰：「自從一喫馬祖踏，直至如今笑不休。」

石鞏慧藏禪師，馬祖問：「作甚麼？」曰：「牧牛。」祖曰：「作麼生牧？」曰：「一回入草去，驀鼻拽將回。」祖曰：「子真牧牛。」

福州古靈神贊禪師的師父，一日在窗下看經，蜂子投窗紙求出，師睹之曰：「世界如許廣闊不肯出，鑽他故紙驢年去。」遂有偈曰：「空門不肯出，投窗也太癡。百年鑽故紙，何日出頭時？」

潭州石霜山性空禪師，僧問：「如何是祖師西來意？」師云：「如人在千尺井中，不假寸繩出得此人，即答汝西來意。」

趙州和尚。僧問：「學人乍入叢林，乞師指示。」師云：「喫粥了也未？」云：「喫粥了也。」師云：「洗鉢盂去。」其僧因此大悟。

僧問：「如何是祖師西來意？」師曰：「庭前柏樹子。」曰：「和尚莫將境示人。」師曰：「我不將境示人。」曰：「如何是祖師西來意？」師曰：「庭前柏樹子。」

師問新到：「曾到此間麼？」曰：「曾到。」師曰：「喫茶去。」又問另一僧，僧曰：「不曾到。」師曰：「喫茶去。」後院主問曰：「爲甚麼曾到也云『喫茶去』，不曾到也云『喫茶去』？」師召院主，主應諾，師曰：「喫茶去。」

問：「狗子還有佛性也無？」師曰：「無。」曰：「上至諸佛，下至螻蟻，皆有佛性，狗子爲甚麼卻無？」師曰：「爲伊有業識在。」又僧問：「狗子還有佛性也無。」師曰：「有。」曰：「既有，爲甚麼入這皮袋裏來？」師曰：「知而故犯。」

示衆：「佛之一字，吾不喜聞。」幻菴覺頌曰：「佛之一字不喜聞，去年依舊今年春。今年春間降大雪，陵墓烏盆變白盆。」

問：「萬法歸一，一歸何所？」師曰：「老僧在青州作一領布衫重七斤。」

僧寫師真呈，師曰：「且道似我不似我？若似我，即打殺老僧；不似我，即燒卻真。」僧無對。

問：「承聞和尚親見南泉，是否？」師云：「鎮州出大蘿蔔頭。」

尼問：「如何是密密意？」師以手搯之，尼曰：「和尚猶有這箇在！」師曰：「卻是你有這箇在。」

上堂：「金佛不度鑪，木佛不度火，泥佛不度水，真佛內裏坐。菩提涅槃、真如佛性，盡是貼體衣服，亦名煩惱。」又云：「此事如明珠在掌，胡來胡現，漢來漢現，老僧拈一枝草作丈六金身用，將丈六金身作一枝草用，佛即是煩惱，煩惱即是佛。」

長沙和尚偈曰：「學道之人不識真，祇爲從來認識神。無始劫來生死本，癡人喚作本來人。」問：「亡僧遷化甚麼處去也？」師示偈曰：「不識金剛體，卻喚作緣生。十方真寂滅，誰在復誰行？」

福州芙蓉山靈訓禪師，初參歸宗，問：「如何是佛？」宗曰：「我向汝道，汝還信否？」曰：「和尚誠言，安敢不信！」宗曰：「即汝便是。」師曰：「如何保任？」宗曰：「一翳在眼，空花亂墜。」

潭州潙山靈祐禪師，參百丈，丈一見許之入室，遂居參學之首。侍立次，丈問：「誰？」師曰：「某甲。」丈曰：「汝撥爐中有火否？」師撥之，曰：「無火。」丈躬起，深撥得少火，舉以示之曰：「汝道無這箇聻？」師由是發悟，禮謝，陳其所解，丈曰：「此乃暫時岐路耳。經云：『欲識佛性義，當觀時節因緣。』時節既至，如迷忽悟，如忘忽憶，方省己物，不從外得。故祖師云：『悟了同未悟，無心亦無法。』祇是無虛妄凡聖等心，本來心法，元自備足，汝今既爾，善自護持。」

時有僧問：「頓悟之人，更有修否？」師曰：「若真悟得本，他自知時，修與不修是兩頭語。如今初心雖從緣得，一念頓悟自理，猶有無始曠劫習氣未能頓淨，須教渠淨除現業流識，即是修也，不可別有法教渠修行趣向。從聞入理，聞理深妙，心自圓明，不居惑地，縱有百千妙義，抑揚當時，此乃得坐披衣，自解作活計始得。若以要言之，則實際理地，不受一塵；萬行門中，不捨一法。若也單刀直入，則凡聖情盡，體露真常，理事不二，即如如佛。」

澧州高沙彌，初參藥山，山問：「甚處來？」師曰：「南嶽來。」山曰：「何處去？」師曰：「江陵受戒去。」山曰：「受戒圖甚麼？」師曰：「圖免生死。」山曰：「有一人不受戒，亦無生死可免，汝還知否？」師曰：「恁麼則佛戒何用？」山曰：「這沙彌猶掛唇齒在！」

師一日辭藥山，山問：「甚麼處去？」師曰：「某甲在衆有妨，且往路邊卓箇草菴，接待往來茶湯去。」山曰：「生死事大，何不受戒去？」師曰：「知是般事便休，更喚甚麼作戒？」

潭州龍山和尚。洞山與密師伯行腳，見溪流菜葉，洞曰：「深山無人，因何有菜隨流？莫有道人居否？」乃相與撥草溪行五、七里間，忽見師羸形異貌，放下行李問訊，師曰：「此山無路，闍黎從何處來？」洞曰：「無路且置，和尚從何而入？」師曰：「我不從雲水來。」洞曰：「和尚住此山多少時耶？」師曰：「春秋不涉。」洞曰：「和尚先住？此山先住？」師曰：「不知。」洞曰：「爲甚麼不知？」師曰：「我不從人天來。」洞曰：「和尚得何道理，便住此山？」師曰：「我見兩箇泥牛鬥入海，直至於今絕消息。」洞山始具威儀禮拜，便問：「如何是主中賓？」師曰：「青山覆白雲。」曰：「如何是賓中主？」師曰：「長年不出戶。」曰：「賓主相去幾何？」師曰：「長江水上波。」曰：「賓主相見，有何言說？」師曰：「清風拂白月。」洞山辭退。師乃述偈曰：「三間茅屋從來住，一道神光萬境閑。莫把是非來辨我，浮生穿鑿不相關。」又曰：「一池荷葉衣無數，滿地松花食有餘。剛被世人知住處，又移茅屋入深居。」因燒菴，不知所如，故人亦稱「隱山和尚」。

襄州居士龐蘊，謁石頭，乃問：「不與萬法爲侶者是甚麼人？」頭以手掩其口，豁然有省。

澧州藥山惟儼禪師，首造石頭之室，便問：「三乘十二分教某甲麤知，嘗聞南方直指人心見性成佛，實未明了，伏望和尚慈悲指示。」頭曰：「恁麼也不得，不恁麼也不得，恁麼不恁麼總不得。子作麼生？」師罔措，頭曰：「子因緣不在此，且往馬大師處去。」師稟命恭禮馬祖，仍申前問，祖曰：「我有時教伊揚眉瞬目，有時不教伊揚眉瞬目，有時揚眉瞬目者是，有時揚眉瞬目者不是。子作麼生？」師於言下契悟，便禮拜。祖曰：「你見甚麼道理便禮拜？」師曰：「某甲在石頭處，如蚊子上鐵牛。」祖曰：「汝既如是，善自護持。」

李翺問藥山和尚：「如何是道？」師以手指上下曰：「會麼？」曰：「不會。」師曰：「雲在青天水在瓶。」李欣然作禮，述偈曰：「鍊得身形似鶴形，千株松下兩函經。我來問道無餘話，雲在青天水在瓶。」李又問：「如何是戒、定、慧？」師曰：「貧道這裏無此閑家俱。」李罔測玄旨。

潭州招提寺慧朗禪師，初參馬祖，祖問：「汝來何求？」曰：「求佛知見。」祖曰：「佛無知見，知見乃魔耳。汝自何來？」曰：「南嶽來。」祖曰：「汝從南嶽來，未識曹溪心要。汝速歸彼，不宜他往。」師歸石頭，問：「如何是佛？」頭曰：「汝無佛性。」師曰：「蠢動含靈又作麼生？」頭曰：「蠢動含靈卻有佛性。」曰：「慧朗爲什麼卻無？」頭曰：「爲汝不肯承當。」師於言下信入。住後凡學者至，皆曰：「去！去！汝無佛性。」其接機大約如此。

天皇道悟禪師，謁馬祖，祖曰：「識取自心，本來是佛，不屬漸次，不假修持，體自如如，萬德圓滿。」師於言下大悟。

益州大隨法真禪師，妙齡夙悟，徧參知識。次至大溈會下數載，食不至充，臥不求暖，清苦鍊行，溈深器之。一日問曰：「闍黎在老僧此間，不曾問一轉話？」師曰：「教某甲向甚麼處下口？」溈曰：「何不道『如何是佛』？」師便作手勢掩溈口，溈歎曰：「子真得其髓！」

福州靈雲志勤禪師，本州長谿人也。初在溈山，因見桃花悟道，有偈曰：「三十年來尋劍客，幾回落葉又抽枝。自從一見桃花後，直至如今更不疑。」溈覽偈，詰其所悟，與之符契，囑曰：「從緣悟達，永無退失，善自護持。」

洪州新興嚴陽尊者，初參趙州，問：「一物不將來時如何？」州曰：「放下著。」師曰：「既是一物不將來，放下箇甚麼？」州曰：「放不下，擔取去。」師於言下大悟。

僧問：「如何是佛？」師曰：「土塊。」曰：「如何是法？」師曰：「地動也。」曰：「如何是僧？」師曰：「喫粥喫飯。」問：「如何是新興水？」師曰：「面前江裹。」

婺州新建禪師，不度小師，有僧問：「和尚年老，何不畜一童子侍奉？」師云：「有眼闍、耳聾、口啞底，爲我討一箇來。」

袁州仰山慧寂通智禪師，參潙山，潙問：「汝是有主沙彌？無主沙彌？」師曰：「有主。」曰：「主在甚麼處？」師從西過東立，潙異之。師問：「如何是真佛住處？」潙曰：「以思無思之妙，反思靈談之無窮，思盡還源，性相常住，事理不二，真佛如如。」師於言下頓悟。

潙山示衆曰：「一切衆生皆無佛性。」鹽官示衆曰：「一切衆生皆有佛性。」鹽官有二僧往探問，既到潙山，聞舉揚，莫測其涯，若生輕慢。因一日與師言話次，乃勸曰：「師兄須是勤學佛法，不得容易。」師乃作此○相，以手拓呈了，卻拋向背後，遂展兩手就二僧索，二僧罔措，師曰：「吾兄直須勤學佛法，不得容易。」便起去。時二僧卻回鹽官，行三十里，一僧忽然有省，乃曰：「當知溈山道：『一切衆生皆無佛性。』信之不錯。」便回溈山。一僧更前行數里，因過水，忽然有省，自歎曰：「溈山道：『一切衆生皆無佛性。』灼然他恁麼道。」亦回溈山，久依法席。

臨濟祖師：「有時一喝如金剛王寶劍，有時一喝如踞地獅子，有時一喝如探竿影草，有時一喝不作一喝用。汝作麼生會？」僧擬議，師便喝。

示衆：「我有時先照後用，有時先用後照，有時照用同時，有時照用不同時。先照後用，有人在；先用後照，有法在；照用同時，驅耕夫之牛，奪饑人之食，敲骨取髓，痛下針錐；照用不同時，有問有答，立賓立主，合水和泥，應機接物。若是過量人，向未舉已前撩起便行，猶較些子。」

上堂：「赤肉團上，有一無位真人，常從汝等面門出入，未證據者看看。」時有僧出問：「如何是無位真人？」師下禪牀把住云：「道！道！」其僧擬議，師托開云：「無位真人是甚麼乾屎橛？」便歸方丈。

開示：「大德！三界無安，猶如火宅，此不是你久停住處，無常殺鬼一剎那間，不擇貴賤老少。你要與祖佛不別，但莫外求。你一念清淨心光，是你屋裏法身佛；一念無分別心光，是屋裏報身佛；一念無差別心光，是你屋裏化身佛。此三種身是你即今目前聽法底人，祇爲不向外馳求，有此功用。」又云：「道流！佛法無用功處，祇是平常無事。著衣喫飯，屙屎送尿，睏來即臥，愚人笑我，智乃知焉。古人云：『向外作功夫，總是癡頑漢。』你且隨處作主，立處皆真，一切境緣回換不得，縱有從來習氣、五無間業，皆爲解脫大海。今時學禪者，總不識法，猶如觸鼻羊，逢著物安在口裏，奴郎不辨，賓主不分，如是之流，邪心入道，即不得名爲真出家人，正是真俗家人。夫出家者，須辨得平常真正見解，辨佛辨魔，辨真辨僞，辨凡辨聖，若如是辨得，名真出家人；若魔佛不辨，正是出一家，入一家。道流！你欲得如法，但莫生疑，展則彌綸法界，收則絲髮不立，歷歷孤明，未曾欠少。眼不見，耳不聞，喚作甚麼物？古人云：『說似一物則不中。』你但自家看，更有甚麼？說亦無盡，各自著力。珍重！」

僧問夾山禪師：「如何是夾山境？」師曰：「猿抱子歸青嶂裏，鳥銜花落碧巖前。」

僧問大同禪師，舉「僧問趙州：『初生孩子，還具六識也無？』州云：『急水上打毬子。』急水上打毬子，意旨如何？」師曰：「念念不停留。」

鼎州德山宣鑑禪師，簡州周氏子，丱歲出家，依年受具，精究《律藏》，於性相諸經貫通旨趣，常講《金剛般若》，時謂之「周金剛」。常謂同學曰：「一毛吞海，海性無虧；纖芥投鋒，鋒利不動。學與無學，惟我知焉。」後聞南方禪席頗盛，師氣不平，乃曰：「出家兒千劫學佛威儀，萬劫學佛細行，不得成佛，南方魔子敢言『直指人心，見性成佛』！我當摟其窟穴、滅其種類，以報佛恩。」遂擔《青龍疏鈔》出蜀。至澧陽路上見一婆子賣餅，因息肩買餅點心，婆指擔曰：「這箇是甚麼文字？」師曰：「《青龍疏鈔》。」婆曰：「講何經？」師曰：「《金剛經》。」婆曰：「我有一問，你若答得，施與點心；若答不得，且別處去。《金剛經》道：『過去心不可得，現在心不可得，未來心不可得。』未審上座點那箇心？」師無語，遂往龍潭。至法堂曰：「久嚮龍潭，及乎到來，潭又不見，龍又不現。」潭引身曰：「子親到龍潭。」師無語，遂棲止焉。一夕侍立次，潭曰：「更深，何不下去？」師珍重便出，卻回曰：「外面黑。」潭點紙燭度與師，師擬接，潭復吹滅，師於此大悟。

示衆：「道得也三十棒，道不得也三十棒。」臨濟聞得，謂洛浦曰：「汝去問他：『道得爲甚麼也三十棒？』待伊打汝，接住棒送一送，看伊作麼生？」浦如教而問，師便打，浦接住送一送，師便歸方丈。浦回舉似臨濟，濟曰：「我從來疑著這漢，雖然如是，你還識得德山麼？」浦擬議，濟便打。

示衆：「有言時，騎虎頭，收虎尾，第一句下明宗旨；無言時，覿露機鋒，如同電拂。」

洞山禪師偈曰：「切忌從他覓，迢迢與我疏。我今獨自往，處處得逢渠。渠今正是我，我今不是渠。應須恁麼會，方得契如如。」「枯木花開劫外春，倒騎玉象趁麒麟。而今高隱千峯外，月皎風清好日辰。」「衆生諸佛不相侵，山自高兮水自深。萬別千差明底事，鷓鴣啼處百花新。」「道無心合人，人無心合道。欲識箇中意，一老一不老。」

福州雪峯義存禪師，泉州安南曾氏子，家世代奉佛。師生惡茹葷，於襁褓中聞鐘梵之聲，或見幡花像設，必爲之動容。十二出家，十七落髮，後往幽州寶刹寺受戒，久歷禪會。在洞山作飯頭，淘米次，山問：「淘沙去米？淘米去沙？」師曰：「沙、米一時去。」山曰：「大衆喫箇甚麼？」師遂覆卻米盆，山曰：「據子因緣，合在德山。」洞山一日問師：「作甚麼來？」師曰：「斫槽來。」山曰：「幾斧斫成？」師曰：「一斧斫成。」山曰：「猶是這邊事，那邊事作麼生？」師休去。師辭洞山，山曰：「甚麼處去？」師曰：「歸嶺中去。」山曰：「當時從甚麼路出？」師曰：「從飛猿嶺出。」山曰：「今回向甚麼路去？」師曰：「從飛猿嶺去。」山曰：「有一人不從飛猿嶺去，子還識麼？」師曰：「不識。」山曰：「爲甚麼不識？」師曰：「他無面目。」山曰：「子既不識，爭知無面目？」師無對。遂謁德山，問：「從上宗乘，學人還有分也無？」山打一棒，曰：「道甚麼？」師曰：「不會。」至明日請益，山曰：「我宗無語句，實無一法與人。」師有省。後與巖頭至澧州鼇山鎮阻雪，頭每日祇是打睡，師一向坐禪。一日喚曰：「師兄！師兄！且起來。」頭曰：「作甚麼？」師曰：「今生不著便，共文邃箇漢行腳，到處被他帶累，今日到此又祇管打睡。」頭喝曰：「噇！眠去，每日牀上坐，恰似七村裏土地，他時後日魔魅人家男女去在。」師點胸曰：「我這裏未穩在，不敢自謾。」頭曰：「我將謂你他日向孤峯嶺上盤結草菴，播揚大教，猶作這箇語話！」師曰：「我實未穩在。」頭曰：「你若實如此，據你見處一一通來，是處與你證明，不是處與你剗卻。」師曰：「我初到鹽官，見上堂舉色空義，得箇入處。」頭曰：「此去三十年，切忌舉著。」「又見洞山過水偈曰：『切忌從他覓，迢迢與我疏。渠今正是我，我今不是渠。』」頭曰：「若與麼，自救也未徹在。」師又曰：「後問德山：『從上宗乘中事，學人還有分也無？』德山打一棒，曰：『道甚麼？』我當時如桶底脫相似。」頭喝曰：「你不聞道：『從門入者，不是家珍。』」師曰：「他後如何即是？」頭曰：「他後若欲播揚大教，一一從自己胸襟流出，將來與我蓋天蓋地去。」師於言下大悟。住後，僧問：「和尚見德山，得箇甚麼便休去？」師曰：「我空手去，空手歸。」

問僧：「甚處來？」曰：「溈山來。」師曰：「溈山有何言句？」曰：「某甲曾問：『如何是祖師西來意？』溈山據座。」師曰：「汝肯他否？」曰：「某甲不肯他。」師曰：「溈山古佛，汝速去懺悔。」

撫州曹山本寂禪師，謁洞山，山問：「闍黎名甚麼？」師曰：「本寂。」山曰：「那箇聻？」師曰：「不名『本寂』。」山深器之。

作偈曰：「渠本不是我，我本不是渠。渠無我即死，我無渠即余。渠如我是佛，我如渠即驢。不食空王俸，何假雁傳書。我說橫身唱，君看背上毛。乍如謠白雪，猶恐是巴歌。」

南平鍾王雅重師，致禮敦請，師但書〈大梅山居頌〉一首付使者，偈曰：「摧殘枯木倚寒林，幾度逢春不變心。樵客遇之猶不顧，郢人那得苦追尋。一池荷葉衣無數，滿地松花食有餘。剛被世人知住處，又移茅舍入深居。」

龍牙居遁禪師。裴相國入大安寺，問諸大德曰：「羅睺羅以何爲第一？」曰：「以密行爲第一。」裴不肯，遂問：「此間有何禪者？」時師在後園種菜，遂請來，問：「羅睺羅以何爲第一？」師曰：「不知。」裴便拜曰：「破布裹真珠。」

京兆府蜆子和尚，不知何許人也，事迹頗異，居無定所。自印心於洞山，混俗閩川，不畜道具，不循律儀，冬夏惟披一衲，逐日沿江岸採掇蝦蜆以充其腹，暮即宿東山白馬廟紙錢中，居民目爲蜆子和尚。華嚴靜禪師聞之，欲決真假，先潛入紙錢中。深夜師歸，嚴把住曰：「如何是祖師西來意？」師遽答曰：「神前酒臺盤。」嚴放手曰：「不虛與我同根生！」

玄沙師備禪師。云：「若論此事，喻如一片田地，四至界分，結契賣與諸人了也，祇有中心樹子猶屬老僧在。」師見亡僧，謂衆曰：「亡僧面前，正是觸目菩提，萬里神光頂後相。」學者多溟涬其語。又曰：「玄沙遊徑別，時人切須知。三冬陽氣盛，六月降霜時。有語非關舌，無言切要詞。會我最後句，出世少人知。」

孚上座。陳尚書留在宅供養，一日謂尚書曰：「來日講一徧《大涅槃經》報答尚書。」書致齋茶畢，師遂陞座，良久，揮尺一下曰：「如是我聞。」乃召尚書，書應諾，師曰：「一時佛在。」便乃脫去。

伏龍山奉璘禪師，問：「和尚還愛財色也無？」師曰：「愛。」曰：「既是善知識，爲甚麼卻愛財色？」師曰：「知恩者少。」

襄州石門獻蘊禪師，問青林：「如何用心，得齊於諸聖？」林仰面良久，曰：「會麼？」師曰：「不會。」林曰：「去！無子用心處。」師禮拜，乃契悟。

韶州雲門山光奉院文偃禪師，嘉興人也，姓張氏。幼依空王寺志澄律師出家，敏質生知，慧辯天縱。及長，落髮稟具於毗陵壇，侍澄數年，探窮律部。以己事未明，往參睦州。州纔見來便閉卻門，師乃扣門，州曰：「誰？」師曰：「某甲。」州曰：「作甚麼？」師曰：「己事未明，乞師指示。」州開門，一見便閉卻。師如是連三日扣門，至第三日，州開門，師乃拶入，州便擒住曰：「道！道！」師擬議，州便推出曰：「秦時𨍏轢鑽。」遂掩門，損師一足，師從此悟入。

師在雪峯，僧問峯：「如何是『觸目不會道，運足焉知路』？」峯云：「蒼天！蒼天！」僧不會，遂問師：「『蒼天』意旨如何？」師云：「三斤麻，一疋布。」僧云：「不會。」師云：「更奉三尺竹。」峯聞，喜云：「我常疑箇布衲。」

師云：「光不透脫有兩般病：一切處不明，面前有物，是一；又透得一切法空，隱隱地似有箇物相似，亦是光不透脫。又法身亦有兩般病：得到法身，爲法執不忘，己見猶存，坐在法身邊，是一；直饒透得法身去，放過即不可，子細點檢將來，有甚麼氣息？亦是病。」

問：「如何是塵塵三昧？」師曰：「鉢裏飯，桶裏水。」問：「如何是超佛越祖之談？」師曰：「胡餅。」問：「如何是佛？」師曰：「乾屎橛。」問：「如何是諸佛出身處？」師曰：「東山水上行。」問：「不起一念，還有過也無？」師曰：「須彌山。」問：「如何是透法身句？」師曰：「北斗裏藏身。」

上堂：「聞聲悟道，見色明心。」遂舉手曰：「觀世音菩薩，將錢買胡餅。」放下手曰：「元來祇是饅頭。」

示衆：「十方國土中，惟有一乘法。且道自己在一乘法裏？一乘法外？」代云：「入。」

示衆：「要識祖師麼？」以拄杖指曰：「祖師在你頭上踍跳。」「要識祖師眼睛麼？」「在你腳下。」又曰：「這箇是祭鬼神茶飯，然雖如此，神鬼也無厭足。」

郢州芭蕉山繼徹禪師，初參風穴，穴問：「如何是正法眼？」師曰：「泥彈子。」穴異之。次謁先芭蕉，蕉上堂，舉「仰山道：『兩口一無舌，此是吾宗旨。』」師豁然有省。

彭州承天院辭確禪師，僧問：「衆罪如霜露，慧日能消除時如何？」師曰：「亭臺深夜雨，樓閣靜時鐘。」曰：「爲甚麼因緣會遇時，果報還自受？」師曰：「管筆能書，片舌解語。」

風穴延沼禪師。示衆：「先師曰：『欲得親切，莫將問來問。』會麼？問在答處，答在問處。雖然如是，有時問不在答處，答不在問處，汝若擬議，老僧在汝腳跟底。大凡參學眼目，直須臨機大用現前，勿自拘於小節。」

問：「隨緣不變者，忽遇知音時如何？」師曰：「披簑側立千峯外，引水澆蔬五老前。」問：「九夏賞勞，請師言薦。」師曰：「出袖拂開龍洞雨，泛杯波涌缽囊花。」問：「最初自恣，合對何人？」師曰：「一把香匎拈未暇，六環金錫響遙空。」問：「如何是清淨法身？」師曰：「金沙灘頭馬郎婦。」問：「如何是佛？」師曰：「杖林山下竹筋鞭。」真淨頌云：「杖林山下竹筋鞭，水在深溪月在天。良馬不知何處去，阿難依舊世尊前。」登座說偈曰：「道在乘時須濟物，遠方來慕自騰騰。他年有叟情相似，日日香煙夜夜燈。」

穎橋安禪師，與鍾司徒向火次，鍾忽問：「三界焚燒時，如何出得？」師以香匙撥開火，鍾擬議，師曰：「司徒！司徒！」鍾忽有省。

郢州興陽歸靜禪師，初參西院，便問：「擬問不問時如何？」院便打，師良久，院曰：「若喚作棒，眉鬚墮落。」師於言下大悟。

鄂州黃龍山誨機超慧禪師，初參巖頭，問：「如何是祖師西來意？」頭曰：「你還解救瓮麼？」師曰：「解。」頭曰：「且救瓮去。」後到玄泉，問：「如何是祖師西來意？」泉拈起一莖皁角曰：「會麼？」師曰：「不會。」泉放下皁角，作洗衣勢，師便禮拜，曰：「信知佛法無別。」泉曰：「你見甚麼道理？」師曰：「某甲曾問巖頭，頭曰：『你還解救瓮麼？』救瓮也秖是解黏，和尚提起皁角，亦是解黏，所以道無別。」泉呵呵大笑，師遂有省。

安國慧球禪師，玄沙室中參訊居首，因問：「如何是第一月？」沙曰：「用汝箇月作麼？」師從此悟入。

襄州洞山守初宗慧禪師，初參雲門，門問：「近離甚處？」師曰：「查渡門。」曰：「夏在甚麼處？」師曰：「湖南報慈。」曰：「幾時離彼？」師曰：「八月二十五。」門曰：「放汝三頓棒。」師至明日，卻上問訊：「昨日蒙和尚放三頓棒，不知過在甚麼處？」門曰：「飯袋子！江西、湖南便恁麼去？」師於言下大悟。

問：「如何是佛？」師曰：「麻三斤。」

雲門山朗上座，自幼肄業講肆，聞「僧問雲門：『如何是透法身句？』門曰：『北斗裏藏身。』」師罔測微旨，遂造雲門。門纔見，便把住曰：「道！道！」師擬議，門托開，乃示頌曰：「雲門聳峻白雲低，水急游魚不敢棲。入戶已知來見解，何勞再舉轢中泥？」師因斯大悟。

汾陽善昭禪師。僧問：「真正修道人，不見世間過，未審不見箇甚麼過？」師曰：「雪埋夜月深三尺，陸地行舟萬里程。」曰：「和尚是何心行？」師曰：「卻是你心行。」

上堂：「汾陽有三訣，衲僧難辨別。更擬問如何，拄杖驀頭押。」時有僧問：「如何是三訣？」師便打，僧禮拜，師曰：「為汝一時頌出。第一訣：接引無時節，巧語不能詮，雲綻青天月。第二訣：舒光辨賢哲，問答利生心，拔卻眼中楔。第三訣：西國胡人說，濟水過新羅，北地用鑌鐵。」復曰：「還有人會麼？會底出來通箇消息。要知遠近，莫祇恁麼記言記語，以當平生，有甚麼利益？不用久立，珍重！」

并州承天院三交智嵩禪師，參首山，問：「如何是佛法的的大意？」山曰：「楚王城畔，汝水東流。」師於此有省，頓契佛意，乃作〈三玄偈〉曰：「要用直須用，心意莫定動。三歲師子吼，十方沒狐種。」「我有真如性，如同幕裏隱。打破六門關，顯出毗盧印。」「真骨金剛體可誇，六塵一拂永無遮。廓落世界空爲體，體上無爲真到家。」

汝州葉縣廣教院歸省禪師。參首山，山一日舉竹篦問曰：「喚作竹篦即觸，不喚作竹篦則背，喚作甚麼？」師掣得擲地上曰：「是甚麼？」山曰：「瞎！」師於言下豁然頓悟。

襄州谷隱山蘊聰慈照禪師。初參百丈恆和尚，因結夏，百丈上堂，舉《中觀論》曰：「正覺無名相，隨緣即道場。」師便出問：「如何是『正覺無名相』？」丈曰：「汝還見露柱嗎？」師曰：「如何是『隨緣即道場』？」丈曰：「今日結夏。」次參首山，問：「學人親到寶山空手回時如何？」山曰：「家家門前火把子。」師於言下大悟。

僧問：「深山巖崖，還有佛法也無？」師曰：「有。」曰：「如何是深山巖崖中佛法？」曰：「奇怪石頭形似虎，火燒松樹勢如龍。」

汝州廣慧院元璉禪師。初依招慶真覺禪師，日事炊爨，有閑誦經，真覺見而問曰：「汝念甚麼經？」對曰：「《維摩經》。」真覺曰：「經在這裏，維摩在甚麼處？」師茫然無以酬，泣涕曰：「大丈夫漢被人一問，無詞可措，豈不媿哉？」於是謁閩中尊宿，歷五十餘員，不能契旨。遂趨河南首山，山問：「近離甚處？」師曰：「漢上。」山豎起拳曰：「漢上還有這箇麼？」師曰：「這箇是甚麼盌鳴聲？」山曰：「瞎！」師曰：「恰是。」拍一拍便出。他日又問：「學人親到寶山空手回時如何？」山曰：「家家門前火把子。」師當下大悟。

示衆：「佛法本來無事，從上諸聖盡是捏怪，强生節目，壓良爲賤，埋没兒孫；更有雲門、趙州、德山、臨濟，死不惺惺，一生受屈。老僧這裏即不然，便是釋迦老子出來，也貶向他方世界，教伊絶迹去。何故如此？免慮喪我兒孫。老僧與麼道，你等諸人作麼生會？若於這裏會得去，豈不慶快？教你脱卻毛衫，做箇灑灑地衲僧去；若更不會，來年更有新條在，惱亂春風卒未休。」

丞相王隨居士。謁首山，得言外之旨，自爾履踐，深明大法。臨終書偈曰：「畫堂燈已滅，彈指向誰説？去住本尋常，春風掃殘雪。」

郢州大陽山警玄禪師。十九為大僧，聽《圓覺》了義，講席無能及者，旋棄去遊方。初到梁山，問：「如何是無相道場？」山指觀音曰：「這箇是吳處士畫。」師擬進語，山急索曰：「這箇是有相底，那箇是無相底？」師遂有省，便禮拜。山曰：「何不道取一句？」師曰：「道即不辭，恐上紙筆。」山笑曰：「此語上碑去在。」師獻偈曰：「我昔初機學道迷，萬水千山覓見知。明今辨古終難會，直說無心轉更疑。蒙師點出秦時鏡，照見父母未生時。如今覺了何所得，夜放烏雞帶雪飛。」山謂可興洞上之宗。

上堂：「諸禪德！須明平常無生句、妙玄無私句、體明無盡句。第一句通一路，第二句無賓主，第三句兼帶去。一句道得，師子嚬呻；二句道得，師子返擲；三句道得，師子踞地。縱也周徧十方，擒也一時坐斷，正當恁麼時，作麼生通得箇消息？若不通得箇消息，來朝更獻楚王看。」問：「如何是平常無生句？」師曰：「白雲覆青山，青山頂不露。」曰：「如何是妙玄無私句？」師曰：「寶殿無人不侍立，不種梧桐免鳳來。」曰：「如何是體明無盡句？」師曰：「手指空時天地轉，回途石馬出紗籠。」曰：「如何是師子嚬呻？」師曰：「終無回顧意，爭肯落平常？」曰：「如何是師子返擲？」師曰：「周旋往返全歸父，繁興大用體無虧。」曰：「如何是師子踞地？」師曰：「迥絕去來機，古今無變異。」僧問：「亡僧遷化向甚麼處去？」師曰：「亡僧幾時遷化？」曰：「爭奈相送何？」師曰：「紅罏燄上絲絲縷，靉靆雲中不點頭。」

明州雪竇重顯禪師，遂寧府李氏子。依普安院仁銑上人出家，受具之後，橫經講席，究理窮玄，詰問鋒馳，機辯無敵。首造智門，即伸問曰：「不起一念，云何有過？」門召師近前，師纔近前，門以拂子驀口打，師擬開口，門又打，師豁然開悟。

洞山自寶禪師，作〈達摩讚〉云：「師真徒邈，三界無著。擬欲安排，知君大錯。虛勞指點，何處捫摸？要識師真，乾坤廓落。師相兮世所希，師眉兮陣雲垂，師眼兮電光輝，師鼻兮聳須彌，師口門無齒兮過在誰？擬涉流沙兮何不自知非？彼此丈夫兮傳法與阿誰？更往少林兮懡㦬卻西歸。遇衲僧兮好與一頓椎，雖然如是兮不會莫針錐。」

杭州靈隱清聳禪師。參法眼，眼指雨謂師曰：「滴滴落在上座眼裏。」師初不喻旨，後因閱《華嚴經》感悟，承眼印可。

上堂曰：「十方諸佛，常在汝前，還見麼？若言見，將心見？將眼見？所以道：『一切法不生，一切法不滅。若能如是解，諸佛常現前。』」又曰：「見色便見心，且喚甚麼作心？山河大地、萬象森羅、青黃赤白、男女等相，是心不是心？若是心，爲甚麼卻成物象去？若不是心，又道『見色便見心』？還會麼？祇爲迷此，而成顛倒，種種不同，於無同異中强生同異。且如今直下承當，頓豁本心，皎然無一物可作見聞。若離心別求解脫者，古人喚作迷波討源，卒難曉悟。」

金陵報恩院玄則禪師。問青峯：「如何是學人自己？」峯曰：「丙丁童子來求火。」後謁法眼，眼問：「甚處來？」師曰：「青峯。」眼曰：「青峯有何言句？」師舉前話，眼曰：「上座作麼生會？」師曰：「丙丁屬火而更求火，如將自己求自己。」眼曰：「與麼會，又爭得？」師曰：「某甲祇與麼，未審和尚如何？」眼曰：「你問我，我與你道。」師問：「如何是學人自己？」眼曰：「丙丁童子來求火。」師於言下頓悟。

歸宗策真禪師，初名慧超。謁法眼，問曰：「慧超咨和尚：『如何是佛？』」眼曰：「汝是慧超。」師從此悟入。

石霜楚圓禪師。問僧：「近離甚處？」曰：「雲過千山碧。」師曰：「著忙作麼？」曰：「雁過水聲淒。」師便喝，僧亦喝，師便打，僧亦打，師曰：「你看這瞎漢，本分打出三門外，念你是新到，且坐喫茶。」

師曰：「山僧居福巖，祇見福巖境界，晏起早眠。有時雲生碧嶂，有時月落寒潭，音聲鳥飛鳴般若臺前，娑羅花香散祝融峯畔，把瘦筇，坐盤陀石，與五湖衲子時話玄微，灰頭土面。住興化，祇見興化家風，迎來送去，門連城市，車馬駢闐，漁唱瀟湘，猿啼嶽麓，絲竹歌謠，時時入耳，復與四海高人日談禪道，歲月都忘。且道居深山、住城郭，還有優劣也無？試道看！」良久云：「是處是慈氏，無門無善財。」

大愚守芝禪師。有僧日誦《金剛經》百徧，師聞之召謂曰：「汝日誦經，究竟經義否？」曰：「未曾。」師曰：「汝但日誦一徧參究佛意，若一句下悟去，如飲海水一滴，便知百川之味。」僧如教。一日誦至「如是知，如是見，如是信解，不生法相處」，驀然有省，遂以白師，師遽指牀前狗子云：「狗子嚰？」僧無語，師便打出。

杭州佛日契嵩禪師。偈曰：「後夜月初明，吾今喜獨行。不學大梅老，貪聞鼯鼠聲。」至中夜而化。

師，籐州潭津李氏子，奉律甚嚴，苦硬清約之風，足以配鍾山僧遠。嘗有書與月禪師曰：「數年來欲製紙被一具以禦苦寒，今幸已成之，想聞之大笑也。」東坡曰：「吾入吳，尚及見嵩，其爲人常瞋，蓋以瞋爲佛事云。」

南康軍雲居山了元佛印禪師。李公麟爲師寫照，師令作笑容，自爲贊曰：「李公天上石麒麟，傳爲雲居道者真。不爲拈花明大事，等閑開口笑何人？泥牛漫向風前齅，枯木無端雪裏春。對現堂堂俱不識，太平時代自由身。」元符元年正月四日，與客語，有會其心，軒渠一笑而化。

禮部楊傑居士，字次公，號無爲。歷參諸名宿，晚從天衣遊，衣每引老龐機語令參究深造，後奉祠太山。一日雞初鳴，睹日如盤湧，忽大悟，乃別老龐偈曰：「男大須婚，女大須嫁，討甚閑功夫，更說無生話？」

金陵蔣山法泉禪師。晚奉詔住大相國智海禪寺，問衆曰：「赴智海，留蔣山，去、就孰是？」衆皆無對，師索筆書偈曰：「非佛非心徒擬議，得皮得髓謾商量。臨行珍重諸禪侶，門外千山正夕陽。」書畢坐化。

明州大梅法英禪師。宣和初，敕天下僧尼爲德士，師肆筆解《老子》詣進，上稱善，人以爲諛。明年秋，詔復天下僧尼，師獨無改志。紹興初，晨起，戴樺皮冠，披鶴氅，執象簡，穿朱履，使擊鼓集衆陞座，召大衆曰：「蘭芳春谷菊秋籬，物物榮枯各有時，昔毀僧尼專奉道，後平道佞復僧尼，且道僧尼形相作麼生復？」取冠示衆曰：「吾頂從來似月圓，雖冠其髮不成仙。今朝拋下無遮障，放出神光照碧天。」擲之於地；隨易僧服，提鶴氅曰：「如來昔日貿皮衣，數載慚將鶴氅披。還我丈夫調御服，須知此物不相宜。」擲之；舉象簡曰：「爲嫌禪板太無端，豈料遭他象簡瞞。今日因何忽放下？普天致仕老仙官。」擲之；提朱履曰：「達摩攜將一隻歸，兒孫從此赤腳走。借他朱履代麻鞋，休道時難事掣肘。化鵬未遇不如鴟，畫虎不成反類狗。」擲之；橫拄杖曰：「今朝拄杖化爲龍，分破華山千萬重。」復倚肩曰：「珍重佛心真聖主，好將堯德振吾宗。」擲下拄杖，斂目而逝。

簽判劉經臣居士，字興朝。初於佛法未之信，會東林總禪師啓迪之，因醉心祖道。既而謁慧林沖，於「僧問雪竇：『如何是諸佛本源？』竇曰：『千峯寒色。』」語下有省。

隆興府黃龍祖心晦堂寶覺禪師。因閱《傳燈》，至「僧問：『如何是多福一叢竹？』福曰：『一莖兩莖斜。』曰：『不會。』福曰：『三莖四莖曲。』」師於此頓悟。師於南公圓寂之日，作偈曰：「昔人去時是今日，今日依前人不來。今既不來昔不往，白雲流水空徘徊。」師室中常舉拳問僧曰：「喚作拳頭則觸，不喚作拳頭則背，喚作甚麼？」

真淨禪師。居洞山時，僧問：「《華嚴論》云：『以無明住地煩惱，便爲一切諸佛不動智，一切衆生皆自有之，祇爲智體無性無依，不能自了，會緣方了。』且無明住地煩惱，如何便成諸佛不動智？理極淵深，絕難曉達。」師曰：「此最分明，易可瞭解。」時有童子方掃地，喚之回首，師指曰：「不是不動智。」卻問：「如何是佛性？」童子左右視，惘然而去，師曰：「不是住地煩惱。若能了之，即今成佛。」

舒王問：「諸經皆首標時處，《圓覺經》獨不然，何也？」師曰：「頓乘所演，直示衆生日用現前，不屬今古。祇今老僧與相公同入大光明藏遊戲三昧，互爲賓主，非干時處。」又問：「經曰：『一切衆生皆證圓覺。』而圭峯以『證』爲『具』，謂譯者之訛，如何？」師曰：「《圓覺》如可改，《維摩》亦可改也，《維摩》豈不曰：『亦不滅受而取證。』夫不滅受蘊而取證者，與『皆證圓覺』之意同，蓋衆生現行無明，即是如來根本大智，圭峯之言非是。」舒王大悅，稱賞者累日。

隆興府泐潭洪英禪師。閱《華嚴十明論》，至「爲真智慧無體性，不能自知無性，故爲無性之性；不能自知無性，故名曰『無明』。華嚴第六地曰：『不了第一義，故號曰無明。』將知真智慧本無性故，不能自了。」「若遇了緣而了，則無明滅矣，是謂成佛要門。願以此法紹隆佛種，然今諸方誰可語此？」良久喜曰：「有積翠老在！」即日造黃檗南禪師席，檗與語達旦，曰：「荷擔大法，盡在爾躬，厚自愛！」

頭子修顒禪師。參慧林，因喫攧有省，作偈曰：「這一交，這一交，萬兩黃金也合消。頭上笠，腰下包，清風明月杖頭挑。」

瑞州清涼慧洪覺範禪師，郡之彭氏子。少孤，依三峯靘禪師爲童子，日記數千言。十九試經得度，從宣祕度講《成實》、《唯識論》。逾四年，棄謁真淨於歸宗。淨遷石門，師隨至，淨患其深聞之弊，每舉玄沙「未徹」之語發其疑，凡有所對，淨曰：「你又說道理耶！」一日頓脫所疑，述偈曰：「靈雲一見不再見，紅白枝枝不著花。叵耐釣魚船上客，卻來平地摝魚蝦。」淨見爲助喜。

南嶽石頭懷志菴主。預講席十二年，宿學爭下之。嘗欲會通諸宗異義，以正一代時教，有禪者問曰：「杜順，賢首宗祖師也，而談法身則曰：『懷州牛喫禾，益州馬腹脹。』此偈合歸天台何義耶？」師不能對，即遊方。至洞山謁真淨，問：「古人一喝不作一喝用，意旨如何？」淨叱之，師趨出，淨笑呼曰：「浙子！齋後遊山好。」師忽領悟。久之辭去，淨曰：「子所造雖逸格，惜緣不勝耳。」師識其意，拜辭而行。諸方力挽出世，師不應，菴居於衡嶽石頭，二十年不與世接。有偈曰：「萬機休罷付癡憨，蹤迹時容野鹿參。不脫麻衣拳作枕，幾生夢在綠蘿菴。」或問：「住山多年，有何旨趣？」師對曰：「山中住，獨掩柴門無別趣。三箇柴頭品字煨，不用援毫文采露。」

真州長蘆真歇清了禪師。襁褓入寺見佛，喜動眉睫。至沔漢，扣丹霞之室，霞問：「如何是空劫已前自己？」師擬對，霞曰：「你鬧在，且去。」一日，登鉢盂峯，豁然契悟。

吉州禾山超宗慧方禪師。上堂，舉拂子曰：「看！看！祇這箇，在臨濟則照用齊行，在雲門則理事俱備，在曹洞則偏正叶通，在溈山則闇機圓合，在法眼則何止惟心。然五家宗派門庭施設則不無，直饒辨得箇儻分明去，猶是光影邊事；若是抵敵生死，則霄壤有隔。且超越生死一句，作麼生道？」良久曰：「洎合錯下註脚。」

金陵俞道婆，市油餈爲業，常隨衆參問瑯琊，瑯以臨濟「無位真人」話示之。一日聞丐者唱蓮花落云：「不因柳毅傳書信，何緣得到洞庭湖？」忽大悟，以油餈投地，夫曰：「你顛耶？」婆掌曰：「非汝境界。」往見瑯琊，瑯望之，知其造詣，問：「那箇是無位真人？」婆應聲曰：「有一無位真人，六臂三頭努力瞋，一劈華山分兩路，萬年流水不知春。」

東京淨因繼成禪師，同圜悟、法真、慈受，並十大法師、禪講千僧，赴太尉陳公良弼府齋。時徽宗私幸觀之，有「善華嚴」者，賢首宗之義虎也，對衆問曰：「吾佛設教，自小乘至於圓頓，掃除空有，獨證真常，然後萬德莊嚴，方名爲佛。嘗聞禪宗一喝能轉凡成聖，與諸經論似相違背。今一喝若能入吾宗五教，是爲正說；若不能入，是爲邪說。」諸禪視師，師曰：「如法師所問，不足三大禪師之酬，淨因小長老可以使法師無惑也。」師召善，善應諾，師曰：「法師所謂愚法，小乘教者，乃『有』義也；大乘始教者，乃『空』義也；大乘終教者，乃『不有不空』義也；大乘頓教者，乃『即有即空』義也；一乘圓教者，乃『不有而有、不空而空』義也。如我一喝，非惟能入五教，至於功巧伎藝、諸子百家，悉皆能入。」師震聲喝一喝，問善曰：「聞麼？」曰：「聞。」師曰：「汝既聞，此一喝是『有』，能入小乘教。」須臾又問善曰：「聞麼？」曰：「不聞。」師曰：「汝既不聞，適來一喝是『無』，能入始教。」遂顧善曰：「我初一喝，汝既道『有』，喝久聲消，汝復道『無』，道『無』則原初實『有』，道『有』則而今實『無』，不『有』不『無』，能入終教。我有一喝之時，『有』非是『有』，因『無』故『有』；無一喝之時，『無』非是『無』，因『有』故『無』，即『有』即『無』，能入頓教；須知我此一喝不作一喝用，『有』『無』不及，情解俱忘。道『有』之時，纖塵不立；道『無』之時，橫徧虛空。即此一喝入百千萬億喝，百千萬億喝入此一喝，是故能入圓教。」善乃起再拜，師復謂曰：「非唯一喝爲然，乃至一語一默、一動一靜、從古至今、十方虛空、萬象森羅、六趣四生、三世諸佛、一切聖賢、八萬四千法門、百千三昧、無量妙義，契理契機，與天地萬物一體，謂之法身；三界唯心，萬法唯識，四時八節，陰陽一致，謂之法性。是故

《華嚴經》云：『法性徧在一切處。』有相無相、一聲一色，全在一塵中含四義，事理無邊，周徧無餘，參而不雜，混而不一，於此一喝中皆悉具足，猶是建化門庭，隨機方便，謂之小歇場，未至寶所。殊不知吾祖師門下以心傳心，以法印法，不立文字，見性成佛，有千聖不傳底向上一路在。」善又問曰：「如何是向上一路？」師曰：「汝且向下會取。」善曰：「如何是寶所？」師曰：「非汝境界。」善曰：「望禪師慈悲。」師曰：「任從滄海變，終不爲君通。」善膠口而退，聞者靡不歎仰。

侍郎李彌遜普現居士，參圜悟。一日朝回，至天津橋，馬躍，忽有省，通身汗流，直造天寧，適悟出門，遙見便喚曰：「居士，且喜大事了畢！」公厲聲曰：「和尚眼花作麼？」悟便喝，公亦喝。於是機鋒迅捷，凡與悟問答當機不讓。及還吏部，方在壯歲，遽乞祠祿，歸閩連江，築菴自娛。一日示微恙，索湯沐浴畢，遂趺坐作偈曰：「漫說從來牧護，今日分明呈露。虛空撲倒須彌，說甚向上一路？」擲筆而逝。

給事馮楫濟川居士，自壯歲徧參，後依佛眼。一日同眼經行法堂，偶童子趯庭，吟曰：「萬象之中獨露身。」眼拊公背曰：「好聻！」公於是契入。

大慧禪師。示李獻臣：「善惡皆從自心起，且道離卻舉足動步、思量分別外，喚甚麼作自心？自心卻從甚麼處起？若識得自心起處，無邊業障，一時清淨，種種殊勝，不求而自至矣。

示曾叔遲：「巖頭云：『若欲他時播揚大教，須是一一從自己胸襟流出，蓋天蓋地，始是大丈夫所爲。』巖頭之語，非獨發明雪峯根器，亦可作學此道者萬世規式。所謂胸襟流出者，乃是自己無始時來現量，本自具足，纔起第二念則落比量矣。比量是外境莊嚴所得之法，現量是父母未生前威音那畔事，從現量中得者氣力麤，從比量中得來者氣力弱；氣力麤者能入佛又能入魔，氣力弱者入得佛境界，往往於魔境界打退鼓，不可勝數。此事不在聰明靈利，亦不在鈍根淺識，據實而論，祇以噴地一發爲準的耳。纔得這箇消息，凡有言句，非離真而立處，立處即真。所謂胸襟流出、蓋天蓋地者，如是而已，非是做言語、求奇特，他人道不出，錦心繡口，意句尖新，以爲胸襟流出也。」

示聶寺丞：「禪不在靜處，不在鬧處，不在思量分別處，不在日用應緣處，雖然如是，第一不得捨卻靜處、鬧處、應緣處、思量分別處參。忽然眼開，都是自家屋裏事。」

示陳季任：「示喻：『自得山野向來書之後，每遇鬧中躲避不得處，常自點檢，而未有著力功夫。』祇這躲避不得處，便是功夫了也，若更著力點檢，則卻又遠矣。昔魏府老華嚴云：『佛法在日用處、行住坐臥處、喫茶喫飯處、語言相問處、所作所爲處；舉心動念，又卻不是也。』正當躲避不得處，切忌起心動念作點檢想。祖師云：『分別不生，虛明自照。』又龐居士云：『日用事無別，惟吾自偶諧。頭頭非取捨，處處沒張乖。朱紫誰爲號？丘山絕點埃。神通並妙用，運水及搬柴。』又先聖云：『但有心分別計較自心現量者，悉皆如夢。』切記取！躲避不得時，不得更擬心，不擬心時，一切現成。亦不用理會利，亦不用理會鈍，總不干他利鈍之事，亦不干他靜亂之事。正當躲避不得時，忽然打失布袋，不覺拊掌大笑矣。記取！記取！此事若用一毫毛功夫取證，則如人以手撮摩虛空，祇益自勞耳。」

示李獻臣：「擔荷此段大事因緣，須是有決定志，若半信半疑，則未交涉矣！

古德云：『學道如鑽火，逢煙未可休。直待金星現，歸家始到頭。』欲知到頭處，自境界、他境界，一如是也。」

以上所舉公案偈頌法語，學者擇其與自己性情相近者參究。參公案、偈頌、法語時，先將全段大意研究清楚，然後取一語用功，使心志易於集中，不致散亂。下疑情譬如失了寶珠，一心一意要把寶珠找回，無時無刻無不放在心頭，機緣一至，無始無明囫的打破，豁然貫通遂得本心，就好似把寶珠找回了。

請益

本來無佛無衆生
世界未曾見一人
究竟瞭解是這箇
自性還是自己生

福建圓瑛法師

問：佛之與法，是佛在先？抑法在先？若法在先，法是何佛所說？若佛在先，承何教而成道？

答：從前慧海和尚說：「佛亦在法先，亦在法後。」

問：因何佛、法先後？

答：據寂滅法，是法先佛後；若據文字法，是佛先法後。何以故？一切諸佛皆因寂滅法而得成佛，即是法先佛後。經云：「諸佛所師，所爲法也。」得成道已，然始廣說十二部經引化衆生，衆生承佛法教，修行得成佛，即是法先佛後也。但在我的本意則以爲佛與法是並行的，又佛、法本是無始的、絕對的，故無先後之次第。經云：「於法毫無所得。」況有先後？

上海屈映光

問：真如究竟受薰染有變易？抑不受薰染無變易？

答：真如在未見性時不受薰染、無變易。未見性時，乃見聞覺知作主而受薰染、有變易；見性後是佛性作主，佛性之本體真如乃不受薰染、無變易，爲支配見聞覺知者，不被物所轉而能轉物，即是轉識成智也。故如指此轉法，亦可謂之受薰染、有變易，但本體固不受染變也。茲將從前三藏法師問慧海和尚之話相告。三藏法師問：「真如有變易否？」師曰：「有變易。」三藏曰：「禪師錯也。」師卻問三藏：「有真如否？」曰：「有。」師曰：「如無變易，決定是凡僧也。豈不聞善知識者能迴三毒爲三聚淨戒，迴六識爲六神通，迴煩惱作菩提，迴無明爲大智？真如若無變易，三藏真是自然外道也。」三藏曰：「若爾者，真如即有變易。」師曰：「若執真如有變易亦是外道。」曰：「禪師適來說真如有變易，如今又道不變易，如何即是的當？」師曰：「若了了見性者，如摩尼珠現色，說變亦得，說不變亦得；若不見性人，聞說真如變易，便作變易解會，說不變易，便作不變易解會。」三藏曰：「故知南宗實不可測。」

陝西西安朱慶瀾

問：法師手燃二指，胸燃四十八燈，多年講經說法，很有苦行？

答：在自性本體上，燃指、燃燈、說法是兩不相干的。古佛說：「我四十九年未曾說著一字，無法可說，是名說法。」因隨順衆生建水月道場，作空幻佛事，世相如是也。」

問：法師自幼出家，燃指、燃燈、各省講經弘法多年，法師可算前生有夙根也。

答：在自性中，覓過去、現在、未來了不可得，那裏還有夙根不夙根？因從前出家時發過三願：一、不求好穿好食。二、遇逆境界順境界不生退悔心。三、參究佛法，有所研究，不慳貪獨得，以普利一切。究竟說來，無佛可成，無衆生可度；說法者，好似幻中幻人復對幻說。故古人云：「了了見，無一物，亦無人，亦無佛，大千世界海中漚，一切聖賢如電拂。」當隨順世間，世相如是也。

問：佛法中有打戰否？

答：舍衛國王叫做波斯匿王，皈依佛受戒，時有他國進兵來攻舍衛國，波斯匿王問佛言：「若打則犯殺戒，若不打則亡國，如何處置？」佛告王言：「全國衆生生命繫於國王一人，如國王不打，則全國生命有損失。」故主張打之，然後波斯匿王乃用兵克敵。此一段故事出《大般涅槃經》。

上海范古農

問：菩提、涅槃之辨？

答：「菩提」翻爲「覺道」，是覺悟本來自性，徧滿虛空，充塞宇宙；「涅槃」翻爲無生無滅，無來無去即是。

北平全朗和尚

問：如何方知悟後的人？

答：悟道之事惟悟與悟乃能知之，他人不知。從前佛住世，迦葉問佛：「佛的佛性緣何他人不知？」佛答言：「譬如兩家窮人，其屋內埋藏多金，他人告以屋本有金藏，可急掘取。一家則果然照掘，成爲富翁；一家則未掘，仍受窮苦。」佛言：「你不掘取而能得金，其理非是。」譬喻出《大般涅槃經》。金者喻如自性，窮者喻如衆生，亦如兩同鄉人他鄉相遇，互話本地風光，如甜如蜜，他人未之省也。

問：悟後的人，在其本人是何等境界？如何處世？

答：見性的人，自性之中本無生死可了，無佛法可修，修與不修是兩頭話，但隨緣度日，有緣說法度衆生，無緣隨便。如古人船子和尚撐船過生活、疏山和尚賣布過生活，又有領衆修行過生活、有獨善其身過生活、有深山野外過生活、有鬧市街前過生活、有處清淨境界、有處煩惱境界、有清閑自在、有終日奔忙、有天子三詔不赴、有終日乞食、有坐脫立亡、有頭朝下腳朝上而死者、有坐監牢而死者、有被斬頭而死者、有終日受帝王供養、有穿荷葉衣服食松花，大約如是。種種境界皆可隨緣，自性心中兩不相干。在他的心得，如《圓覺經》所說：「一切障礙，即究竟覺；得念、失念，無非解脫；成法、破法，皆名涅槃；智慧、愚癡，通爲般若；菩薩、外道所成就法，同是菩提；無明、真如，無異境界。」

青島丁蓮峯

問：《華嚴經》出於龍宮，龍樹菩薩去水中記取此經，緣何淹不死？船子和尚亦是悟道的人，跳在水中如何就淹死？

答：龍宮乃一地方名曰「龍宮」，非水中龍宮也。龍樹菩薩從前收集《華嚴經》之地點，後來有很多人去過，有考證是有此地，至於以前所說的神話乃不近人情。船子和尚悟道後，他度了一箇學人名夾山之後，即自願跳水死了，蓋在自性體中無生無死、無來無去，生死來去同一空華，這是他的來去自由了。假如我們不願效他，則冒險的地方我們都不應該去的，佛有一戒曰「冒難遊行戒」。

北平文法和

問：《金剛經》云：「須菩提！於意云何，須陀洹能作是念，我得須陀洹果不？」須菩提言：「不也，世尊！何以故？須陀洹名爲入流，而無所入，不入色、聲、香、味、觸、法，是名須陀洹。」「須菩提！於意云何，斯陀含能作是念，我得斯陀含果不？」須菩提言：「不也，世尊！何以故？斯陀含名一往來，而實無往來，是名斯陀含。」「須菩提！於意云何，阿那含能作是念，我得阿那含果不？」須菩提言：「不也，世尊！何以故？阿那含名爲不來，而實無不來，是名阿那含。」「須菩提！於意云何，阿羅漢能作是念，我得阿羅漢道不？」須菩提言：「不也，世尊！何以故？實無有法，名阿羅漢。」此意爲何？

答：四果是假名，實相佛性乃真的。須陀洹果不入色、聲、香、味、觸、法，「不入」指實相；斯陀含實無往來，「實無」指實相；阿那含實無不來，「實無」指實相；阿羅漢實無有法，「實無」指實相。若明實相，則四果皆假名，皆可明矣。

香港呂碧城

問：昔與某公兩夫婦同遊北平香山碧雲寺，某公將寺內數寸高金沙泥小佛偷一尊交我帶回，從前未學佛不知是過，今已學佛乃知犯戒，如何處置？

答：自性中覓罪性、福性、損、益了不可得，皆如幻化；以世法來說，無心不爲過。若放不下，則做一尊送去亦可。

終南山大悲和尚

問：法師說法：「過去心不可得，現在心不可得，未來心不可得。」究竟是用那一箇心來說法？

答：自性無前際、無中際、無後際，你喚甚麼叫過去心、現在心、未來心？佛云：「我說法四十九年，未曾說著一箇字。」

終南山了明和尚

問：馬祖說：「即心即佛；非心非佛；不是心、不是佛、不是物。」趙州和尚云：「佛之一字吾不喜聞。」道理爲何？

答：禪宗的道理，假如汝未悟時怎麼說都不是；假如證悟以後，怎麼說都是。

天津潘復

問：末法世界衆生下根居多，如我見解，佛法並無正法、像法、末法之等差，人無上根、中根、下根三根之分別，如六祖說：「下下人有上上智，上上人有沒意智。」其發心修行者即爲上根，不修者即下根。「法無正、像、末三時之等差，人何上、中、下三根之端的？惟知近學之弗荒，不擬真功之自績。」此語出《中峯廣錄》。見解是否錯否？

答：不錯。

漢口智清大師

問：五重玄義、三分、十門分科爲何？

答：此是講經所用的方式。五重玄義：一、釋名。二、顯體。三、明宗。四、辨用。五、判教。三分：一、序分。二、正宗分。三、流通分。十門：一、教起因緣。二、藏教分輯。三、義理分齊。四、教所被機。五、教體淺深。六、顯示宗趣。七、部類處會。八、傳譯時代。九、總釋名題。十、別解經文。

問：閉關之說出於何典？

答：此問從前蓮池大師說過，經中並無閉關之說。元朝高峯禪師證道後，因年老山中蓋房養道，題名曰「死關」，意指年歲已老，祇待有漏之身老死而已。後人於房內關鎖數年，名曰閉關，以訛傳訛。在未悟以前要參訪學道，親近善知識，若於一房內關鎖，無有是處。

五臺山正定和尚

問：古人云：「貪、瞋、癡，太無知，賴我今朝識得伊。行便打，坐便搥，吩咐心王仔細推。無量劫來不解脫，問汝三人知不知？」神鼎洪諲禪師曰：「古人與麼道，神鼎則不然。貪、瞋、癡，實無知，十二時中任從伊。行即往，坐即隨，吩咐心王擬何爲？無量劫來元解脫，何須更問知不知？」如我的見解，假如不見性兩種都難解釋，假如見性後，兩種都可以。對否？

答：不錯。

廣州李義門

問：一切衆生能否在世間證得佛法？世間指娑婆世界。

答：有些古人今生修行不悟，發願來生生娑婆世界，因娑婆世界太苦，故定生此娑婆世界明心見性普度衆生，因生他方世界太樂，假如在他方世界明心見性，證常寂光淨土不受後有，就不能在娑婆世界度衆生。如釋迦佛三十歲見性，四十九年說法，八十歲時肉體一壞，在常寂光淨土不受後有，就不能說法。信佛者還有他的經典在，如千百祖師，證道後肉身說法些年；肉身一壞，在常寂光淨土中不受後有，就不能說法，幸有其語錄在。故《華嚴經》云：「佛身充滿於法界。」法界者指徧滿虛空、無所不在而言也。又云：「普現一切衆生前，隨緣赴感靡不週，而常處此菩提座。」佛身者指法身言，非指肉身；西方阿彌陀佛、東方藥師佛是指報身而言；諸佛法身都是一樣的，肉身、報身則是兩樣的。這箇娑婆世界中的衆生祇要修行，遲早總要證得佛性的。

問：設使一切衆生都信佛法，行三皈、五戒，進而爲比丘、比丘尼、優婆塞、優婆夷，在此情況下，再一世紀後一切衆生是否滅絕？因有人來問不能答，請問。

答：這箇世界本是成、住、壞、空輪迴著的，在世界未成以前世界乃空，而業識已有，所謂業識乃一切衆生共業之通稱。在此業識中，佛性、無始無明、見聞覺知之性、六根、六塵等均已共在。佛性、無始無明乃是人人一樣的，見聞覺知以下是人人不一樣的，由此一樣的及不一樣的，共業感成此宇宙山河萬物，並感生而出六道（天、人、地獄、畜生、餓鬼、阿修羅）之輪迴。一切六道衆生既皆有佛性，則六道中度脫一衆生，即佛道中多一圓覺者，如斯一切衆生皆盡，佛海大圓覺中無盡也。

若照來問，祇就人類衆生而言，則人類中度去一人，則他道衆生仍不時投生人類，非俟六道淨盡，人類不盡也。若就國族來講，若此一國人度去若干，他國人及他道衆生均可來此投生，亦無一國一族單就滅絕人類，或減少人類之事。若因受戒斷淫欲而絕人類，殊不知祇比丘、比丘尼斷淫，至於優婆塞、優婆夷，則祇斷邪淫，並不斷正淫也。且斷欲出家，亦是聽箇人自願，非勉强一切人爲之。佛未曾教一切人出家，祇教一切人修見佛性，如維摩詰居士、傅大士、龐居士等悟道的居士皆有妻孥。《華嚴經》云：「衆生種種心性、種種知見、種種執著。」故若要一切人皆斷欲出家實不可行。又《華嚴經》云：「以大悲故處在家屬，以大慈故隨順妻子，於菩薩淨道無所障礙。」又照六道來講，因業識箇箇不同，故所感自然不同。一母所生五子，父精母血雖同，而五人個性不同，非能用勉强方法使之同也。佛法乃慢慢的用種種方法來度脫之，非必皆强使斷欲出家也。

問：佛法與世間法，是二是一？抑可以並行？

答：是一。世間法即是佛法，佛法即是世間法，佛法在世間，不離世間覺，自性徧世間。就出世法而言，菩提心爲本，大悲心爲用；至於不殺生、不邪淫、不妄語、不飲酒、不偷盜等五戒，是佛法也是世間法。

南京趙民新

問：宇宙山河是為我們有的？或是我們為宇宙山河有的？

答：宇宙山河不能離開我們，我們不能離開宇宙山河。用田來比：假如我們不去種種子，它不會生長的；假如有種子而沒有田，我們也無米食；如有地而不蓋房屋，我們也無住處；如有工料而無地，我們也無由興蓋房屋；我們死了，房子、地也帶不去，而活著時這些都不可少的。宇宙是我們過度的東西，照佛法來解釋，自性偏滿虛空、充塞宇宙，自性即宇宙，宇宙即自性。

上海王小徐

問：弟子六根之中，似乎眼根偏利，例如見人問其姓名，但聞口說往往轉身便忘，而見其名則能牢記。又如英文能讀能寫，而英語說聽均頗勉强。他事類此亦多，故於佛法亦當用眼根返看？

答：不錯。

問：上次法師開示之語，弟子大旨尚能領會，但弟子於本來面目及「誰」字話頭尚無下手處；惟「萬法歸一，一歸何處」？據弟子所見：萬法皆是六根、六塵、六識，「一」即是根本無明。如此用心往往似乎有箇入處，特不知合乎禪宗參究工夫否？

答：「萬法歸一，一歸何處」，是指自性能生萬法，偏滿虛空，非指六根、六塵、根本無明，六根、六塵是妄念，不是萬法。將萬念歸一念，用此一念，向根本無明用心參究，根本無明是空洞黑闇，從這裏打破，能生萬法的自性就會顯現出來了。照上所問，用功的路子是不錯。萬法、妄念不合，妄念是從見聞覺知生，萬法是從自性生；「三界唯心、萬法唯識」者，是指見聞覺知之認識；「自性能生萬法」，是指自性偏滿虛空，包羅萬象。

北平李廣權

問：請解釋《金剛經》中之四相。

答：「我相」，即一念不起，但仍有清清淨淨之一念在；「人相」，即起一念之相；「衆生相」，即前念已滅，後念未起之中間是；「壽者相」，是前念、後念皆已斷了，空無所有。故經中說：「有我相、人相、衆生相、壽者相者，即非菩薩。」就是指這四種境界不是見佛性。

問：常聞講《金剛經》說：「無我相不要執著我，無人相不要執著你，無衆生相不要分別六道衆生，無壽者相不要求長壽。」又每每聽人說《金剛經》是以「無相爲體，無住爲宗，離相爲用」。以上二說是否正確？

答：古時有一法師講經，講到無人相、無我相乃不要執著你我，下面有一龐居士問：「無我相，誰人講《金剛經》？無人相，誰人聽《金剛經》？」講者不能答，欲下座。居士送一偈曰：「無我復無人，作麼有疏親？金剛般若性，外絕一纖塵。勸君休離座，何似直求真。我聞並信受，總是假名呈。」故「無相爲體，無住爲宗，離相爲用」乃是落於空。實相佛性是不空的，是以實相爲體、觀照爲宗、方便爲用。方便者，六根隨便用一根也，由觀照般若利用六根打破無明，得見實相般若也。

問：《金剛經》云：「若有色、若無色、若有想、若無想、若非有想、若非無想，我皆令入無餘涅槃。」很多人講，有色、有想、無想是指天上甚麼天甚麼天。在我的見解，須菩提是問佛怎麼用功纔能見實相，須菩提並未問天上的話。據我解釋：若有色，心中起形色之念；若無色，心中無色念；若有想，心中有想念；若無想，心中無想念；若非有想，心中將「無想」也不想；若非無想，心中將「不想」的想亦斷了。這箇用功是腦筋的作用，不能見佛性，是有餘涅槃。佛的意思是要令他們入無餘涅槃、無諍三昧，很多人解釋無諍三昧，是爲受正定、正住持。三昧名稱很多，一般人解釋「無諍」者，教我站我就站著，教我坐我就坐著，教我怎樣我就怎樣。如我見解：三昧名字太多，如「華嚴三昧」、「楞嚴三昧」、「有相三昧」、「無相三昧」。「無諍三昧」者，無諍爲無言說、無名字，因我們的實相自性是無名的，如六祖大師所說的「一行三昧」一樣，祇要見自性，自性即三昧，三昧即自性。以上二問是否？

答：以上二問不錯。

問：「正法眼藏，不著神通」。如我見解：自性是如如不動的，如一些外道，有幾十天不喫飯者、有能騰空飛者、有能用種種神通者，這些都與如如不動的自性了不相干，故名「正法眼藏，不著神通」。鬼怪現象自性亦不怕，佛在面前自性亦不喜。用地來比：金在地上地亦不喜，糞土在地上地亦不厭，因自性如如不動故。佛法是說明心見性的人話，不是說神通的神話。如此見解是否？

答：不錯。

問：古人云：「法離見聞覺知，若行見聞覺知，是則見聞覺知，非求法也。」照我解說：自性如如不動，是真知真覺，如古人云：「是知而無知，不是無知而說知。」用見聞覺知求法，若將妄念斷盡，是無始無明、空無所有，是無知而說知也；起一念不知有、不知無、非空非有、歷歷孤明，是見聞覺知作用，非真如自性也。是否？

答：是。

問：用話頭參禪，假使明心見性後，話頭還用不用？照我解釋，如用「本來面目在甚麼地方」的話頭，無明窠窟譬喻一箇門，本來面目如主人翁在門裏，必須將門打開始得見主人翁。如用意根參究「還我本來面目」的話頭，話頭譬喻一箇石頭，用石頭去打門，門打開看見主人翁的時候，石頭無用了，故悟後話頭就不用。是否？

答：是。

問：明心見性的人，惟悟與悟乃能知之，如人飲水冷暖自知，他人不知。我今說一古人的事情，有一箇禪師名歸真，他去見潙山和尚，潙山問他：「叫甚麼名字？」他答：「歸真。」潙山問：「歸真何在？」他不能答，便轉下山去。行到半山，遇著仰山和尚，問他何故下山，他答：「被溈山問不能答。」仰山教他答云：「鼻裏耳裏。」乃返見溈山，溈照前問，他答：「鼻裏耳裏。」溈山告曰：「此話不是你的，是仰山的。」照上所講，故惟悟與悟乃能知之，不悟者不知。以上的辯論，是否？

答：是。

問：研窮法理以悟爲則。照我解釋：一切宗教哲學都是有窮有盡的，惟有佛法說佛性是無窮無盡的。我們研究佛理爲解悟，照著去修見性之後爲證悟。是否？

答：是。

問：先天道說：「五祖傳法與六祖，傳法指玄關一竅（玄關一竅者，六根歸於一念，歸於眉心印堂不要散亂，祕密傳授）。」六祖大師於賣柴處聽客誦《金剛經》云：「應無所住而生其心。」便豁然大悟，有四方面可以證明。最初他去見五祖，祖曰：「汝是嶺南人，又是獦獠，若爲堪作佛？」六祖曰：「人雖有南北，佛性本無南北。獦獠身與和尚不同，佛性有何差別？」由此看來，就是證明六祖已見佛性的一方面。五祖更欲與語，且見徒衆總在左右，乃令隨衆作務，六祖曰：「惠能啓和尚：弟子自心常生智慧，不離自性即是福田。」由此看來就是證明他已經見佛性之第二方面。其偈曰：「菩提本無樹，明鏡亦非臺；本來無一物，何處惹塵埃？」由此看來就是證明他已經見佛性之第三方面。及徒衆見偈，箇箇驚怪，五祖見衆人驚怪，恐人害他，曰：「亦未見性。」次日，祖潛至碓坊，見六祖腰石舂米，語曰：「求道之人當如是乎？」乃問曰：「米熟也未？」六祖曰：「米熟久矣，猶欠篩在。」欠篩者乃自己見性猶未得師印證也，由此看來就是證明他已經見佛性之第四方面。五祖曰：「昔達摩大師初來此土，人未之信，故傳此衣以爲信體，代代相承，法則以心傳心，皆令自悟自解。自古佛佛惟傳本體，師師密付本心，衣爲爭端，止汝勿傳，若傳此衣，命如懸絲。」五祖以前皆是白天印證（印證即兩方皆已見性，不過先到者證明後到者），六祖聽《金剛經》悟道，已由四方面可以證明，見五祖祇是印證而已。

自性與自性相同，以心印心，爲甚麼要三鼓傳法？因袈裟乃寶物，本來佛家不要寶物，因爲自達摩以來，以此表信耳，但怕因寶物而起爭端，故乃於夜間予以印證也，因此袈裟乃何人見性即歸何人所得故也。「衣爲爭端，止汝勿傳」，先天道借此造謠，乃謂五祖傳六祖，六祖永不傳。「勿傳」者不傳衣耳，其座下有大徹大悟者四十三人，皆有史實可考，玄關一竅之說害人不淺。

「密付」者指以心印心，非祕密傳授也。如六祖與惠明說法，祖曰：「汝可屏息諸緣，勿生一念，吾爲汝說。」明良久，祖曰：「不思善，不思惡，正與麼時那箇是明上座本來面目？」惠明言下大悟。復問曰：「上來密語密意外，還更有密意否？」祖曰：「與汝說者，即非密也；汝若返照，密在汝邊。」至於先天道教人受戒行善，於世有益，惟見性之旨與佛家見性之旨有別。以上辯論是否？

答：不錯。

問：先天道有「守玄關一竅」之說。先天道說：我們在先天是無極，無六根、六塵，只因一念妄動乃有六根、六塵，墮落後天；我們將六根、六塵斷了，但有一念，又怕這一念散亂，將這一念守在眉心印堂之間，名爲「玄關一竅」；將來死了，反歸天上無極，天上有個無極老母，是我們的祖師，無極老母是生天地、生萬物的。如我解釋：先天不起念與後天起念是相對的，將一念守在眉心處是思想的作用，並無甚麼意思。如起念是後天，不起念是先天，起念、不起念不是有輪迴麼？天上有一無極老母能生萬物之說，這箇無極老母豈不是要來專制我們麼？無極老母又是誰生的呢？世間法都要平等，況出世法呢？佛經中、道家、儒家書中，並無無極老母之說，此說乃康熙年中四川外道產生出來的。先天道又說：五祖傳六祖，六祖永不傳，六祖乃將法傳入在家人。怎麼叫傳法呢？叫你用思想守印堂眉心之間，就叫玄關一竅，就叫傳法，將來死了便生在天上，見無極母。此說實在可笑！佛罵迦旃延以生滅心傳實相法，罪同五逆。五逆者：出佛身血、殺父、殺母、殺阿羅漢、破和合僧。五祖傳六祖，六祖永不傳者，因四祖傳下來有一袈裟，是古寶物，箇箇皆爭，五祖乃告六祖以後袈裟不傳，但祇傳法，傳法者則是以心印心。我今說一譬喻：華山爲天下秀，有一人去過華山，又有一人亦去過華山，華山境界彼二人乃知，先去者與後去者以心印心，先去者爲先代，後去者爲後代；又有一人未去過華山，彼二人見過華山說華山之事，此第三人不知，便不得法；假如有多數的人去過華山，多數的人皆可得法。華山喻如佛性，去過華山者喻見性的人，未去過華山者喻未見性之人，多數人去過華山者譬如多數人見性；既見性後，無所謂得與不得，無非是印證而已，先見性者爲前代，後見性者爲後代，自性以外覓法了不可得，還有甚麼傳法、不傳法呢？但印證就是了，古佛說：「我於阿耨多羅三藐三菩提實無所得。」守玄關者，守是起一念，不守者，不起「守」之一念，此一念與一切思想皆是一樣，和見性又有何干係呢？用一念守印堂一竅，祕密傳授，殊非「事無不可對人言」之君子之道。至於其教人遷善改惡之旨，亦有益於世界社會的。以上見解有錯否？

答：不錯。

問：「是法平等」，「是法」者指本來自性。釋迦佛的、一切衆生的、悟道祖師的及我們的是一樣平等，他們的不比我們的高，我們的不比他們的低，假如說有一人的比我們的高，這是用來專制哄騙我們，因爲依佛所說，一切衆生皆有佛性。如此見解是否？

答：是的。

問：結水成冰，冰溶成水。一般人說，迷時如結水成冰，悟時如溶冰成水，水性不壞，水性比爲佛性，衆生迷悟，佛性依然。照我解說，佛性是如如不動的，那裏還有甚麼迷悟？水性者，譬喻見聞覺知；結水成冰者，譬喻見聞覺知起染緣；溶冰成水者，譬喻見聞覺知起淨緣；結水成冰、溶冰成水，見聞覺知依然是見聞覺知，非佛性。假如是佛性，而忽冰忽水，豈不佛性亦有輪迴？以上辯論是否？

答。不錯。

問：有人說：「一念未動前，是父母未生前本來面目，但要除卻煩惱妄想，然後方能證得。」照我解說：父母未生以前是中陰身，不是本來面目；一念未起前是無始無明，非本來面目。煩惱妄想若從外來，何干汝事？煩惱妄想若從內有，除了又起，是有輪迴的；一念不動是見聞淨緣，煩惱妄想是染緣，染緣、淨緣除了，是空空洞洞的無始無明；自性是真知真覺、如如不動的，除卻染緣、復起染緣，與自性了不相干。若能見性，煩惱、妄想皆變爲自性。是否？

答：是。

問：「臥輪有伎倆，能斷百思想，對境心不起，菩提日日長」，六祖聞之曰：「此偈未明心地，若依而行，是加繫縛。」因示一偈曰：「惠能沒伎倆，不斷百思想，對境心數起，菩提作麼長？」照我解釋：「能斷百思想」乃見聞覺知之淨緣，六祖之「沒伎倆」乃指自性本無伎倆可言，「對境心數起」乃指一念不可斷，妄念轉爲菩提也。臥輪之斷了不免又起，起了又斷，乃是輪迴。是否？

答：不錯。

五臺山寂真和尚

問：呂巖真人，字洞賓，京川人也。唐末三舉不第，偶於長安酒肆遇鍾離權，授以延命術，自爾人莫之究。嘗遊廬山歸宗寺，書鐘樓壁曰：「一日清閑自在身，六神和合報平安。丹田有寶休覓道，對境無心莫問禪。」未幾，道經黃龍山，睹紫雲成蓋，疑有異人，乃入謁。值龍擊鼓升堂，龍見，意必呂公也，欲誘而進，厲聲曰：「座旁有竊法者。」呂毅然出問：「一粒粟中藏世界，半升鐺內煮山川。且道此意如何？」龍指曰：「這守屍鬼！」呂曰：「爭奈囊有長生不死藥？」龍曰：「饒經八萬劫，終是落空亡。」呂薄訝，飛劍脅之，劍不能入，遂再拜求指歸。龍曰：「『半升鐺內煮山川』即不問，如何是『一粒粟中藏世界』？」呂於言下頓契，作偈曰：「棄卻瓢囊摵碎琴，如今不戀汞中金。自從一見黃龍後，始覺從前錯用心。」龍囑令加護。依我所解，「六神和合報平安」，是起淨緣，一念歷歷孤明；「對境無心莫問禪」，是不住一切相，不執著一切相，即著作用，非佛性；「一粒粟中藏世界」，是自性能容納萬物，徧滿虛空。是否？

答：是。

問：太原孚上座，初在揚州光孝寺講《涅槃經》，有禪者阻雪，因往聽講，至「三因佛性，三德法身」，廣談法身妙理，禪者失笑。師講罷，請禪者喫茶，白曰：「某甲素志狹劣，依文解義，適蒙見笑，且望見教。」禪者曰：「實笑座主不識法身。」師曰：「如此解說，何處不是？」曰：「請座主更說一徧。」師曰：「法身之理，猶如太虛，豎窮三際，横亘十方，彌綸八極，包括二儀，隨緣赴感，靡不周徧。」曰：「不道座主說不是，祇是說得法身量邊事，實未識法身在。」師曰：「既如是，禪德當爲代說。」曰：「座主還信否？」師曰：「焉敢不信？」曰：「若如是，座主輟講旬日，於室內端然靜慮，收心攝念，善惡諸緣一時放卻。」師一依所教。從初夜至五更，聞鼓角聲，忽然契悟，便去扣門，禪者曰：「阿誰？」師曰：「某甲。」禪師咄曰：「教汝傳持大教，代佛說法，夜來爲甚麼醉酒臥街？」師曰：「禪德！自來講經，將生身父母鼻孔扭捏，從今已去，更不敢如是。」禪者曰：「且去，來日相見。」師遂罷講。依我見解，爲甚麼上座已後不講經？是否無法可說，是名說法，隨拈一物皆是佛法？

答：如是，如是。

南京魏家驊

問：如何是如來禪？如何是祖師禪？

答：如來禪是我們證道後，見著我們的佛性，是爲如來禪。祖師禪是是從世尊拈花，以至祖師吼棒責罵、揚眉瞬目、舉首低頭、嬉笑言談，接引後人，這些皆是祖師禪。古人有一事證明：香嚴和尚證道後，說一偈送潙山云：「一擊忘所知，更不假修持。動容揚古路，不墮悄然機。處處無蹤迹，聲色外威儀。諸方達道者，咸言上上機。」潙山聞得，謂仰山曰：「此子徹也。」後仰山勘過，更令說偈，偈曰：「去年貧未是貧，今年貧始是貧。去年貧猶有卓錐之地，今年貧錐也無。」仰曰：「如來禪許師弟會，祖師禪未夢見在。」師後有頌曰：「我有一機，瞬目視伊。若人不會，別喚沙彌。」仰乃報潙山曰：「且喜閑師弟會祖師禪也。」故如來禪是體，祖師禪是用，無祖師禪就不能接引衆生。

北京翟文選問

問：我用功靜坐，覺心中有點動，這是甚麼道理？請法師指示修行的法門。

答：佛性是如如不動的，動與不動是兩頭話，與佛性了不相干。我今將《圓覺經》所謂修的法門說一箇教你：靜坐一室中，恆作是念：「我今此身是四大和合，所謂毛髮、爪齒、皮肉、筋骨、髓腦、垢色皆歸於地，唾涕、膿血、津液、涎沫、痰淚、精氣、大小便利皆歸於水，暖氣歸火，動轉歸風，四大各離（四大指身中之地、水、火、風），今者妄身當在何處？知此身畢竟無體，和合為相，實同幻化，四緣假合（四緣指見、聞、覺、知），妄有六根，六根、四大，中外合成（四大指心中之見、聞、覺、知），妄有緣氣，於中積聚，似有緣相，假名為心。」我們據經所說，可見身、心都是假的，身、心都不要，往內觀去，看到空洞洞、黑黑闇闇的，便是無始無明。我們的思想不必斷，便用這箇思想向這箇無始無明那裏去打破，無明一破，我們的佛性就顯現出來了。佛性顯見出來時，四緣、六塵皆變為佛性，四大肉體皆為法身，故古人云：「無明實性即佛性，幻化空身即法身。」到這箇境界，人間天上、十方世界、起心動念、宇宙萬物，皆是自性中之物，因自性徧滿虛空，如太陽之光充塞宇宙。到這箇時候，若遇明眼人，便可以請他幫忙印可；如不遇明眼人，則可用《傳燈錄》、《指月錄》等印證，這樣就可算是閑道人、無事人，無佛法可學，無禪道可修，無生死可了，無涅槃可證，生死、涅槃同爲幻化空花、夢幻泡影。以後隨拈一法皆是佛法，活著也好，死卻也好，與本來自性是了不相干的，因本來自性是無始無終的。見性後，自性是法身，見聞覺知是報身，六根是應身，是名「一體三身」。

南京梅光義

問：根本無明與一念無明的分別爲何？

答：根本無明即無始無明，是無善惡、是非、煩惱、愛欲、思想，是無知覺的，即宋儒所講的「喜、怒、哀、樂之未發」、老子的「清靜無爲」、先天道的「先天無極」、哲學家的「清淨快樂」、陸象山的「吾心宇宙」、儒家的「天命之性」、參禪的「無明窠臼」、「百尺竿頭」、婆羅門的「冥諦」、六祖講的「無記空」、二乘的「空執」。「根本無明」者，因爲根本即不明，將此佛性遮障。「一念無明」者，非是從根本無明而起，因根本無明是無知無覺、無妄念，一念無明是從見聞覺知起的。佛性與根本無明、一念無明，乃從無始以來便俱有的，佛性、一念無明俱是無始無終的，根本無明是無始有終的。用一念無明將根本無明打破，就可以見自性；一念無明是不能破的；一念無明者乃一念妄動，起一箇思想。

問：法師講經，講「佛性恆守本性，始終無有改變，不受薰染」，出自何經典？

答：「佛性恆守本性，始終無有改變」，出《華嚴經》第三十卷。「佛性清淨，無染無亂，無礙無厭，不受薰染」，出《華嚴經》第七十三卷。

問：用一念無明破無始無明出自何經典？

答：用一念無明破無始無明出自《大般涅槃經》。經云「婆伽婆」，「婆伽」名「破」，「婆」名「無明」，即用一念無明破無始無明的意思。

問：佛性不起妄念，妄念從何而起？

答：妄念是從見聞覺知靈性起，佛性是如如不動的。假如佛性能起妄念，則妄念斷爲佛性，妄念起爲衆生，豈不是成佛亦有輪迴乎？

西安華清法師

問：佛性與見聞覺知的分別爲何？

答：佛性乃本來面目，是無生死、無來去、有知覺的（知覺者，即本來大覺之覺，非知覺之覺），徧滿虛空，充塞宇宙，究竟快樂，是不受薰染、無漏的，人人都是一樣的。本來無名字，因爲說法方便，乃隨拈一名字，如「真如實相」、「自心現量」、「如來藏心」、「無餘涅槃」等。佛性是如如不動的，本不起念；見聞覺知是會起念的，分兩方面：染緣、淨緣。淨緣者，心中清清淨淨，一念不起，起念乃起覺悟之念；染緣者，乃起善、惡、是、非、愛、喜、哀、樂、欲、煩惱、思想之念，種種俱全，是受薰染、有漏的，人人不是一樣的。假如一念不起，亦是見聞覺知，非佛性也。我們未見性以前，乃見聞覺知作主，見性以後乃佛性作主，佛性與見聞覺知中間有無始無明隔閡，上明下闇。上明者如太陽，下闇者如世界，太陽如佛性，世界如見聞覺知，不見太陽乃因被烏雲遮障，烏雲譬如無始無明也。

問：拈花示衆出於何經？

答：拈花示衆出於《大梵天王問佛決疑經》，《大藏經》中無，《續藏經》中有之。

安徽蕪湖正修法師

問：永明禪師云：「神秀具雙眼，六祖祇有一隻眼。」此意爲何？

答：此問從前蓮池大師亦曾辯論過，謂既然神秀具雙眼，六祖祇有一隻眼，爲何不印可「時時勤拂拭」的大通神秀，卻印可「本來無一物」的大鑑惠能？六祖這一隻眼乃是金剛正眼，充徧虛空，包羅萬象。

問：「身是菩提樹，心如明鏡臺，時時勤拂拭，勿使惹塵埃」一偈，與「菩提本無樹，明鏡亦非臺，本來無一物，何處惹塵埃」之辨別。

答：神秀之偈所見是從見聞覺知來立論，不外染緣、淨緣，如妄念一起明鏡化爲黑板，妄念一滅黑板化爲明鏡，起滅無常，有何了期？因其染、淨相對故。六祖之偈是從自性中說自性如如不動，覓染緣、淨緣了不可得，「本來」二字即是指自性說。

重慶見明法師

問：先悟後修或先修後悟？

答：先修後悟：先明白道理，照此法門去修，然後悟道，此悟乃證悟之悟，非解悟之悟。先悟後修：此悟是解悟，乃由解悟修到證悟。溈山和尚說：「汝等豁然貫通，修不修是兩頭話，除卻習氣就是修也。」

問：「三身四智」之義爲何？

答：「三身四智」之義，以前六祖答智通曰：「三身者：清淨法身，汝之性也；圓滿報身，汝之智也；千百億化身，汝之行也。若離本性別說三身，即名有身無智；若悟三身無有自性，即名四智菩提。聽吾偈曰：自性具三身，發明成四智。不離見聞覺，超然登佛地。吾今爲汝說，諦信永無迷。莫學馳求者，終日說菩提。」通再啓曰：「四智之義可得聞乎？」師曰：「既會三身，便明四智，何更問耶？若離三身，別談四智，此名有智無身，即此有智，還成無智。復說偈曰：大圓鏡智性清淨，平等性智心無病，妙觀察智見非功，成所作智同圓鏡。五八六七果因轉，但用名言無實性，若於轉處不留情，繁興永處那伽定。」如上轉識爲智也。教中云：「轉前五識爲成所作智，轉第六識爲妙觀察智，轉第七識爲平等性智，轉第八識爲大圓鏡智。」雖六七因中轉，五八果上轉，但轉其名而不轉其體也。

西九江廣明和尚

問：悟後的人與不悟的人，其食、衣、住、行是否一樣？

答：一樣。

問：今人說法與古人說法有何差別？

答：古人說法從自性中流露出來，慈悲開示衆生；今人說法是用文字杜撰幾句話來做面子用的。

問：婆羅門的「神我」與理學家的「無極」，照佛法來說，祇是無始無明而已，與本來自性有天地之別矣，是否？

答：不錯。

西安戴傳賢

問：「伽」字音怎麼念？

答：伽字照佛經中念，本來音「家」，照你所念哥阿切（ga）亦可。萬法惟心，重在誠心。如西藏有些喇嘛，「唵嘛呢叭𠺗吽」（吽音「轟」），他念成「唵嘛呢叭𠺗牛」，一樣會有感應，故衹要有誠心便可。

山東濟南陳家真

問：佛家說如夢幻泡影，如露亦如電，一切皆空。既然是夢幻，還要見甚麼佛性、生甚麼西方、生甚麼東方？

答：宇宙萬物皆是成、住、壞、空，我們用一座房子來譬喻：新蓋一座房子就是「成」，房子保存幾百年就是「住」，房子舊爛了就是「壞」，房子一倒就是「空」。如盤古以前建設尚無，盤古以後建設漸多，有成必有壞，是相對的。佛家說無成無壞，是絕對的，就是指佛性無生無滅，無來無去，偏滿虛空，充塞宇宙。絕對是真的，相對是假的。見性之後，宇宙萬物統統是自性中的東西，不過在未見性前，因爲五濁惡世不好修行，有人願生西方再修，有人願生東方再修。未見性前，所見所聞是虛幻不實，一旦見性後，宇宙萬物都還復爲真實。如《圓覺經》說：「一切衆生，種種幻化，皆生如來圓覺妙心，猶如空華，從空而有，幻華雖滅，空性不壞。衆生幻心，還依幻滅，諸幻滅盡，覺心不動。依幻說覺，亦名爲幻，若說有覺，猶未離幻，說無覺者，亦復如是。是故幻滅，名爲不動。」

福建榮增和尚

問：參禪透三關，是破本參、重關、末後關，禪宗是直指人心、見性成佛，無階級、無層次，爲甚麼還有本參、重關、末關三個階段？

答：禪宗本無階級，一悟便悟，不悟便不悟。本參、重關、末後關是僞造，是後人說的，古無此說。三關之說分兩種，出自祖師公案：黃龍三關、高峯三關。黃龍三關：「人人盡有生緣，上座的生緣在何處？」正當問答交鋒，卻復伸手曰：「我手何似佛手？」又問諸方參請宗師所得，卻復垂腳，曰：「我腳何似驢腳？」名曰「黃龍三關」。高峯三關，語驗學者：「大徹底人本脫生死，因甚命根不斷？」「佛祖公案祇是一箇道理，因甚有明有不明？」「大修行人當遵佛行，因甚不守毗尼？」名曰「高峯三關」。三關之語是祖師接引學人用的機鋒轉語。

天津靳雲鵬

問：心、法雙忘尚餘塵，一念不生受後有。是甚麼境界？

答：「心、法雙忘」祇有一箇黑黑闇闇、無知無覺的無始無明深坑，「塵」者指此無始無明深坑，「一念不生」是見聞覺知的淨緣，是與染緣相對，「受後有」者即指此淨緣，要將無始無明打破方始見佛性。

天津孫傳芳

問：佛有十惱：六年苦行、孫陀利謗、金槍、馬麥、琉璃王殺釋種、乞食空鉢、旃遮女謗、調達推山、寒風索衣、雙樹背痛。既然明心見性，怎麼還有業障？

答：自性中業障、福障了不可得。古人云：「若欲懺悔者，端坐念實相，衆罪如霜露，慧日能消除。」自性中業障本來空，本來空是業障。古人云：「四大原無主，五陰本來空，將頭臨白刃，猶如斬春風。」古人又云：「假使鐵輪頂上旋，定慧圓明終不失。」佛在世，有二比丘，一犯殺戒，一犯淫戒，心中覺得有罪，去問維摩居士，居士告彼等識取自性；二比丘推罪性了不可得，便豁然大悟。

問：我若用功，有時以眼根或意根去打無始無明，將來若時機一至，便可破無明而見佛性。又有時修念佛，若用前法不能得因緣時至，未得見性，即可以念佛往生西方。修行如此分兩方面，未知可否？

答：可。

河南楊恩光

問：「理雖頓悟，事要漸修」之義爲何？

答：「理雖頓悟」是解悟，是瞭解修行的道理；「事要漸修」是照著所瞭解的法子去修。

終南山本性大師

問：如何是「狗看熱油鐺」？

答：「狗看熱油鐺」話是宗門的譬喻，喻如用功純熟，在將悟時功夫要放手不可，功夫不放手又不可，猶如狗看熱油鐺，要喫又怕熱，不喫又捨不得。

上海秋光翰

問：婆羅門教主張人人有一箇神我，神我如同一面鏡子，本來有光明的，因爲起了愛念，愛念譬如灰塵，將鏡子的光明遮蓋了；愛念去了一點，鏡子的光明亮了一點；愛念去完了，鏡子光明纔會完全顯現。如我見解：若愛念從鏡起，又何必去除它？除了又來，無有了期；若愛念從外來，則與鏡子了不相干。這箇說法是有輪迴、不徹底的。鏡子譬喻佛法的見聞覺知，起念譬喻見聞覺知的染緣，去念譬喻見聞覺知的淨緣，染緣、淨緣去了是黑闇無始無明。是否？

答：不錯。

問：理學家說無極是不動，一念靜是陰，一念動是陽，一陰一陽生出宇宙萬有，動念、靜念息滅，反歸無極本體。如我見解：這箇道理是道家的「自然」，一生二，二生三，三生四五多數，由多數反歸於一。無極如無始無明，是無知無覺不動的，一念靜喻見聞覺知的淨緣，一念動喻見聞覺知的染緣，由淨緣、染緣生出很多思想，由很多思想反歸一念不動。是否？

答：不錯。

天津夏溥齊

問：佛性有染，有染即衆生，離染即佛。如我的見解：佛性是如如不動，染是知覺作用，染與不染與佛性無干，假如見性後，染即變爲佛性。是否？

答：不錯。

蘇州王治中

問：五祖戒禪師身後爲蘇東坡，草堂清禪師身後爲曾魯公，看《五祖》、《草堂》語錄並無其說。草堂、五祖皆大徹大悟之人，有語錄可查，既悟道之後，決定不受後有，此或後人附會的話。因蘇東坡、曾魯公二人是風流名士，如曾魯公降生時，夢中看見一箇和尚來，醒中亦夢，況夢中之話，何足爲信？看見不看見，要其本人方知。如「夢見五祖禪師來，醒了卻見是蘇東坡」，此話亦是夢人說夢話。古人云：「處世如大夢。」況夢中之夢，豈足以信耶？是否？

答：不錯。

峨嵋山圓悟和尚

問：如諸佛、諸祖見性後，肉體壞了去甚麼地方？參禪人假如未悟，死了墮落不墮落？

答：見性後，自性徧滿虛空，無所不在，那還有甚麼地方去來？肉體壞了與自性兩不相干。參禪未悟，依《華嚴經》及古祖師語，發願來生早聞佛法，明心見性，普度衆生。

杭州智生和尚

問：我心中不起念、不斷念、不執著念、亦不執著無念，不被萬緣所轉，一切無礙，這箇境界爲何？

答：起念是見聞覺知的染緣，不起念是見聞覺知的淨緣，執著、不執著是知覺的作用，與自性兩不相干。

問：既然與自性不相干，將上面所問的一切斷了，空空如也，沒有佛性了。如《楞嚴經》中阿難白佛言：「世尊！我昔見佛與大目連、須菩提、富樓那、舍利弗四大弟子共轉法輪，常言：『覺知分別心性，既不在內，亦不在外，不在中間，俱無所在，一切無著，名之爲心。』則我無著，名爲心不？」佛告阿難：「汝言覺知分別心性俱無在者，世間虛空、水陸飛行、諸所物象，名爲一切，汝不著者，爲有爲無？無則同於龜毛、兔角，云何不著？有不著者，不可名無，無相即無，非無即相，相有則在，云何無著？是故應知一切無著名覺知心，無有是處。」是否與前問一樣？

答：一樣。

五臺山大觀和尚

問：如何是「狗舐熱油鐺」？

答：此是禪宗的話。我們用功向無明窠臼參究自性，不可放手，取此爲喻也。「狗舐熱油鐺」者，吞則熱，吐可惜，吞、吐兩不得也。

五臺山覺參和尚

問：參禪要常坐？或行、住、坐、臥皆可？

答：參禪不屬坐，坐即有著，出《馬祖語錄》中。

廬山了達和尚

問：「婆伽婆」的解釋爲何？

答：「婆伽」名「破」，「婆」名「無明」，即打破無始無明的意思，出自《大般涅槃經》。

廬山歸宗首座

問：悟道、見道、證道有何差別？

答：「道」乃本來之意。悟道者，豁然貫通本來也；證道者，親證自性也；見道者，親見自性也。三種名目實同一也。

問：悟道、修道、見道、證道有何差別？

答：悟有兩種：解悟、證悟。證悟乃前言之豁然貫通也，解悟者乃瞭解修行之道理也；修道者乃照法修行也，見道者乃破無明見佛性也，證道者乃親證自性，「證」有請明眼人印證之意。

終南山定慧師

問：如何是「一心三觀」？

答：從前有一箇修止觀的法師問慧海禪師：「一心三觀義如何？」師曰：「過去心已過去，未來心未至，現在心無住，於其中間更用何心起觀？」曰：「禪師不解止觀。」師曰：「座主解否？」曰：「解。」師曰：「如智者大師說止破止，說觀破觀，住止沒生死，住觀心神亂，爲當將心止心？爲復起心觀觀？若有心觀，是常見法；若無心觀，是斷見法；亦有亦無，成二見法。請座主仔細說看！」曰：「若如是問，俱說不得也。」師曰：「何曾止觀！」

杭州智生和尚

問：一切斷盡不對，如何方能見佛性？

答：一念起，是見聞覺知的作用；一念斷，空洞黑闇，是無始無明。我們的佛性被它遮藏在內，這箇就是禪宗所謂的無明窠臼、黑漆桶底、百尺竿頭。到這箇地步，不要斷念，起一念從這箇地步去參究，將無始無明打破，我們的佛性自然就會顯現出來。所以古人說：「百尺竿頭更進步，十方世界現全身。」見性後假如沒有明眼師父印證，可以用《傳燈錄》、《指月錄》等印證。

英國人香港蒲樂道

問：法師說有八箇外國徒弟，最喜歡我，我是劍橋大學生，已食長素三年了。我有一箇疑問請問法師：我靜坐時，將很多的妄念都斷了，清清淨淨的；再將清清淨淨、明明白白的這箇念頭斷了，祇有一點知覺，恍恍惚惚、渺渺冥冥的；再將這點知覺都斷盡，是無知無覺、空空洞洞，我覺得這些統統都不對。是不是修行人都要經過這箇境界？請法師慈悲開示，怎樣用功纔能明心見性？

答：我們見聞覺知，一念無明的妄念一動，分爲兩方面，就是正念與不正念，正念是妄，不正念亦是妄。如妄念從外面來，與你不相干，又何必去斷呢？如妄念從裏邊生出來的，譬喻龍潭出來的水源，時時有水生出來的，斷了又生，生了又斷，無有了期。修行斷妄念，這箇道理實在不通。古人云：「王道不外乎人情。」佛法亦不外乎人情。見聞覺知分兩方面：染緣、淨緣。一念無明的妄念一動，學佛法修行爲善，是正妄念；種種的邪思想，是不正妄念。正妄念、不正妄念，都是染緣；心中清清淨淨、明明白白的，這箇是淨緣。淨緣斷了，是見聞覺知；知覺斷了，空空洞洞的，是無始無明。我們的佛性被無始無明遮障，要見佛性必定要將無始無明打破，方能見佛性。破無始無明，一定要用妄念的六根隨便那一根。假如用眼根，便向空空洞無始無明這箇地方看去，思想不要間斷，看來看去，時候一到，㘞的一聲無明一破，偏滿虛空、充塞宇宙的佛性就會顯現出來了。到這箇時候，有明眼人就請他印證；假若無明眼人可印證，就將《五燈會元》、《指月錄》隨便那一部拿來印證。佛性是如如不動、大覺、不起念，是無始無終的；無始無明是空洞黑闇、無知無覺、不起念，古人云：「無明湛湛黑闇深坑，實可怖畏。」是無始有終的。見聞覺知起一念無明妄動，分爲眼、耳、鼻、舌、身、意六根，是無始無終的，見性後妄念變爲佛性。佛性是我們的法身，見聞覺知的智是我們的報身，六根的行是我們的應身。如此修行得見佛性，方不辜負汝從外國來到中國學佛之志願也。

南京王嘉賓

問：「佛法在世間，不離世間覺」，這兩句話是出於《華嚴經》。離世求佛法，恰似覓兔角；佛法即世間法，世間法即佛法。如我解釋：我們這箇地球統統是世間，釋迦佛在雪山修行以及到處說法，還是在世間，我們一切人也都是居住在世間。我們照著佛的法門去修，覺悟見性之後，如裴休、龐蘊、張商英、楊無盡等，在世間做士大夫、做商賈。如古祖師說：見性後，辦公辦私、迎賓待客、閑裏忙裏、穿衣喫飯，無一不是佛法。照這箇道理來說，佛法即世間法，世間法即佛法。是否？

答：是的。

南京月輪法師

問：大慧禪師大悟十八徧，小悟不知其數。如我解釋：大慧真正悟的因緣，爲其請問圜悟禪師昔日與五祖對答的因緣。圜悟禪師舉問五祖法演禪師語：悟曰：「我問有句無句，如籐倚樹，意旨如何？」祖曰：「描也描不成，畫也畫不就。」又問：「樹倒籐枯時如何？」祖曰：「相隨來也。」大慧當下豁然貫通，此悟方始爲證悟也。悟道一悟就悟，無階級、層次、大小；大悟、小悟指解悟之悟，其解深者爲大悟，其解淺者爲小悟。是否？

答：不錯。

南京聖清法師

問：有一僧人說：「出家人在古時根機利，在今時根機鈍；古人修難修的法門，今人祇宜修易修的法門。」如我解釋：此是自打退堂鼓的話，出家應修難修的法門，身既出家荷擔如來大法，難修的法門不修，莫非留與在家人修？古人根利，今人根鈍；今人會做飛機、電燈，古人不會，根機利鈍，古今皆然。佛說汝等如病人，我如醫師，將藥方開示汝，汝若不喫，非醫之過；如指路人，將路途指示，不行非指之過。是否？

答：不錯。

上海覺根法師

問：法師所講〈真妄偈〉：「真法性本淨，妄念何由起？從真有妄生，此妄何所止？無初即無末，有終應有始。無始而無終，常懷懵茲理。」是誰說的？

答：是唐朝復禮法師說的。法師是明心見性的人，從自性中流露大慈大悲而說此偈，在當時有很多的人依此修行，皆能明心見性。如我記得的，有一禪師叫鳥窠道林禪師，就是現下西湖邊鳳林寺的開山祖師，也是依〈真妄偈〉修行悟道的。

上海陳寶賓

問：爲甚麼和尚不結婚？佛陀是否教一切人都出家？

答：和尚不結婚，是因結婚以後有子女的累贅，爲家務事纏縛，不能荷擔如來大法，到處弘揚佛法、普度衆生。佛說一切衆生皆有佛性，佛是教一切衆生明白本有佛性，不受生死輪迴的痛苦，不是教一切人都出家。

上海段祺瑞

問：請問生在西方的品級爲何？

答：往生西方分爲九品，如左：

上品上生：發三種心（至誠心、深心、迴向發願心），三種衆生，慈心不殺，具諸戒行，讀誦大乘方等經典，修行六念（念佛、法、僧、戒、天、施），迴向發願，一日至七日即得往生。

上品中生：不必受持讀誦方等經典，善解義趣，於第一義心不驚動，深信因果，不謗大乘。

上品下生：亦信因果，不謗大乘，但發無上道心，迴向往生，七日見佛。

中品上生：受持五戒，持八戒齋，修行諸戒，不造五逆，無衆過惡，迴向往生。

中品中生：一日一夜持八戒齋，一日一夜持沙彌戒，一日一夜持具足戒，威儀無缺，迴向往生。

中品下生：孝養父母，行世仁慈，命欲終時，遇善知識爲說極樂事，發願迴向往生。

下品上生：作衆惡業，不誹謗方等經典；命欲終時，遇善知識爲說大乘經典名字，迴向往生，七七日乃見觀世音及大勢至。

下品中生：毀犯五戒、八戒、具足戒、盜戒，不淨説法，應墮地獄；命欲終時，遇善知識讚説淨土，迴向往生，六劫乃見觀世音及大勢至。

下品下生：作不善業、五逆十惡，具諸不善，應墮惡道；臨命終時，遇善知識說法安慰，教令念佛，具足十念，迴向往生，滿十二大劫乃見觀世音及大勢至（人間一百年為西方一晝夜，一千六百八十萬年為一小劫）。

華山北峯馬道長

問：三教之性是否同源？

答：一切衆生之自性，本同圓明普照，殊無二致，惟以世間聖賢所見未能盡達究竟。如儒家言：「惟天下至誠爲能盡其性。」此乃以「誠」爲性。又言：「誠者，天道也。」是乃以性本於天。又曰：「上天之載，無聲無臭至矣。」此乃以無聲無臭爲性。無聲無臭者爲何？乃見聞覺知中之淨緣之性而已。淨緣與染緣相對，互爲消長，互爲生滅，故云未達究竟也。又如《道德經》中所言：「無，名天地之始。」此乃以無始無明爲性。又云：「吾既無身，吾有何患？」與「絕聖棄智」云云，以及道家無極之性，亦是以無始無明爲性也，故云未達究竟。查三教同源之說，不見於儒家者說，而見於後世丹經甚多，若揆諸我佛本來妙明自性之旨，而皆有未達也。蓋佛性乃如如不動、徧滿虛空、充塞宇宙、真知真覺；如云無極之性，則無知無覺、空無所有矣；孔家之性，亦是起念動念，是見聞覺知的作用，非真性也。談性之說，三教差別天淵矣。至於改惡遷善，則儒之忠恕、佛之慈悲、道之感應，其利益羣生則不異也。

上海周運法

問：每聽人言，有很多和尚和在家人，坐著十天八天不喫飯，名爲入定。是何道理？

答：我今將智隍禪師故事相告：智隍禪師庵居長坐，玄策禪師造庵問云：「汝在此作甚麼？」隍曰：「入定。」策云：「汝云入定，爲有心入耶？爲無心入耶？若無心入者，一切無情草木瓦石應合得定；若有心入者，一切有情含識之流亦應得定。」隍曰：「我正入定時，不見有有無之心。」策云：「不見有有無之心，即是常定，何有出入？若有出入，即非大定。」隍無對，良久曰：「師嗣誰耶？」策云：「我師曹溪六祖。」隍云：「六祖以何爲禪定？」策云：「我師所說，妙湛圓寂，體用如如，五陰本空，六塵非有，不出不入，不定不亂。禪性無住，離住禪寂；禪性無生，離生禪想。心如虛空，亦無虛空之量。」語見《壇經》。假如見性之後，自性是如如不動的，行、住、坐、臥，穿衣喫飯，一切應酬，都是在定中。

蘇州章炳麟

問：理學與禪宗的辨別？

答：理學者即經學也，離開經學講理學，便墮入二乘禪學、老莊之學。禪學分爲四種，就是以前我講與你聽的：小乘斷六根，二乘斷一念無明，大乘破無始無明，最上乘拈花示衆、吼棒痛罵。斷六根是見聞覺知的淨緣，斷一念無明是無始無明，要破無始無明纔能見佛性。佛性是真知真覺、徧滿虛空、充塞宇宙的；經學家說的喜怒未發、無善無惡、虛爲爲本、由靜爲門戶而後得，這箇境界就是佛家的見聞覺知性一念未起的境界，知覺雖有，尚無辨別；老子之無極是無知無覺，一念靜是陰，一念動是陽，一陰一陽化生萬物，由萬物返歸無極，這箇境界是佛家的無始無明境界；大乘禪學所講的是要明心見性，因我們本有的佛性被無始無明遮障，要將無始無明打破，佛性始可出現；最上乘禪是見性人說的話，因自性是無言無說的，信手拈來，隨拈一法，皆是佛法。

南京法一和尚

問：坐時心裏清清淨淨，不住有、不住無，不住非有、不住非無，照而常寂、寂而常照，惺惺寂寂、寂寂惺惺，妙有真空、真空妙有，起念動念，歷歷孤明，不被外緣所轉，是佛性否？

答：佛性是如如不動的，以上所說的與佛性了不相干，是無始無明及見聞覺知淨緣的作用，非佛性的本體。蓋不住「有」是淨緣，不住「無」是無明；不住「非有」亦淨緣，不住「非無」亦無明；照而常寂是淨緣，寂而常照是無明；惺惺寂寂是淨緣，寂寂惺惺是無明；妙有真空是淨緣，真空妙有是無明；歷歷孤明亦淨緣，故非佛性。佛性乃絕對，而所問皆相對。

問：我今將念斷了清淨不動，是佛性本體否？

答：佛性是本來不會起念的，起念、斷念是相對的，佛性是絕對的，本來不起念亦不用斷念；起念、斷念是知覺作用，與佛性了不相干。

問：十法界之中但起一念佛界，時時覺悟，其餘九界不起，全妄即真，全真即妄，終日不變隨緣，隨緣不變，是佛性否？

答：非佛性。十法界中但起一佛念，此念乃知覺之念；佛性乃大覺，本來不起念，亦不用覺悟的。

問：坐中舌抵上齶，湛然不動，是佛性否？

答：不是，此清清淨淨的境界乃無始無明。古人說：「湛湛黑闇深坑，實可怖畏。」此語爲臨濟禪師所說。又古人云：「修道之人不識真，祇爲從來認識神。無始劫來生死本，癡人認作本來人。」

問：我今將一切思想止住不起，如海水不起波，是佛性否？

答：非佛性，是見聞覺知腦筋的作用。思想起固非佛性，思想不起亦非佛性，思想起伏是生滅法，佛性是不生滅的，故了不相干。

問：我起一惡思想，改作爲好思想；不怕妄起，祇怕覺遲；以妄除妄，捨妄取真；前念已滅，後念未起，中間是；背塵合覺，背覺合塵。是佛性否？

答：否。《華嚴經》云：「忘失菩提心，修諸善法，是爲魔業。」改惡遷善是爲人處世所應該的，不能由此見佛性；惡思想固非真心，好思想亦非真心，好、惡是相對的，真心是絕對的，兩不相干；惡思想固是妄，好思想亦非真，相對不實故；取捨是妄識的作用，不是自性的本體，能捨是妄，所取非真，見聞覺知所支配故；前念已滅，後念未起，中間是空無所有的，自性能生萬法，與無所有了不相干；背覺合塵固非佛法，背塵合覺亦非菩提，相對待故；譬如一面明鏡，灰塵一來明鏡變爲黑板，背覺合塵；灰塵拭去黑板變爲明鏡，背塵合覺。忽來忽拂，一會明鏡變黑板，一會黑板復明鏡，不是很麻煩的嗎？

問：將一切思想滅盡了不起，如明鏡現前，是佛性否？

答：非佛性。當知真性非從滅盡思想而有，非從起思想而無。如果思想一起真心變爲妄念，思想一滅妄念復爲真心，這樣真心豈不是有輪迴相對？佛性是絕對的，無輪迴。

問：思想任他起也好、滅也好；不執著一切相、不住一切相；對境無心，一切無礙。是佛性否？

答：非佛性。思想任他起也好、滅也好，就以爲不執著一切相，殊不知已執著了「不執著一切相」的相了，就是有心有礙，祇是自己不知罷了。

問：所問的都非佛性，究竟佛性是何境界？

答：所問的種種境界，與外道、儒家、道家及佛法的小乘、中乘相同，明心見性非從裝作得來。止妄念是小乘的斷六根，滅一念是二乘的斷一念無明與修十二因緣、婆羅門的斷愛念、先天道的斷妄念與清淨歸無極、老子的清淨無爲。婆羅門將心比明鏡，妄念來比灰塵，但是灰塵拭了又來，思想滅了又起；譬如飽不思食，饑則思飯，有飽必有饑，餓時思食亦是妄念，如要斷絕妄念，除非死了方可以。老子以少思寡欲、不搖精神爲養生之道，但是他有清淨的痕迹就是根本不清淨了。譬如黑、白二色，說白是淨、黑是染，但是黑、白皆是色，本無染、淨之別。如王陽明主張：「無善無惡心之體，有善有惡意之動，知善知惡爲良知，爲善去惡爲格物。」無善無惡是空無所有，同一念不起；知善知惡是思想起，善惡起時究竟從內而起？抑從外而來？若說內起，善、惡二者何是汝心？若說外來，何干汝意？孟子道「性善」，荀子言「性惡」，揚雄謂「人之善惡混」，韓愈說「人性有善、有惡，及可以善可以惡三種」，三者所說之性皆見聞覺知之性，非佛性。《書經》云：「道心惟微，人心惟危，惟精惟一，允執厥中。」這箇「中」亦是認「空」爲「有」。《中庸》曰：「喜、怒、哀、樂之未發謂之中。」未發之中亦是空無所有，非佛性。宋儒朱子等主張「去人欲之私，存天理之正」，此儒家各派論心之大要，無非是改惡遷善及空洞無極之旨而已。前念已滅，後念未起，全以外道之「中道」及莊子之「放達」爲註腳，其中道的見解，便是「不著二邊，不落有無，在正中間」之謂。昔有一外道名曰大慧，當日與佛辯論時，大慧主張「非有非無、亦有亦無、空、有、非空非有、亦空亦有」，佛即告謂，此等皆係騎牆而不落二邊的話，蓋佛性本是如如不動的、是絕對的，而大慧所說乃相對的。

問：照一般所說：「一切衆生本來是佛，祇因一念不覺而爲衆生，妄念斷了反歸佛性。」與法師所講大相衝突。

答：「一切衆生本來是佛，祇因一念不覺而爲衆生」，此話非佛經所說，乃是後人僞造。佛經言，一切衆生皆有佛性，未說本來是佛。要明此理，可將唐時一位祖師真妄辯論的話相告。〈真妄偈〉云：「真法性本淨，妄念何由起？從真有妄生，此妄何所止？無初即無末，有終應有始。無始而無終，常懷懵玆理。」就是說佛性本自清淨，那裏會起妄念？起妄念的是腦筋，不是佛性；假使妄念是從佛性起，那麼根本就有妄念了，止他何益？是止不勝止的。因爲無初就無末，有終必有始的。若果「無始無終、相對是假、絕對是真」這箇道理都不明白，那就不能夠解悟佛法的。學佛錯用功夫，猶如以沙煮飯，飯終不成。衆生本來是佛，一念妄動而爲衆生，此理是指背覺合塵；將一念妄念斷了反歸佛性，是指背塵合覺。此一議論與孔、老及外道無二。老子之無極是不迷昧的，由一變二，由二變三，三變無量無數，由無量無數反歸三、二、一，還歸無極。一念不動亦與孔門之「知止而后有定，定而后能靜，靜而后能安，安而后能慮，慮而后能得」相同。「起一佛念，時時覺照不迷昧，隨緣不變，不變隨緣，全真即妄，全妄即真」，此說近於王陽明的良知良能，仍是一念思想作用。而照外道所見，思想斷滅便爲真心，思想一起即是妄心，起了又斷，斷了又起，妄心變爲真性，真性變爲妄心，反反覆覆，何有了止？我今說一譬喻：有婦人，夫死守節，是爲貞操，設若再醮，便失貞操，後悔再嫁之非，復歸故夫之室。是寡婦者有貞操乎？無貞操乎？若云貞操未失，豈通人情！斯喻何解？寡婦譬如腦筋，守節譬如思想不起，貞操譬如真性，再醮譬如思想又起，復返夫家譬如再斷思想，「思想再斷，真性恢復」之見，是何異寡婦再嫁之喻哉？夫根本既錯，修末無益也。

問：法師言衆生本來不是佛，究竟佛性先有？無明先有？

答：不能說佛性先有，亦不能說無明先有。佛性、無始無明、見聞覺知、一念妄想，無始以來本有。衆生本來是衆生，衆生皆有佛性。我今說一譬喻：譬喻金鑛內的金子，金子不顯露出來，便是爲泥沙等雜質所遮藏故，此等雜質就好比無始無明一樣，要得金子就須把金鑛來煅煉，要見佛性就須把無始無明打破，金鑛銷鎔成金子之後，永久不會復變爲鑛；衆生成了佛之後，永遠不會再變凡夫。我們的佛性是無始無終的，譬如金子在鑛還未曾銷鎔的時候就已經有了，鎔煉了以後永遠不會再變爲鑛了。

問：一念未起以前不是佛性，是甚麼？

答：一念未起以前是無始無明，空空洞洞、一無所有，非是佛性。

問：父母未生前，是佛性否？

答：父母未生前是中陰身，非佛性，乃假業緣投胎。

問：無始無明與一念無明之分別爲何？

答：無始無明與一念無明，自無始以來就有的，不能見佛性即爲無始無明所遮障。無始無明是空空洞洞、一無所有、無知無覺、不起念，即禪宗所說的「黑漆桶底」、「無明窠臼」。把這箇無明一打破即可見佛性，所以無始無明是無始而有終的。一念無明乃妄念之起，此妄念乃永久不能斷的，是無始無終的；將來我們見佛性後，妄念皆變爲佛性。古人云：「無明實性即佛性。」

問：無始無明可破與一念無明不可斷的道理爲何？

答：無始無明譬如盜魁，一念無明譬如股匪，六根譬如賊匪所用的武器。欲爲民除患必須勦賊，但擒賊要擒王，所謂「殲厥渠魁，脅從罔治」，盜首已除，股匪無主，則其受撫也必矣；若不擒魁首而擒附從，不特擒不勝擒，即一時股匪勦盡，而他時賊王仍再招新匪，賊患仍不可平。六根、煩惱、一念無明皆從根本無明（即無始無明）而來，根本無明者，根本就不明亮，而迷昧本來妙明自性也。再設譬喻：譬如有留學生從外國回來，他的學問很好，本可在上級社會謀生，但是接引無人，發展無路，因而賦閑，惟上有父母，下有妻子，仰事俯蓄，全無依靠，於是爲環境所迫，鋌而走險，斯文作賊，無奈爲人所執，送諸有司，審問之下，得悉來由。苟有司善爲之謀，則告誡一番後，當代覓一枝棲，以解決其生活問題，則他不但不再爲盜，或從此上進，造福社會。蓋推其爲盜之由，存於衣食無著，今得其所，已除爲盜之因，則何來犯罪之果？若有司不揣其本，而齊其末，惟其犯罪之果是治，而不究其犯罪之因，將其監禁，殆至期滿釋放出獄，豈知他從此膽氣加壯，由小賊而變爲大盜矣，此有司之不善處理也。是喻何解？留學生喻腦筋，境遇困窘喻根本無明，爲盜被囚喻造業受苦，善處置之有司代尋職業喻大乘人斷根本無明（即無始無明）。

問：佛性與見聞覺知如何分別？

答：佛性是如如不動、無生無滅、無漏的，人人的是一樣，本來不可以用名字代表，因教化衆生乃不得不强名之，曰：本來面目、一真法界、自性彌陀、常住真心、無餘涅槃。佛性不受薰染，本不動念，不被萬物所支配，徧滿虛空，充塞宇宙。見聞覺知之性乃一念無明之所由起，分兩方面：淨緣、染緣。淨緣乃見聞覺知心中起一清清淨淨思想，無煩惱、是非、覺悟的思想；染緣乃見聞覺知心中起善惡、是非種種思想。佛性之「覺」乃「大覺」，見聞覺知之「覺」

乃「識覺」。「大覺」者，本來之佛性也；「識覺」者，無始以來迷昧，今日乃知有佛性，方始覺也。

問：法師所講大致已明白，與法師會面時少，請法師莫嫌麻煩，將小乘、中乘、大乘、最上乘的分別慈悲開示。

答：照佛法說祇有一乘，小乘、中乘乃是方便引導。經云：「十方佛土中，惟有一乘法，無二亦無三，除佛方便說。但以假名字，引導於衆生，說佛智慧故。唯此一事實，餘二則非真。」小乘、中乘是化城，大乘是寶所，佛說方便法門，藉化城引入寶所。小乘的修法：「苦」、「集」、「滅」、「道」叫做「四諦」，是小乘佛教所修的法，修行的人叫聲聞。「苦」是受報的苦，「集」是招果的因，「滅」是寂滅的樂，「道」是修持的法，就是「知苦」、「斷集」、「慕滅」、「修道」，「諦」是審實不錯的意思。修的方法是將六根斷倒，澄心靜慮，清清靜靜的，靜到祇有一點淨念，這就是小乘所達的境界，也就是老子清淨無爲的道理。亦即方纔所問的如明鏡現前無一點灰塵、以妄除妄、捨妄取真、歷歷孤明、非空非有、亦空亦有、隨緣不變、不變隨緣的境界。中乘的修法：十二因緣就是中乘的修法，修行的人叫緣覺。修的方法是將一念無明斷倒，連剛纔所講的那一點清淨的思想都不要，打掃得乾乾淨淨，至無所有、空空洞洞的地方，這就是前念已滅、後念未起、空無所有、真空妙有、妙有真空、先天道無極之説、惺惺寂寂、寂寂惺惺的境界。所謂十二因緣，就是無明緣行、行緣識、識緣名色、名色緣六入、六入緣觸、觸緣受、受緣愛、愛緣取、取緣有、有緣生、生緣老死。今一念不起，則十二因緣當下已斷也。小乘、中乘皆是暫時權乘，方纔所言，一念無明本不可斷，言斷不過一時權巧方便之乘也。大乘的修法乃菩薩以菩提心爲體而自度，以大悲心爲用而度他。

至於小乘與大乘用功的分別：小乘斷六根，中乘斷一念無明，大乘斷無始無明。但六根及一念無明本不可斷，故古人云：「因緣所生法，我説即是空，亦是名假名，亦是中道義。」「中道」者乃將一念斷了，蓋「中」因「邊」有，是因緣所生，故二乘之法乃方便設立，爲暫修之法，假如將一念妄念斷了，更有何可修的？一念無明分爲二種：用功修行是正念，不用功修行是不正念，正念、不正念皆是一念無明也。大乘的用功，用六根的隨便那一根，但我們南贍部洲的人（即是這箇地球），以眼、耳、意三根爲利。如用眼根，眼就不向外看而向內看，看到清清淨淨的，向見聞覺知裏面看去，看來看去，看到山窮水盡，達到黑黑暗暗、一無所有的無明窠臼境界；這時不可停止，再向前看，看得多，㘞的一聲無明窠臼就會打破，無明一破，豁然貫通，柳暗花明又一村，徹天徹地的看見本來面目佛性了。古人云：「佛性從內求，千萬不要從外求。」或者我們沒有時間來內照，眼由他看，耳由他聽，意由他想，但是於其中要執持一箇念頭下疑情：我們的佛性究竟在甚麼地方？佛性是被無始無明遮障，所以要向無始無明尋還本來佛性，不論何時何地，片刻不忘，好似失去寶珠，必定要將它尋獲一樣。如是觀照，機緣一到，㘞的一聲也可以見佛性。如能照此修行，豁然貫通見本來佛性後，遇明眼人就將所證拿來印證；假如不遇明眼人，將《指月錄》、《五燈會元》、《傳燈錄》隨便一部皆可拿來參考，其中的祖師公案亦可拿來自我印證。

佛性是如如不動、偏滿虛空、充塞宇宙，又叫做常寂光淨土。即使將來世界壞，佛性常寂光淨土也不會壞。修行之初先要明瞭：佛性是離四句、絕百非。「四句」者，即「有」、「無」、「亦有亦無」、「非有非無」。佛性是如如不動，「有」是腦筋見聞覺知染緣，或者認無始無明空空洞洞是「有」，這些都與佛性了不相干；「無」是淨緣，或者認無始無明空空洞洞是「無」，這些也是與佛性了不相干；「亦有亦無」是見聞覺知腦筋中染緣、淨緣的作用，「亦有亦無」是生滅法，佛性是如如不動，與「忽有忽無」了不相干；「非有非無」是見聞覺知腦筋中染緣、淨緣的作用，「非有非無」是生滅法，佛性是如如不動，與「非有非無」了不相干，「非有非無」是無始無明空無所有的境界，佛性是永久無成壞，不受薰染，與「非有非無」了不相干。要離開以上四句，纔能見佛性本來面目。這四句是小乘、二乘、外道的境界，一般修行人常會誤認此四句爲佛性，認見聞覺知腦筋的「有」爲佛性，或認見聞覺知腦筋的「無」爲佛性，或認見聞覺知腦筋的「亦有亦無」爲佛性，或認見聞覺知腦筋的「非有非無」爲佛性。經云：「佛性離見聞覺知。」若認見聞覺知是佛性則是大錯，這是見聞覺知的腦筋，不是佛性，佛性是離見聞覺知的。

問：常言：「離四句，絕百非。」「四句」者爲何？

答：但舉一對，或舉一字，便成四句。如「有」、「無」一對作四句者：「有」、「無」、「亦有亦無」、「非有非無」，便是四句也。

問：如何是「百非」？

答：凡作四句，有本末三世、已起、未起，積成百句，皆非得真，故云「百非」也。若云「有」，是增益謗；若云「無」，是損減謗；若云「亦有亦無」，是相違謗；若云「非有非無」，是戲論謗。此是本四句也。復此四句，每句有四，且「有」中四句者：有有、無有、亦有亦無有、非有非無有。「無」中四句者：有無、無無、亦有亦無無、非有非無無。「亦有亦無」中四句者：亦有亦無有、亦有亦無無、亦有亦無亦有亦無、亦有亦無非有非無。「非有非無」中四句者：非有非無有、非有非無無、非有非無亦有亦無、非有非無非有非無。以上四句，每一句成四句，則成四四十六句也；三世皆有此十六句，成四十八句；此四十八句皆有已起、未起，成九十六句；搭上本四句，則成百句也。餘法四句皆倣此。

問：悟後的光景爲何？

答：悟後無量的生死種子和盤托出，此時根、塵、識俱變爲佛性。見性後在本體上看是一律平等的，無所謂佛，無所謂衆生，無所謂衆生成佛，生死、涅槃猶如昨夢，菩提、煩惱同是空華。未見性前，一假皆假，妄識所支配故；既見性後，一真皆真，真心所流露故，所謂以金作器，器器皆金。到那時，鬱鬱黃花無非般若，青青翠竹總是真如，大地山河皆爲佛性，石頭瓦塊概屬菩提，嬉笑言談皆是真心妙用，揚眉瞬目亦是佛法宣流。蓋即體起用，即用歸體，即體即用，即用即體，體、用不二故。所以左右逢源，無不自得，前時怎樣也不得，現在怎樣也得。佛性是定，起念是慧。

問：法師所講大乘用功與參話頭有何差別？

答：本無差別。如參「念佛是誰」，需先明白，念佛的念是從見聞覺知起來的，不起念亦是見聞覺知，非是佛性。本來面目本來不起念，如如不動，念佛、不念佛與此了不相干，二六時中向身內識取本來佛性，識來識去，因緣時至，無始無明一破，便會豁然貫通。如參「本來面目在那裏」，宜先明白，起念是見聞覺知，不起念亦是見聞覺知，空無所有是無始無明，本來面目如如不動。向無始無明識取，識來識去，因緣時至，無始無明一破，便會豁然貫通，如參「萬法歸一，一歸何處」，宜先明白，所謂萬法皆從見聞覺知起，三界唯心，萬法唯識，「心」指見聞覺知，「識」指認識。本來面目如如不動，亦不起念及見聞覺知。將萬念歸一念，向無始無明識取本來面目，識來識去，時機一到，便會豁然貫通。如參「父母未生前，如何是本來面目」，宜先明白，父母未生以前是中陰身，非是佛性，一念不覺入母胎，父母既生以後是見聞覺知的腦筋；明白本來面目後，就永不入輪迴胎胞。向無始無明識取本來面目，識來識去，無始無明一破，便會豁然貫通，本來面目即出現。佛法在本來自性上本是無言無說，無佛可成，無衆生可度，無生死可，了無涅槃可證，但有言說都無實義，故釋迦佛說法四十九年中未曾說著一字。最上乘法是唯證與證乃能知之，是過來人的話；既證之後，宇宙山河、世間萬物，都是在佛性的光明之下。說一譬喻：未見性前，上明下闇，本來佛性譬如太陽，無始無明譬如烏雲，太陽本有光明不能發現，因被烏雲遮障；我們用功打破無明窠臼，譬如大風吹散烏雲，烏雲一散，太陽光明徧滿宇宙，充塞十方。太陽喻如佛性，宇宙萬物皆在佛性中。故古人云：「甚麼是佛？石頭、瓦塊、露柱、燈籠、翠竹、黃花、青山、綠水，無一不是佛性。」故釋迦牟尼佛於靈山會上拈花示衆，迦葉微笑，佛云：「吾有正法眼藏，涅槃妙心，實相無相，微妙法門，不立文字，教外別傳，直指人心，見性成佛。」最上乘法如兩箇同鄉人見面時所說鄉土風光，唯他兩人如甜如蜜，旁人聽之如聾如啞；最上乘法唯過來人與過來人所講乃知。

問：用一念無明破無始無明，出於何種經典及那些祖師的開示？

答：大乘了義經《涅槃經》說「婆伽婆」，「婆伽」名「破」，「婆」名「無明」，要破無始無明必需要用一念無明；若將一念無明斷了，用甚麼去破？一念無明一起就分爲眼、耳、鼻、舌、身、意六根，一念無明是不能斷的，斷了又起，起了又斷。經云：「衆生生死輪轉是由六根中來，若免生死還是要用六根。」若用六根中無論那一根來破無始無明，譬如鑽火，兩木相因，火出木盡，灰飛煙滅；無始無明一破，一念無明、六根統統變爲佛性。如經云：「五陰（色、受、想、行、識）、六根（眼、耳、鼻、舌、身、意）、六塵（色、聲、香、味、觸、法）、六識（眼識、耳識、鼻識、舌識、身識、意識），本如來藏妙真如性」又說：「當知四大偏滿法界，六根偏滿法界，如萬千燈光照一室，其光偏滿，無壞無雜，光體無二。」由此看來，一念無明及六根是不能斷的，要利用它打破無始無明。無始無明即經中所說幽閑法塵、無分別性，是空空洞洞、無知無覺的，我們的佛性被他遮障在裏面，若不打破始終不能見佛性。祖師云「一念不起」、「湛然不動」、「清清淨淨的境界」乃無始無明，是「湛湛黑闇深坑，實可怖畏」，是「百尺竿頭」，是「無明窠臼」、「黑漆桶底」，六祖說是「無記空」。這箇境是無知無覺，我們的佛性被它遮障在裏面，必定要把它打破，佛性纔能顯現出來的。要打破它一定要用一念無明中的六根隨便那一根來打破，無始無明一破，見了佛性，見聞覺知、一念無明、六根、六塵即變爲佛性；佛性能轉萬物，不被萬物所轉。修大乘法門一定要用一念無明打破無始無明，如參話頭參「念佛是誰」、「本來面目在那裏」、「萬法歸一，一歸何處」。參話頭之念就是一念無明，也就是用六根的一根來打破無始無明，無始無明一破，豁然貫通，便能親見主人翁。大乘六度修禪那，禪那即靜慮，亦即起一清淨思想，向清清淨淨的那點來靜慮我們的佛性，因緣時至㘞的一聲，豁然貫通，便能看見佛性。靜慮即一念無明六根中的一根，清清淨淨即是無始無明，㘞的一聲即是無始無明破也，這些就是用一念無明破無始無明的道理。

問：出家人應參禪，參禪有心得過甚麼生活都可以；假如不參禪，被環境所轉，恐怕持戒都難保。是否？

答：是。

問：頓教與漸教：漸教是由修小乘斷六根；修中乘斷一念無明，但六根與一念是不能永斷的；修大乘是用一念無明六根隨便一根破無始無明。由小、中、大是爲漸教，頓教指小乘、中乘皆非，直修大乘，是名頓教。是否？

答：是。

問：佛法祇是一乘，緣何要說三乘？

答：其實祇有一乘，中、小二乘是假設的，惟有大乘纔是真實。因爲衆生根機薄劣，樂著小法，不能擔當大法，若果祇說大乘，他們畏難就會不肯修的。猶如從上海坐船到廣州，路程是很遠的，他們聽到了就會生退縮的心，因此不肯發腳，所以要用手段來引導。首先就用到汕頭的路程，等到抵達汕頭後，纔對他說這不是廣州。這一譬喻如小乘人斷六根，六根是暫時可斷，而不能永久斷的，暫時斷亦很容易，但是斷了又起，是無始無終的，所以佛說此乘不是究竟，因衆生怕難喜易，所以用此乘來權導。但既斷了又起，且六根斷後還餘一念，何不再將此一念斷破？故知斷六根非究竟。譬如欲到廣州，先用到香港的路程引他到了香港，到香港後再對他說此不是廣州，仍要再前進。譬如二乘斷一念無明，一念斷了乃是空空洞洞的無始無明，非佛性；一念斷了又起，起了又斷，即非究竟，這一念仍是無始無終的。既知此處之非，再勸其修大乘法，譬比前述已到香港，此時再將到廣州的路告訴他，使他得到廣州。佛告言，小乘斷六根及二乘斷一念皆非究竟，因六根、一念皆不能斷的，要修大乘法門須破無始無明。無始無明乃無始而有終，若欲破無始無明，定要用一念無明六根中隨便一根打破無始無明，方能見佛性。見佛性後，一念無明及六根皆變爲佛性，喻比前述行人已到廣州。故小乘、二乘乃是佛用權便的法門，來誘掖根機劣鈍的人，使他們慢慢的迴小向大，到大乘的法則爲宗旨。汕頭喻如小乘，香港喻如中乘，廣州喻如大乘，我們坐船本可以由上海直達廣州，我們學佛也可以發心直學大乘，衆生的根器不一。衆生如無知的小兒，佛如老練的慈父，六道如不安的火宅，火燒起來，小兒還在它裏面耍樂，慈父想免兒子的災難，要用方法來誘他們出去，就對他們說：「門外有小羊車和小鹿車，很好玩的。」他們聽了就爭先恐後的快快跑出去，殊不知外面羊車、鹿車都沒有，祇有一駕大白牛車，是預備來載他們離開火患的；若果祇對他們說要坐牛車來避火難，他們就不肯出去的。羊車好比小乘，鹿車好比中乘，牛車好比大乘，要修大乘纔能究竟成佛的。

問：大乘六度布施、持戒、忍辱、精進、禪那、智慧等中之「禪那」，是否指破無始無明？「智慧」否指教外別傳、拈花棒喝的一派？

答：上問二則不錯。

問：因有衆生，方纔修大乘見佛性，假如不見佛性，不能從自性中流露說法來度衆生，便非大乘。大乘者，因衆生發大悲心，因大悲心發菩提心，因菩提心成等正覺，由正覺自性中流露出來說法度衆生，纔是大乘。是否？

答：是的。

捉機緣

師在南京講金剛法會，講畢，有上座請曰：「昔金山有百空方丈，自念位至方丈尚未明心見性，因退院參方，偕侍者入蜀，投重慶華崖寺掛單。寺中知客前曾住金山識百空，謂曰：『此地要問禪語，我問你一語，如答得便許掛單，否則請投別處。』空曰：『請問。』知客曰：『大德從何方來？』空曰：『自重慶來。』知客曰：『不是！究竟從甚麼地方來？』空曰：『實是自重慶來。』知客不肯，將之趕出。適天暮下雨，因在木橋下打坐待旦，題詩云：『掛宿橋頭實可傷，溪聲作伴自思量。誰人愍我跉跰（跉跰、伶俜）客？受盡辛苦禪味香。』翌日侍者到華崖寺訪問，寺中方丈始接回招待，空心中慚愧，辭去遊方。這是以前一樁故事，我現在就當做知客師，請法師代表百空方丈。」問曰：「大德從何方來？」師答云：「本自不來。」上座不能再問。又互換，由師代表知客，上座代表百空，問曰：「請將『本自不來』的拿出來看看。」上座不能答。由師代表百空，上座代表知客，師又問：「請知客師父將問我的『本自』拿出來看看，請將爾的思想除了去看。」知客答：「我看了一樣都沒有。」師曰：「你再往下去看。」知客說：「再看還是沒有。」知客正在看間，師拍桌大喝一聲曰：「怎麼沒有！」知客頓然大悟。

有僧來問師曰：「求達摩西來的佛法？」師答曰：「達摩西來沒有甚麼佛法，你何不求取自己的佛法好？」僧云：「那箇是自己的佛法？」師云：「你向內裏邊直下承當去看。」僧默看，良久云：「一樣都沒有。」師云：「汝再看是有的，怎麼會沒有？」僧正看間，師大喝一聲云：「怎麼沒有！」其僧豁然大悟。

勘驗印證

師在青島法會講經，有居士由北平來信，謂渠用「直下看去」功夫，參究多時，適舊曆元旦出門拜年，聞爆竹聲豁然大悟，作偈語數首來請印證。師回信謂「偈語雖佳，須當面勘過方可印證，但到北平，當再爲勘驗」。後應北平法會之聘北上講經，居士親來請益，經師勘驗，知其無明窠臼已破，真心流露，因爲印可。居士著有《禪宗實記》闡述心得云。

戊寅季夏，師掛錫瀔江。一日在齋中彈七絃琴，吟舜帝〈南薰（風）歌〉，思擬身在華山中，忽有客至，問曰：「如何是西來大意？」師信口答曰：「餐霞。」客曰：「原來佛法在日用中。」師曰：「如何是日用中的佛法？」客對曰：「餐霞。」師曰：「除卻餐霞，將本來面目拿來看看。」客對曰：「請除卻看。」師曰：「我除卻了。」客曰：「我拿了。」師曰：「你拿了之心如何？」客曰：「與法師無異。」師曰：「我的是我的，與你不相干。」客曰：「不相干的且有兩樣耶？」師曰：「怎麼是不相干的？」客對曰：「一點不動，徧滿虛空，無言無說，無示無聞。」師點頭，客遂頂禮。

月溪法師高臥處碑文

師諱心圓，號月溪，俗姓吳。其先浙江錢塘人，業滇遂家昆明，三傳至師。父子莊公，母陸聖德，生子五人，師最幼。師弱而好書，珪璋秀發，習儒業於汪維寅。先生年十二，讀〈蘭亭集序〉至「死生亦大矣，豈不痛哉」一句，慨然有解悟，問先生如何方能不死不生，汪告曰：「儒言：『未知生，焉知死？』此言要問佛學家。」旋問佛學家，告曰：「肉體有生有死，見聞覺知靈性輪轉，佛性如如不動，不死不生。假如未見佛性，佛性隨見聞覺知靈性輪轉。如見佛性徧滿虛空，見聞覺知靈性變爲佛性。」問如何方法能見佛性，佛學家不能答。授以《四十二章經》、《金剛經》，自是兼攻佛學。隨肄學業於滬，尤專心老、莊、濂、洛、關、閩書，博綜六經，徧參江浙名山梵刹，叩問諸大德。將佛學家告如何方法能明心見佛性，凡所答案皆未圓滿。時妙智尊宿教看「念佛是誰」話題。年十九，決志出家，闡揚大法。父母幼爲訂婚，堅不娶，即於是歲，禮本境靜安和尚剃染受具。甫出家，精進勇猛，於佛前燃左無名、小二指；並剪胸肉掌大，炷四十八燈供佛。發三大願：

一、不貪美衣食，樂修苦行，永無退悔。二、偏究閱三藏一切經典，苦心參禪。三、以所得悉講演示導，廣利衆生。師每日除看經外，誦佛號五千聲，輪誦《華嚴》、《涅槃》、《楞嚴》，有閑時拜《圓覺經》爲課。師公靜公和尚告曰：「如爾所修，在家亦可，何必出家？即非僧相，要修向上一著法門，纔是出家本分大事。」教看「萬法歸一，一歸何處」話頭。隨授《傳燈錄》、《五燈會元》、《指月錄》。師看過有些知，有些不知。師最喜臨濟語，如何用功還是渺茫。師後隨悟參法師學天臺、賢首、慈恩諸宗教義。年二十二，遂偏蒞衆會說法宣講，聽者如市。應金陵之請，講《楞伽》法會。師示衆曰：「衆生本來是佛，祇因無明妄念，生死不能了脫；若能破一分無明妄念，即能證一分法身。無明妄念破盡，法身顯露。」時法會中有開明尊宿，問曰：「如無明妄念從外面來，與你不相干，又何必去斷？如妄念從裏邊生出來的，譬喻龍潭出水的水源，時時有水生出來的，斷了又生，生了又斷，無有了期。修行斷妄念，這箇道理實在不通！古人云：『王法不外乎人情。』佛法亦不外乎人情，妄念斷是佛性，妄念起是衆生，豈不是成佛亦有輪迴？」師不能答。再問曰：「法師未曾明心見性，經中無此語，此語是註解中得來。見性的人註解經典，路途便不錯。不見性人註解經典，說南朝北，拉東補西，顛倒是非。是否？」

師答曰：「是不錯。」師頂禮尊宿，並舉將佛學家告如何方法方能明心見性。尊宿告曰：「此語法師可去問牛首山獻花巖鐵巖宗匠，他是悟後的人。」師星夜往參，問巖曰：「老和尚在此作甚麼？」巖告曰：「穿衣、喫飯、打眠、遊山玩水。」師對曰：「可惜你空過了。」巖告曰：「我可空過，你不可以學我空過，你若到那一片田地，亦可以學我空過。」師問曰：「如何是那一片田地？」巖豎一指。師對曰：「我不知道。」師問曰：「我今將妄念斷盡，不住有無，是那一片田地否？」巖告曰：「否！是無始無明境界。」師問曰：「臨濟祖師說是無明湛湛黑闇深坑，實可怖畏。是否？」巖告曰：「是。」師將佛學家告如何方法用功，方能明心見性，巖告曰：「汝不可斷妄念，用眼根向不住有無黑闇深坑那裏返看，行、住、坐、臥不要間斷，因緣時至，無明湛湛黑闇深坑刅的一破，就可以明心見性。」師聽此言，如飲甘露。由此用功，日夜苦參，形容憔悴，瘦骨如柴。至某中夜，聞窗外風吹梧桐葉聲，豁然證悟。時通身大汗，曰：「哦！原來不青不白，亦不參禪，亦不念佛，亦無死生事大，亦無無常迅速。」信口說偈曰：「本來無佛無衆生，世界未曾見一人；究竟瞭解是這箇，自性還是自己生。」向窗外望，正是萬里晴無雲，四更月在天。師數日後，再去問巖曰：「不求用功法門，祇求老和尚印證。」

巖舉枴杖作打勢，問師曰：「曹溪未見黃梅意旨如何？」師答曰：「老和尚要打人。」巖再問曰：「見後意旨如何？」師再答曰：「老和尚要打人。」巖點頭。師將所悟稟呈，巖告曰：「子證悟也，今代汝印證，汝可再將《傳燈錄》印證。汝大事畢矣，有緣講經說法度生，無緣可隨緣度日。」師將《傳燈錄》、《指月錄》、《五燈會元》、《華嚴經》印證，一概瞭解，如家裏人說家裏話。師從今後講經依照《華嚴經》：佛性恆守本性，無有改變，始終不改；佛性無染無亂，無礙無厭，不受薰染；佛性不起妄念，妄念從見聞覺知靈性生起；除卻止、作、任、滅四病，不斷妄念，用一念破無始無明，見佛性爲主要。師講經說法皆從自性中發露出來，不看他人註解。師後膺川、湘、鄂、贛、皖、閩、粵、陝、甘、京、滬、平、津、魯、晉、豫、熱、浙、杭、青、香、澳諸講筵，數十年無虛日，講經二百五十餘會，講經一種爲一會。師性超然喜遊，如遊終南、太白、香山、華山、峨嵋、九華、普陀、五臺、泰山、嵩山、黃山、武當、匡廬、茅山、莫干、嶼山、恆山、羅浮山等。凡遊雲霞深處，數月忘歸。所到名山，必有詩對。師善彈七弦琴，遊山必攜琴隨身。師節操高邈，度量出羣，不應酬世法，性度弘偉，風鑑朗拔，雖宿儒英達莫不服其深致。師之詩文有雲霞色，無煙火氣。師年老，豎一指爲衆弟子說法曰：

「來從偏滿虛空來，迦葉佛、釋迦佛；去從偏滿虛空去，觀世音、彌陀佛。古今諸佛，在老僧指頭上，不去不來；老僧亦在指頭上，不去不來。汝等若能識取，便是汝等安身立命處。」説偈曰：「講經説法數十年，度生無生萬萬千；等待他日世緣盡，偏滿虛空大自在。」師囑弟子曰：「夫四大從因緣生者，有生必有滅；自性本來無生，無生亦無滅。」有生必滅者，預有歸所，歸所高臥處，擇昆明南門外，杜家營村後，跑馬山之陽，望昆明湖。師生平未度剃染徒（編按：另據法師胞侄稱，師有「剃染徒二」），皈依弟子十六萬餘衆。師教弟子修念佛法門。師座下悟道弟子八人：五臺寂真、明淨尊宿、北平李廣權居士、上海周運法居士。餘四人已先棄世。師著有《維摩經講錄》、《楞伽經講錄》、《圓覺經講錄》、《金剛經講錄》、《心經講錄》流傳北方。《佛教人生觀》、《佛法問答錄》，流傳南方。及《大乘八宗修法》、《大乘絕對論》、《月溪語錄》、《參禪修法》、《念佛修法》、《詠風堂琴課》。

弟子智圓敬撰並書

皈依弟子

智圓　智融　智惟　智悅　智如　智尊　智用

智參　智滿　智溪　智生　智諦　智通　智覺

智心　智真　智雲　智蓮　智海　智量　智哲

敬立

智遂　智信　智性　智明　智鏡　智定

中華民國第一甲子己卯年仲春既望日

編後語

郭哲志

「爲天下學道者定宗旨，爲天下學道者辨是非」，這是千餘年前荷澤神會大師破北宗清淨漸修禪、立六祖惠能頓教禪時，所留下的氣勢磅礴的口號，神會定宗旨之舉，也由此爲禪宗心地法門開創出日後「一花開五葉」的契機。千餘年後的今日，佛教表面上看似生機蓬勃，但觸目所及，無一不是流於中、小二乘的末代禪法，宗門尚且如此，更遑論教門及其他附佛外道，佛陀的正法眼藏真的是沒落了！

神會的時代，明心見性的祖師各化一方，尚且有魔强法弱之慨，今日的環境要想重振宗風，困難更是數倍於當時，我們選擇了整理弘揚月溪法師的思想做爲一箇起步。月溪法師是箇明心見性的過來人，本身又精通中西各家學說及佛教各派典籍，除了以現代人更能分別明白的「絕對論」重新闡釋「佛性」和「外道法」的差別外，其著作努力的方向在於揀擇佛法中種種似是而非，千百年來卻未爲人察知的謬誤。這番「定宗旨，辨是非」的苦心，雖未於法師生前有立竿見影之效，然而今日或許能有一大因緣再現於世也未可知。

在臺灣，由於某些緣故，月溪法師之名及其著作並未廣爲人知，坊間雖有印經會以印善書的方式流通，流通的層面亦屬有限。在某次因緣巧合下，我們和圓明出版社討論了出版月溪法師文集的可行性，而開始了這番合作的計畫。月溪法師的著作據稱有九十八種，惟大部份於戰火中佚失，我們所蒐集到的亦僅二十餘種。所以關於內容的來源，我們希望以拋磚引玉的方式來獲得讀者的迴響，倘若讀者手邊收藏有月溪法師的著作，盼能提供我們參考，以促其流通並增加整套文集的完整性。

月溪法師的每本著作雖都各自完整可讀，但合併爲文集卻有頗多重複贅累之處，一番去蕪存菁的整理工作是必要的。有的著作因其內容於他處重複或可被合併，不再單行出現，如《用周易老莊解釋佛法的錯誤》、《月溪法師問答錄》、《四乘法門》、《大乘佛法用功論》、《大乘佛法簡易解》、《由真起妄返妄歸真之考證》。至於法師其他的著作，大約以下列的順序來出版：《大乘絕對論》、《月溪法師開示錄》、《佛教的人生觀》（含《無始無明》、《大乘八宗修法》）、《參禪與念佛修法》、《神會大師證道歌、顯宗記溯源》，《圓覺經、金剛經、心經註疏》、《維摩詰經註疏》、《楞伽經註疏》等經典的講註及《月溪法師詩詞書琴合集》（含《華山待月室記》、《咏風堂琴課》）。

月溪法師在著作中，因其本著護持正法、明確而不妥協的態度，於批判似是而非的教法時顯得相當直接且毫無保留，對許多讀者而言，尤其若有涉及對自己過去既有觀念的否定時，可能會有難以接受甚或排斥的心態出現。這其實也是一般病患對喫藥，尤其是苦口良藥所會有的反應，然而病要醫好還是得克服這層障礙纔行。相信祇要能讀通月溪法師的著作，起碼具備了分辨他人說法是非對錯的能力，做箇達摩祖師東來所要找的「不被人惑」的人了！

再版記

吳明興

這本書在初版印行之後，隨著對月溪法師其他著作的彙編和校印，我們發現可以使之更完整和圓滿，於是決定讓它暫時斷版，並在同時重新進行補充和逐字讀校，於是有重排之議。

我們首先依文審義，將初版時因循原刊而不確知其是否原爲誤植的字句，以及法師所徵引的原始文獻，祇要查索得到的，都予以訂正；並在標點上，再加以仔細判讀和確認。其次，趁此重校的機會，將新發現的佚稿，一併補入，這主要見於「請益」的部份，自「五臺山寂光和尚」第三問之後，至「南京法一和尚」全部，共新增七十八問。

我們相信，這些學人的「請益」之問，祇要還有學人在認真修學，都有可能因一時參不透而錯失悟證「本來面目」的機緣。何況橫說豎說，祇要我們仍是無明的衆生，唯一旦自覺的涉足解脫道，都有可能被說中，並在被說中的當下，頓破相對的妄識，證成絕對的本體。

這次再版的審正和補充，仍然是郭哲志等善知識，不辭溽暑的工作成果，其爲法忘軀的精神，讓人感戴不已。

民國八十七年八月二十一日

國家圖書館出版品預行編目資料

月溪法師開示錄／月溪法師著. -- 1 版. -- 新北市：
華夏出版有限公司, 2022.11
面； 公分. --（Sunny 文庫；252）
ISBN 978-626-7134-35-1（平裝）
1.CST：禪宗 2.CST：佛教說法

226.65 111010159

Sunny 文庫 252
月溪法師開示錄

著　　作　月溪法師
總 校 訂　法禪法師
印　　刷　百通科技股份有限公司
電話：02-86926066 傳真：02-86926016
出　　版　華夏出版有限公司
220 新北市板橋區縣民大道 3 段 93 巷 30 弄 25 號 1 樓
電話：02-32343788 傳真：02-22234544
E-mail：pftwsdom@ms7.hinet.net
總 經 銷　貿騰發賣股份有限公司
新北市 235 中和區立德街 136 號 6 樓
電話：02-82275988 傳真：02-82275989
網址：www.namode.com
版　　次　2022 年 11 月 1 版
特　　價　新台幣 650 元（缺頁或破損的書，請寄回更換）

ISBN：978-626-7134-35-1